文化产业创意学

WENHUA CHANYE CHUANGYIXUE

王万举 ◎ 著

花山文艺出版社

图书在版编目（CIP）数据

文化产业创意学 / 王万举著. —石家庄:花山文艺出版社, 2018.8
ISBN 978-7-5511-4113-0
Ⅰ. ①文… Ⅱ. ①王… Ⅲ. ①文化产业—研究
Ⅳ. ①G114
中国版本图书馆CIP数据核字(2018)第170054号

书　　名： 文化产业创意学
著　　者： 王万举

策　　划： 张采鑫
责任编辑： 林艳辉
责任校对： 李　鸥
封面设计： 景　轩
美术编辑： 胡彤亮
出版发行： 花山文艺出版社（邮政编码：050061）
（河北省石家庄市友谊北大街330号）
销售热线： 0311-88643221/29/31/32/26
传　　真： 0311-88643225
印　　刷： 大厂回族自治县正兴印务有限公司
经　　销： 新华书店
开　　本： 700×1000　1/16
印　　张： 19.25
字　　数： 250千字
版　　次： 2018年10月第1版
2018年10月第1次印刷
书　　号： ISBN 978-7-5511-4113-0
定　　价： 45.00元

目　　录

绪　论

一、关于文化创意学的体系

创意，顾名思义就是带有创新性的构思、策划、设计。创意作为精神活动，不完全是理性思维，其中有“悟”和“灵感”的成分。本书在“文化创意”“文学艺术创意”和“文化产业创意”的语境中使用“创意”一词。其中“文化创意”有广义和狭义之分。广义的“文化创意”包括作为其核心内容的“文学艺术创意”、文学艺术形态以外的其他文化形态的创意，以及文化产业创意。所谓“文学艺术形态以外的其他文化形态”，指的是不属于文学艺术但仍属于文化的意识形态，狭义的“文化创意”特指这些文化形态的文化创意。名词意义上的文化创意，有的本身就是文化产品，如广告语、人名字、口号等，有的只是文化产品的构思、策划、设计，其本身有待于延伸至文化事业或产业。文化产业的文化创意称作文化产业创意，它是文化创意中的独特内容，需要建立独立的学科。

《文化创意学》《文学艺术创意学》和《文化产业创意学》三书构成“文化创意学”的整体框架。《文化创意学》重点研究物质生活中的文化创意和社会生活中的文化创意，较少论及文学艺术方面的文化创意和文化产业化意义上的文化创意；《文学艺术创意学》则专门研究文学艺术创意学建立的必要性和可能性，研究当代文学艺术的创意方向以及建筑于其上的理论基础，基本不涉及文学艺术之外其他文化形态的创意和创意的产业化问题；《文化产业创意学》则着重从产业化角度研究各业态的策划、设计和创意问题。“文化创意学”三部曲的建构，依据的是文化创意的发展态势。

文化创意形态化的现实，提出了建构文化创意学的必要性。文化创意“古已有之”。设立寒食节的动议人就是寒食节这一节庆文化的创意人，第一首七律诗就是七律的创意人，胡适就是白话文新诗的创意人。文化创意形态化是1993年后中国社会信息化、文化产业化和经济全球化发展的结果。文化创意由包裹在文化产业项目之中或文学艺术的“作品”之中发展到形态化，开启了文化创意的社会化，也就是文化创意的成果需要社会化转化才能实现它的价值。这意味着，有的创意其价值能够实现，有的就难以实现，有的则根本不能实现。另外，虽然有的创意直接就是文化产品，但文化创意社会化之后，文化产品的接受问题突出出来，如口号问题、命名问题，都有一个能否被社会接受和接受的效果如何的问题。于是，研究文化创意的社会化，便成为文化创意形态化后的重要课题。

文化创意的形态化，还意味着文化创意人与项目实施者的社会分工已经出现（创意与项目实施集于一人之身，在二者分工已成社会事实之形势下，不过是分工的特殊表现形式而已）。毫无疑问，促进文化创意家阶层的健康发展，促进这一历史上又一次社会大分工的发展，就是促进文化创意的健康发展，就是促进文化事业和文化产业的健康发展，它需要建构文化创意学。1993年后，电视艺术、电影、演出等迅速实现了与市场对接，至2000年底，文化产业多业态并举的格局已经形成。文化的产业化显现出对文化产业创意成果巨大而迫切的需求，这实质是对文化创意人才的需求和对文化创意学的需求。由于文化产业的发展，致使一大批作为直接文化产品的文化创意成果具备了商品性。因此，文化创意已成为“万众创新、大众创业”的一部分。为了推动这一伟大事业，特别是满足青年创业者的需要，亟须构建文化创意学。

文化创意的形态化，也给予我们建构文化创意学的体系提供了可能性。构建文化创意学的体系，应该从分析活生生的社会事实入手，而不应从观念入手。文化创意形态化了，文化创意的“来龙”便充分显示了出来，我们就能预测出它的“去脉”。

文化产业的发展提出了构建文化创意学的必要性。1993年以降，文化产业化迅速推进，文化产业异军突起，文化产业不同于文化事业的特征渐次显露。以1993年央视以350万元高于成本的价格买下电视剧《爱你没商量》的首播权为标志，中国电视剧市场开始形成；以贺岁片制作为标志，中国电影开始走向市场。影视两个业态率先与市场对接，与世界范围内文化产业发展的特征相一致。“当艺术生产一旦以艺术生产出现”亦即艺术产业化后，艺术的面貌就会大变，艺术的创（制）作机制也会发生大变。在艺术这一文化的主核带动下，非艺术的文化形态其制作机制也会成为市场机制背景下的制作，文化产业化的大格局便形成了。文化产业化使原来计划经济背景下的艺术生产和其他文化建设发生了根本性的变化。计划的律令和资本的律令逐渐减弱其作用，科学的以社会主义核心价值观为导向并参照市场法则的文化创意越来越显示出其重要性。在一个个创新项目的成功和一个个追风项目失败的事实面前，人们发现文化创意是一项“无中生有”的工作，创意是一种能力，这种能力需要培养，培养这种能力需要科学的方法。正是文化的产业化，或者说是利益的驱动，使文化产业界最早风行起创意，最早从实践上提出了建构文化创意学的必要性。同时，文化的产业化也提供了建构文化创意学的可能性。文化创意学的建构离不开经验的总结，文化产业各业态成功和失败的案例为理论上的分析与综合提供了鲜活的“感性具体”。因此，在一定意义上说，文化产业化的历史起点便是文化产业创意学的逻辑起点。

社会公众日益高涨的学习文化创意的积极性提供了构建文化创意学的必要性。进入21世纪以来，“文化创意”“文化创意产业”渐成热词，网络文化创意充满活力，艺术创意频结硕果，亚艺术（社会文化）蓬勃发展。由事业转为产业的文化干部，热衷于文化产业的投资者，研究文化创意的学者和从事具体文化创意工作的人，都表现出学习文化创意的积极性。这种必要性同时也是可能性。任何理论，如果找不到实践它的物质力量，这样的理论再华丽也是没有用的。我们欣喜地看到，全国第一家以文化创意为工作目标、以打造文化创意家队伍为宗旨的河北省文化产业创意家协会自2009年成立以来，发展迅速，会员成分日益扩大，会员参与协会工作的积极性越来越高，协会的社会影响力与日俱增。2014年～2015年，在“河北省宣传文化发展专项资金”的资助下，河北省文化产业创意家协会先后实施了“河北省文化创意人才高级研修培训工程”和“河北省艺术创意人才高级研修培训工程”，报名参加者十分踊跃。经过多年建设，特别是两大工程的实施，河北文化创意家队伍已经整合成军，一批又一批的文化创意成果陆续奉献给社会。这些事实说明，文化创意学不仅有庞大的目标人群，构建文化创意学的工作也将由少数人变为专家群体的工作，它将对该学科的科学性提供保证。

文化创意学是一个体系。“三部曲”是根据不同文化领域创意的不同特点划分的，文化创意学的体系则要求将文化创意赖以实现的各个要素整合其中。文化创意学应该分门别类地对各文化领域和业态提供创意的方向。文化创意是一种无中生有的创新工作，创意学是培养能力而不是开出具体的药方，因此也只能对创意的思路提供一个方向。但如果提不出创意的方向，则创意学就没有实践性。创意方向的提出依据的是文学艺术及其他文化形态的发展规律，特别是1993年文化产业化进程开始后的发展规律。这个规律就是社会信息化、文化产业化和经济全球化。

有人将这“三化”称为文化发展的外部规律。本书认为，为了科学研究的需要，可以将左右文化发展的规律分为内部规律和外部规律，但实际上没有两个规律，它们是一个东西。文化发展中那些表现为内驱力的因素，恰恰是社会发展规律作用的结果。如电影创新，它的内容恰是社会生活，它的形式恰是技术条件。社会信息化、文化产业化和经济全球化于1993年以降相携作用于中国文化，表面看是文化形态自身求变，似乎有什么“内驱力”在发挥作用，实则正是这“三化”作用的结果，其“内驱力”正是这个外驱力转化而来的。社会信息化（“信息”在这里取其自然语义，即消息的意思）条件下，社会传媒机构高度发达，社会信息以超现实的力量对社会生活发生作用。文学艺术的“看家本领”——虚构，显得苍白无力，其他文化形态其个案经验的可复制性大大降低，文化创新成为社会所必需。文化产业化条件下，文化的社会效果和经济效益日渐统一，加大了文化创新的压力和文化创意的难度，以“以销定产”为特征的文化产业创意迅速专业化和职业化。在大多数文化产品按商品的价值规律进入社会交换的同时，少数难以出售的文化产品也因文化的产业化背景而获得了其他的经济回报方式。经济全球化条件下，域外文化产品承载着不同的意识形态进入中国，对中国自身的文化市场是一个不小的冲击。从市场份额的占有到价值观的输入，域外文化产品依世贸规则不可阻挡地进入，逼迫国内文化界创新。综上所述，可见依据“三化”提出创意方向既不是主观臆测，也不是原则空论，而是对具体创意有启发的科学思路。

文化创意学应找出文化创意的社会机制。文化创意类如物质生产中的科技和研发，它还不是现实的艺术生产和文化生产。文化创意转化为文化产品，需要一定的社会机制。这个机制要在“知本”（文化创意）与资本的结合中起促进作用。目前社会的主要倾向是，文化创意向资本寻租、寻购的力量很大，而资本向文化创意寻租、寻购的力量很弱。这一点，从文化产业中少数项目暴赚而多数项目惨赔的不正常状况中就能够看出来。这个机制要在文化创意与公益资金的结合中起促进作用。目前社会的主要倾向是，文化创意向政府公益资金寻求支持的力量很大，而政府公益资金对文化创意的支持力度很小。文化创意实现的社会机制，是文化创意学的一个逻辑环节。在商品经济条件下，文化创意才有可能具备商品价值，这有待于文化产业化的充分发展。文化创意的商品属性越强，促进文化创意实现的社会机制就会从无到有逐渐完善。反过来也是一样，后者越完善，文化创意的商品属性就越强。关键是文化的产业化，即“文化生产力”的发展。文化生产力的发展是必然的历史行程，据此可断言，文化创意的商品属性会随之而充分显现出来，而文化创意实现的社会机制也会随之而逐渐完善。

文化创意学应提出文化创意人才的培养方式。《文化创意学》《文学艺术创意学》和《文化产业创意学》的大部分内容是在工作层面上谈文化创意，只有一小部分篇幅谈人才的培养，但这一部分非常重要，不可或缺。文化创意人才是创新型人才，他们的成长道路是独特的。文化创意“三部曲”研究创意人才的培养方式是归纳法，即从“野生”文化创意人才的成长道路中寻找答案。成功的文化创意人才走过的未经刻意培养的道路，就是培养的方法。当然，完全复制“野生”的条件也是困难的，这里也是尽力而为罢了。比如吃苦，复制吃苦的条件几乎不可能，任何模拟对当事人来说总是模拟，远不如命运中的吃苦那样刻骨铭心。正是真实命运中的那种“刻骨铭心”才是一个人情感的发动机，而情感，却正是文化创意人才重要的素质构成元素。

文化创意学应以历史唯物论和社会主义核心价值观为指导，批判不良文化创意。新的东西不都是好的东西，文化创意也是良莠不齐的。在文化产业化的社会条件下，不良文化创意的出现有其必然性。这是资本的负能量所致。文化创意家负有向受众灌输社会主义核心价值观的任务，不能为了争取受众而满足低级趣味。要通过体现社会主义核心价值观的创意引导生产者和文化消费者，使受众在文化消费中得到精神文明的提升。

构造文化创意学的体系，就是构造培养文化创意家的学科，就是构造文化创意的思路航标。因此，这既不是一蹴而就的事，也不是一劳永逸的事，更不是一两个专家能够完成的事，希望全社会共同努力，持续努力。

二、文化产业创意和文化产业创意学

现代市场经济体系中，将文化产品作为商品来生产和交换并获取利润的产业，就是文化产业。

文化产业的内涵包括三个规定性：第一，文化产业是现代市场经济体系的重要组成部分，现代市场经济体系的所有要素是文化产业存在和发展的条件。第二，文化产业是生产和交换文化产品的产业，不是物质产业，尽管文化产品生产也有物质相伴随，但满足人们的精神需求是发展文化产业的目的。第三，文化产业是把文化产品作为商品而进行生产和交换的产业，不是文化事业。在中国，“产业”和“事业”是两个不同的概念，它们分别代表着不同的文化产品生产模式、生产组织方式，以及产品分配方式，由具有不同身份的人群所从事。《中国文化产业年度发展报告2016》（北京大学出版社2016年版）把中国文化产业划分为14个业态：出版传媒产业、电影产业、广播电视产业、演艺产业、动漫产业、游戏产业、新媒体产业、广告传媒产业、艺术品及工艺美术产业、文化创意及设计服务业、会展节庆产业、文化旅游产业、教育培训业、体育产业。对事物本质的认识构成事物的概念，准确地把握事物的概念是推动事物发展的前提。也就是说，准确地把握特定事物“是什么”决定“做什么”。因此，正确认识文化产业的本质特征，科学地把握它的产业归属，对于全面促进文化产业的发展意义重大，特别是有助于把握“文化产业创意”和建立文化产业创意学。

文化产业创意是文化产业带有创新性的构思、设计和策划，是产业项目的前期工作。文化产业创意与产业项目的关系，类似物质产业的研发与产业项目的关系。科技是第一生产力。文化产品生产不是物化劳动而是物质形态化活动，因而，文化产品生产不带本体论意义。但是，文化创意之于文化产品生产，仍然具有引领和统摄的作用。相对于其他文化创意，文化产业创意具有自己鲜明的特点。

（一）文化产业创意学所研究的文化产业创意一般不是直接的文化产品，而是构思、设计和策划。但是，这并不是说某些文化创意所生成的直接文化产品不具有商品的性质。在文化产业化高度发展的情况下，命名、广告语、口号等也会具有商品的性质。

（二）文化创意只有在产业化中才显示出它的独立自存性。因此，文化产业创意是独立的文化形态，与之相对应的，是一个日益独立的文化产业创意家阶层。

（三）毫无疑问，创新是包括文化产业创意在内的一切文化创意的本质特征。创新之所以是文化产业创意的本质特征，是因为从总体上说，只有创新才能获取产业的最大经济效益。然而，文化产业创意的创新性却具有相对性，也就是说，它以市场的饱和度为参照。

（四）文化产业创意成果的价值，在于社会实现，即与资本相结合形成文化项目，生产和销售文化产品并获得市场回报。这一点，决定了文化产业创意与资本二者关系的复杂化。一方面，文化创意成果必然要向资本寻租、寻购，无论是二者的结合发生在两个主体还是发生在资本拥有者一个主体身上（投资人按自己的意愿决定项目）；另一方面，所谓文化产业创意的创新性又需要社会检验机制来确定，这意味着，不是任何文化产业创意成果都可以在与资本的结合中起主导作用，那将与资本主导创意无异。

（五）与以上相联系，文化产业创意以产品潜在的市场表现为参照有必然性。然而，社会主义文化产业生产的目的，是满足社会成员日益增长的精神文化需求，在此基础上，达到全民族精神文明的提升。因此，当经济效益与社会效果发生矛盾时，文化产业创意人负有兼顾二者进而以社会效果统摄经济效益的责任。

文化产业创意的特点，就是它的本质特征，就是它的特殊的矛盾性。分析和解决文化产业创意的特殊矛盾，是建立文化产业创意学的抓手。文化产业创意是文化创意的核心内容，文化产业创意学是文化创意学的一个逻辑环节。因此，文化创意的一般特点，是分析文化产业创意特点的重要参照，文化创意学的体系构成，是文化产业创意学体系构成的基础。

文化产业创意学必须回答文化产品为什么会成为人的需要和满足哪些方面的需要。正是劳动、物质生产和社会实践即“自然的人化”及其互补面“人的自然化”，构成文化和文化创意产生的基础；同时，它通过创造社会分工创造了文化创造的需求和对文化产品的需求。

文化产业创意学理应提出典型的创意方向。当然，这个“创意方向”只是科学殿堂的入口处，不能代替具体的创意方案。创意方向的选取采用的是从现实性中提取合理性（必然性）的方法，亦即对“大众创意”进行因势利导的方法。

文化产业创意学理应提出文化产业创意社会实现的原则办法。文化产业创意成果如果不能产业化，它便是一朵不结果实的花。

文化产业创意学理应对文化产业的产（内容创意）、供（销）、消（消费—接受）各个环节的创意分门别类地提出方向。

文化产业创意学理应对创意人才的培养提出建设性意见。文化产业创意人才的培养较之一般文化创意人才的培养难度更大，它要求受教育者必须有文化产业的实践。

三、关于方法

“工欲善其事，必先利其器。”科学的方法就是理论研究的利器。无观点的“论著”是不能解决任何问题的；论著虽然有观点，但没有论证或论证的方法不科学，这样的观点是站不住脚的。科学的方法总的来说，就是实事求是，就是在大量掌握材料的基础之上，对材料进行由表及里、由此及彼、去伪存真、去粗取精的加工，从而探索出规律性的东西。本书的写作，遵循实事求是的思想路线，在形成观点和表述观点方面，采取了以下方法：

（一）历史的和逻辑的一致的方法

历史从哪里开始，逻辑就应该从哪里开始。我们通常所说的逻辑性，不是人头脑中固有的，它原本是事物产生和发展的历程和环节。遵循这一方法，我们才能够找出事物发展的规律，也才能够找出顺应规律发挥主观能动性的方向。商品是从以物易物开始的，马克思研究商品，就从商品的使用价值和价值这与生俱来的二重性开始。我们研究文化和文化创意，也要从文化和文化创意的历史源头开始。

文化是什么？文化是精神文明和物质文明的总和，特指精神文明，又特指文学艺术。文化从哪里开始？文化从人类使用工具制造工具开始。形象地说，文化从人类打造第一把石斧开始。正是从打造第一把石斧开始了“自然的人化”的漫漫征程。人的超生物性的功能（知、情、意的心理结构）在这个征程中不断积聚和完善起来，物质文明和精神文明的成果在这个征程中不断积聚和完善起来。也就是从使用工具和制造工具开始，人与自然的矛盾，个体与社会的矛盾逐渐显现出来。在这些根本性矛盾的支配下，人类社会中有文化和没文化、有道德和没道德等问题变得十分复杂。同样是20世纪20年代的湖南农民运动，贫困农民认为“好得很”，土豪劣绅认为“糟得很”。这种价值观上的深刻矛盾正是“文化”的最根本的差异性。其他的差异性还表现在：财富占有和支配文明的矛盾、物质丰富和精神贫乏的矛盾、物质占有欲与社会的矛盾、物质消费与环保的矛盾、人与人精神需求的不同内容的矛盾、物质需求与精神需求的矛盾、物质生活方式中的矛盾，等等。所有这些矛盾，不过是“自然的人化”之初就存在着的矛盾胚芽的历史性展开。从物化劳动的可考形态到物态化活动的可考形态（如北京山顶洞人在墓葬中撒红粉）相隔几十万年这个时间上的差距也说明，人类的物质需求与精神需求是分层次的（时间上的先后与逻辑上的因果有一致性）。对“文化”产生的历史的追溯，也正是寻找研究问题的逻辑的起点，寻找纷繁复杂的现代生活中矛盾的胚芽，它便于我们追寻事物的本质。“文化”作为名词，反映的是

“自然的人化”的终极目标，在这个意义上说，文化是人类的同义词；“文化”作为动词，反映的是人类在征服自然改造社会进程中对各种自身异化的消解和减轻，是生命个体“知情意”的平衡发展。

如此看来，文化创意的目的就在于文化对生命个体的有效化入。但就其“化入”的具体内容（针对于特定历史阶段社会环境和具体社会阶层、社会成员）而言则是一个十分复杂的问题。在反对帝国主义和封建主义的历史时期，“造反有理”和“耕者有其田”就是被压迫阶级和人民的文化旗帜；在反对日本帝国主义侵略时期，民族独立就是中国一切阶级和人民的文化旗帜；在奔向现代化，实现中华民族伟大复兴的今天，文化建设作为精神文明的建设工程，要为“劳动、知识、技术和资本竞相迸发活力”促进生产力的发展而助力，同时也要为劳动者的全面发展而助力。

文化创意是什么？先民的第一声劳动号子，第一次装扮，第一首民歌，都是文化创意。在既有文化要素的基础上推出新的要素，对文化要素进行新的解构和整合，都是文化创意。它类似物质产业的设计和科研，是文化项目的构思、方案。与物质产业中的设计和科研一样，它原本包裹在项目之中，项目的大型化、综合化和复杂化使之突出了出来，文化产品（波普尔：世界三）作为意识形态的堆积使之突出了出来，文化产品的商品属性的发挥使之突出了出来。追溯文化创意的本源，分析文化创意的构成，就能找到文化创意的方向。

文化创意“古已有之”，它是什么时候凸显的呢？是从1993年开始的。“1993年”如今与“’84、’85时期”一样已是一个文化代码，它是我国改革开放后第二个文化大变革的标志。1992年，邓小平发表了著名的“视察南方谈话”，中国新一波改革开放大潮随之涌起。毛泽东有言，随着一个经济建设高潮的出现，不可避免地要出现文化建设的高潮（当然，这并不意味着文艺仍然有轰动效应）。这个文化建设的高潮随着改革开放的大潮于1993年春天如期而至。它的特征却是史无前例的，这就是文化的产业化。

文化产业化对文化创意的作用有以下几个方面：第一，文化产品按照价值规律等价交换，导致了文化创意有了商业价值；第二，受众成了文化创意的重要考量，“以销定产”成了文化创意的圭臬；第三，文化创意成为专业、职业，文化创意家（文化创客）阶层出现。“文化”的萌芽自第一把石斧的打造开始，但文化的形态化却是从巫术礼仪才开始；文化创意自文化的形态化开始，但却是从文化的产业化才凸显出来。因此，研究文化创意的历史起点和逻辑起点应该是1993年，是该年兴起的文化的产业化。在这之前，虽然有些艺术形式如电影需要创意，但以计划经济为背景的艺术生产的“创意”并不具有，也不可能具有文化创意的品性。

（二）以人生为工厂的方法

所谓以人生为工厂，就是以文化创意学论者的人生经验为工厂，就是“体验”，就是“自我意识”。总结经验是创生理论的归纳法，总结经验的含义一是总结社会的经验，二是体会自己的经验。我搞过文艺理论，也搞过文艺创作。我搞文艺理论，追求提出新观点；我搞文艺创作，追求在文艺形式、体裁和题材上的创新。在文艺创作上追求创新，就是自觉地以艺术创意引领创作。我也搞过艺术之外的文化形态的创意（例如，提出过旅游产业开发的“以动引静，以软带硬”的八字方针）。反思本人文化创意的经验，对比文化创意的社会经验，就会明了文化创意的方向。

以人生为工厂，就是要反思自己的文化创意为什么会成功，就是要反思个体经验与社会思潮为什么会契合。这个契合点便是文化创意的方向，也就是文化创意得以项目化，得以施工的前提条件。

从文化创意人才成长的“野生”条件入手探讨这一特殊人才的培养机制。文化创意能否繁荣，取决于人才能否大量涌现。文化创意人才能否通过培养而成就，怎样培养，是文化创意学必须回答的问题。通过对优秀文化项目的分析，能够找出创意在其中的“贡献率”，通过研究创意人，能够归纳出他们成功的“野生”条件。这些“野生”

条件，就是培养文化创意人才的要素、方法。“三部曲”中有关文化创意人才的培养机制，就是依靠这样的方法而建立的。需要指出的是，任何专业的人才的成长都遵循着“外因是变化的条件，内因是变化的根据”这一规律，“培养”作为外部条件，总是依据内因才能起作用的。但又不可拿这一哲学原理乱套，而是要具体分析。有的时候，外因的作用是决定性的，例如“因材施教”语境中的“教”便很关键。在以复制野生条件为主要思路的人才培养机制的建构中，有一个问题未能较好地解决，这就是文化创意人才的情感积累问题。学习文化创意不是知识的传承，而是能力的塑造。在形成这一能力的诸要素中，人的情感是否丰富十分重要。情感如何培养？这是一个难题。影响情商高低的有先天的即生理的因素，也有后天的即人生经历的因素，这两个因素都是不能模拟的。任何模拟都难以奏效，艺术感染的方式也很有限。有鉴于此，似只有“从小抓起”方能弥补这一特别的培养失效的问题。

第一章　自然的人化与人的自然化

马克思将社会实践展开为自然的人化：物质文明和精神文明是它的外在成果，社会的人是它的内在成果。自然的人化就是本体意义上的“文化”，是历史唯物主义的宏观教育学。文化形态的独立开启了宏观教育（以文化人）的专业化和职业化，文化创意由此走向自觉。因此，自然的人化（人的自然化）是文化创意学的逻辑起点。

第一节　自然的人化

以使用工具、制造工具为特征的社会实践是人类存在和发展的基础，也是人的彻底解放的基础。马克思深刻地指出：自然科学“通过工业日益在实践上进入人的生活，改造人的生活，并为人的解放作准备，尽管它不得不直接地使非人化充分发展。工业是自然界对人，因而也是自然科学对人的现实的历史关系”（马克思：《1844年经济学哲学手稿》，《马克思恩格斯文集》第一卷，人民出版社2009年版，第193页）。经过漫长历史的社会实践，人类理想的社会制度——共产主义就会实现。“共产主义是对私有财产即人的自我异化的积极的扬弃，因而是通过人并且为了人而对人的本质的真正占有；因此，它是人向自身，也就是向社会的即合乎人性的人的复归，这种复归是完全的复归，是自觉实现并在以往发展的全部财富的范围内实现的复归。这种共产主义，作为完成了的自然主义，等于人道主义，而作为完成了的人道主义，等于自然主义，它是人和自然界之间、人和人之间矛盾的真正解决，是存在和本质、对象化和自我确证、自由和必然、个体和类之间的斗争的真正解决。它是历史之谜的解答，而且知道自己就是这种解答。”（同上书，第185～186页）马克思所描绘的，是一个“自然的人化”的历程，它是人类社会实践展开的历史图景、发展轨迹和终极目标。马克思“自然的人化”的伟大思想是探讨文化创意的本质的一把钥匙，是建筑文化创意学的基石。

人是自然的一部分。以满足生存需要为目的、以使用工具和制造工具为基本特征的人类物质生产（劳动）是人类的基本社会实践，是人与自然的现实关系。直接物质成果是人化自然的确证，不同历史时期的工业（广义）文明是人化自然的阶梯。因此，从劳动和物质生产出发来谈人的解放和自由的人，是教育学的历史主义的基础。（参见李泽厚：《批判哲学的批判》，人民出版社1979年版，第414页）对于劳动的教育而言，基础的教育内容是知识和技能，高级的教育内容是文化。从人文角度而言，知识和技能不过是塑造人的手段而已。如何劳动固然重要，但“自食其力”“爱劳动”的理念以及特定历史阶段“不劳动者不得食”的典章制度更重要，“为他人劳动”“为完善自己而劳动”则属一种未来精神和超前自觉。可以肯定，将“劳动态度”通过文化创意加之于教育之上，教育培训业的面貌将为之一新。

尽管人类的物质生产在漫长的历史阶段，“不得不直接地使非人化充分发展”，但它的历史成果是伟大的，从基本温饱到按需索取，日益深化的“自然的人化”满足着日益增长的物质需要，日益增长的物质需要又助推着“人化自然”的伟大斗争。这种经济学意义上的“螺旋式”上升意味着哲学意义上“人是目的”的逐步实现。物质成果的大部分会被消费掉的，直接的物质享受也会被遗忘，但创造物质成果的“工具”却会被保留下来，未被消费的物质成果当其淡化掉实际功用后也会具有工具的意义。“工具”或“工具意义的人造物”将作为科技的历史尺度、人类文明的印记和人化自然的阶梯而成为人类“再出发”的精神动力。它是宏观教育学的教材之一，也是文化创意的感发之点。物的感发、工具的感发突出的是人作为“类”的伟大，显示的是人类掌握、控制征服自然的合力，凝聚的是人与自然角力的结果。因此，物向工具的转化，工具实用功能的退化便是人类物化成果作为文化创意之源的关键前提。从根本上和总体上说，这是时间迁延的结果；从静观上讲，又可以通过主体性转换而达到，即对物的存在进行主观解构。

马克思在谈到“历史之谜”的解答之路时特别强调，“它知道自己就是这种解答”。历史唯物主义的诞生，标志着历史发展规律的主体化，标志着人类进入了自觉的阶段。作为改造社会、解答“历史之谜”物质力量的无产阶级知道了自己从哪里来到哪里去，知道了自己的历史使命和这个使命的终结点（“这个专政不过是达到消灭一切阶级和进入无阶级社会的过渡。”——马克思），知道了自己也终将会被“扬弃”。以历史唯物主义观点看，马克思主义的诞生绝非偶然，它是资本主义生产方式内在矛盾空前清晰化的结果；而这背后，自然是自然科学通过工业（广义）进入人的生活使然。社会发展的必然性，一旦被人所掌握，就会大大增强异化根本消除之前减轻异化的自觉性。

2012年以后，中国经济进入中速但追求质量效益的“新常态”，将文化因素融入物质产品遂成时尚。文化创意＋物质产品、服务设计＋工程设计形成了完整的业态。在国家统计上，有的将这两个业态归入文化产业，有的将其归入物质产业，似都可以，因为在价值构成上二者兼而有之。由于这类产品大多属于与消费者生活密切相关的日常用品，科技含量并不高，因此，文化创意的引领作用较为明显。从消费欲分析，由于这些产品大多越出了物质必需品范畴，其“文化”需求意味较浓，它们可以被视为以物质为载体的文化产品，是一种传情、传“文”之物，如大陆故宫和台湾等地开发的“伴手礼”，大都市家居装修的个性化等。“美丽乡村建设”“特色小镇建设”“日用品工艺化”“工艺品实用化”则是在物质生产上“文化创意＋”的拓展。自然科学通过工业（制造产品）进入人的生活本是沿着“科技——工业”这条根本的主线，“按照美的尺度生产”也是一个渐进的过程。但是，由于人的自觉，使“文化创意＋”与科技、研发相向而行成为可能。

在这种情况下，留下的课题便是：一、物质生产就是物质生产，必须按物质生产规律搞物质生产，不能以“文化”代替质量。二、文化创意主要用于物质产品使用价值的拓展，即“物的文化消费”。举例说，“伴手礼”（物品）的使用价值主要用于交往（文化），物品只是一个中介物。三、在“文化创意＋”产品研发设计形成风潮的后工业化社会，在经济学上千万不要让“文化创意＋”喧宾夺主，使人忽略科技之于人的解放的根本力量，忽略了科技之于美的世界创造的原动力。四、在具体产品的研发上，一定要处理好文化创意、文化塑形与物质生产三者的关系。文化创意只存在于观念形态，用于产品使用价值（市场开拓）的构思和产品的命名，文化塑形与物质生产谁主谁从要依产品的开发方向而定，前者是艺术，后者是实用。当然，结合得水乳交融是最高理想。

人类的物质生产（自然的人化）是社会生产，在生产物质产品的同时也“生产”着社会。与“人化自然”一样，“人化社会”也是一个渐进的过程。生产力的每一步发展，文明的每一次进步。都是“社会的人化”的阶梯。与“人化自然”漫长历史进程中人不得不工具化一样，“人化社会”的漫长历史进程中也充满着牺牲和悲剧。社会在历史主义与伦理主义矛盾对立中行进，行进中的社会有时需要打破平衡，有时又需要维持相对的平衡，这常常导致对阶级社会中文化产品的价值判断变得异常困难。例如，“当以财富为实力的新兴奴隶主推倒氏族的礼治，要求‘以耕战为本’，建立无情的‘法治’，赤裸裸地肯定压迫剥削，以君主集权专制替代氏族贵族民主，来摧毁家长制的氏族统治的落后体制时，它具有历史的合理性和进步性。但另一方面，哀叹氏族体制的最终崩毁，反对日益扩大的兼并战争，幻想恢复远古剥削压迫较轻的'黄金时代'，企图维护相对说来对本氏族内部成员确乎比较宽厚的统治体系，不满、斥责、抨击赤裸裸的剥削压迫……这也有其合理性和人民性。"（李泽厚：《中国古代思想史论》，人民出版社1985年版，第15页）这种价值观上的矛盾、对立和冲突，虽然在同一历史阶段同时存在，但声音的强弱却有不同。如果说，何士光的短篇小说《乡场上》中冯幺爸的那一声"今年这返销粮你给也罢，你不给也罢"给农业生产责任制做了民心的确证，那么，周克芹的短篇小说《山月不知心里事》中所散发出的"各家各户做庄稼"后那淡淡的怅然则作了它的对立和补充，并且很快，这种怅然消失在了丰收的喜悦里。这种价值观上的矛盾、对立和冲突虽然在不同历史阶段上都有表现，但程度上大有不同。因此，对于文化产品，美学的历史批评的视角是非常需要的。对于创作，现实主义的方法是非常需要的。这是因为，生产力是生产方式中最积极、最活跃的因素，是历史前进的原动力。要创造"人化"的社会，扬弃社会的一切非人的因素，彻底解决个体与社会的矛盾，只有依仗生产力的发展。中国特色社会主义之所以不同于历史上任何阶级社会，在于它通过改革开放实现自我完善。实践证明，正确处理发展、改革和稳定三者之间的关系，"两个文明一起抓"，是促进社会全面进步的正确方略。

人类在改造客观世界（自然和社会）的同时，也改造着自己的主观世界。"不仅外在的自然界服务于人的世界，而且作为肉体存在的人本身的自然（从五官感觉到各种需要），也超出了动物性的本能而具有了人（即社会）的性质。这意味着，人在自然存在的基础上，产生了一系列的超生物性的素质。"（李泽厚：《批判哲学的批判》，人民出版社1979年版，第412～413页）这些超生物性的素质，第一，是人的认知能力、思维能力的产生和发展。实践的本质是真（客观规律）的主体化和善的客观化。恩格斯指出："人的思维最本质和最切近的基础，正是人所引起的自然界的变化，而不单独是自然界本身；人的智力是按照人如何学会改造自然界而发展的。"（《〈自然辩证法〉导言》，《马克思恩格斯选集》第三卷，人民出版社1980年版，第551页）实践不但导引和决定着思维的发展，同时也导引和决定着人类思维发展的非单向化。在保留感性全部丰富性之基础上知情意的协调和发展，是人的内在自然的"人化"（即社会化）的真正含义。这意味着，感性异化和理性异化都将在人类实践中被扬弃，人类实践最终将造成真正的人性，完成内在自然的"人化"。人在创造美和美的世界的同时也将创造审美能力、美的人生和审美的生活态度。因此，从实践着的人出发，从实践出发来谈内在自然的"人化"，是人类未达到理想世界之前宏观教育学建构的基础。第二，审美日益成为人的需要。劳动创造了美，也创造了人的审美意识。审美意识与未分化的其他意识一样，来源于实践而不是静观的自然，因此，审美能力是对实践的反映、确证而不是对自然的反映，它的基础是人化了的那部分自然。人不仅通过思维，而且通过全部感受在对象世界中确证自己，人在社会生产中不仅与自然建立了实践关系，也建立了审美关系，人在自己所创造的自然中直观自身就是审美意识。审美意识在实践中产生，也随实践的发展而发展。马克思说："只是由于人的本质客观地展开的丰富性，主体的、人的感性的丰富性，如有音乐感的耳朵、能感受形式美的眼睛，总之，那些能成为人的享受的感觉，即确证自己是人的本质力量的感觉，才一部分发展起来，一部分产生出来。"（马克思：《1844年经济学哲学手稿》，《马克思恩格斯文集》第一卷，人民出版社2009年版，第191页）随着实践的发展，新的审美经验不断创造，通过教育，审美活动得以传承和发展。与此同时，人的审美器官、人脑的审美功能也在不断发展。"有音乐感的耳朵""能感受形式美的眼睛"的形成意味着人的审美能力的形成，这是"自然的人化"在塑造主体方面的伟大的历史成果。随着审美能力的增长，审美日益成为人的需要。第三，是人的意志力的形成。与改造自然和创造社会相一致，人的意志力也在实践的“教育”下不断增长。

创造美日益成为人的需要。创造美和审美（美的需求）是一个问题的两个方面，创造中有欣赏，在欣赏（享受）中创造；欣赏中有创造，在创造中欣赏。这方面，似与理性思维成果的吸收同理。吸收理性思维的成果从目的而言是“述”，从结果而言是“作”（创造），因为原汁原味的“述”本无可能，“逼真”的“述”则失却独存的意义，不会在意识形态的传承中保存下来。创造与欣赏的区别在于：第一，创造中的欣赏其对象是一切事物，包括自身，是对生活和人生的审美；欣赏中的对象是艺术品和人化自然（自然美）。第二，创造是一种物态化活动，需要物质载体；欣赏则是内省。第三，创造的功用是形成形象；欣赏则是从形象的感召向物质力量的转换。将美的创造“局限”在审美的范畴内，还在于审美是美的创造的本质。只有在这一范畴中把握美的创造，才不至于偏离马克思“自然的人化”的科学思想，才能够正确把握文化创意、文化产业创意服务于人化自然这一伟大实践的方向。

人类创造美从对象化的角度而言分为三个层次。

第一层次：人类生产直接物质成果。马克思说：“诚然，动物也生产。……动物只生产它自己或它的幼仔所直接需要的东西；动物的生产是片面的，而人的生产是全面的；动物只是在直接的肉体需要的支配下生产，而人甚至不受肉体需要的影响也进行生产，并且只有不受这种需要的影响才进行真正的生产；动物只生产自身，而人再生产整个自然界；动物的产品直接属于它的肉体，而人自由地面对自己的产品。动物只是按照它所属的那个种的尺度和需要来构造，而人却懂得按照任何一个种的尺度来进行生产，并且懂得处处都把固有的尺度运用于对象。因此，人也按照美的规律来构造。……劳动的对象是人的类生活的对象化：人不仅像在意识中那样在精神上使自己二重化，而且能动地、现实地使自己二重化，从而在他所创造的世界中直观自身。”（马克思：《1844年经济学哲学手稿》，《马克思恩格斯文集》第一卷，人民出版社2009年版，第162～163页）人在认识特定物种尺度（真的主体化：认识了劳动对象和劳动资料的性质）的前提下，按照自己所需（善）形成自己的内在尺度（设计），然后将两种尺度相结合（即“在劳动过程中，人的活动借助劳动资料使劳动对象发生预定的变化”），形成新的物品。此即真与善通由实践（劳动）的现实的统一。在主体一方，以“定时分析”论，真与善统一为审美意识——反映着审美意识的分化（审美意识从其他意识中分化出来）；在客体一方，直接物质成果因为满足人的物质需求其形式成了美的形式（“羊大为美”）。从发展论，“人化自然”是一个漫长的历史进程。这个历史进程，最终将实现自由与必然、合目的性与合规律性、真与善的统一。这个统一既体现为“人定胜天”即人对自然的征服，也体现在人对自然的顺从（所谓环保）；在很长历史时期内将体现为物的实用功能与形式美的分离，但最终又将以“否定之否定”的轨迹完成现实的统一。

第二层次：人类创造艺术。随着人类实践的发展，人类由从需要来感觉逐渐发展为从肯定人的本质力量的角度来感觉，审美感觉产生了，审美意识从一般意识逐渐分离和独立。审美意识的产生（独立）和发展是人类理性参与的结果，它意味着人类物质形态化活动的开始。人类的物态化活动（艺术创造）与物化劳动（人的本质对象化）有着本质的不同。前者是第二性的，是从属，后者是第一性的，是人类存在发展的本体；前者以创造精神产品、满足人的精神需求为目的，后者以创造物质产品、满足人的物质需求为目的；在前者，物质不过是精神的载体和传达工具，在后者，精神积淀在物质中；在前者，物质不过需要改变形式，在后者，物质却需要改变用途。艺术创造首先以直感形式存在于头脑之中，然后从主体的肉体开始由近及远地向物质延伸。工业（狭义）的发展使艺术与技术的双向开发成为可能，甚至出现了技术（形式）统治艺术决定艺术的倾向，但这正是艺术本质的异化。强调文化创意、文学艺术创意和文化产业创意对艺术和文化产业的引领作用，就在于防止这种异化。物质形态化活动与物化活动也有共同点，那就是二者都是人的社会活动。艺术创造的发展从根本上取决于社会生活的提供和人的审美能力的发展。艺术创造不是“自然的人化”，而是人的美感的外化、意识的形态化。

第三层次：从欣赏自然美到创造自然美。人类对美的自然的需求不仅反映着人化外在自然的深化，也反映着人化“内在自然”的深化。自然美的基础不在自然本身，也不在心灵深处，而在社会实践中。“自然美的崇高，则是由于人类社会实践将它们历史地征服之后，对观赏（静观）来说成为唤起激情的对象。”（李泽厚：《批判哲学的批判》，人民出版社1979年版，第416页）自然美的优美，则是由于某些自然现象历史地成为实践的需求之后或至少无害，对主体而言成为移情寄意的对象。这里的所谓“征服”，并非指对自然的直接改造，而是指“自然作为整体处在人类发展的特定历史阶段上”的意思，“崇高的自然对象，经常是已被科学认识但未经人改造的景象或力量”，优美的自然对象则经常是虽有利或至少无害但没有成为劳动对象和劳动资料的自然力和自然物。人类改造自然的社会实践创造了自然美，同时也创造了对自然美的需求心理。这种心理结构，与自然美的特定美的形态构成“异质同构”关系（如格式塔心理学所认为），随着双方实践关系的发展而发展。在主体一方，认知（科学）随实践的推进不断拓展着自然美的边界，自然美的审美因此日益成为人的实践需求；在客体一方，内容积淀的加速使美的自然日益成为有用的自然，自然的形式日益成为人的形式。在工业化的同时或者稍后，反映着经济社会的发展需求和民生需要，创造自然美将成为目的。表现在两个方向：一、修复工业化一度破坏了的自然，使之与人形成新的平衡；二、发现自然美。随着时代的发展，不以生产某种有形产品为目的的发现自然美的工作将日益突出出来。这意味着，人类朝“全面的人”又进了一步。

随着实践的发展，人的物质需求方式也将超出生物性而具有了社会的性质，它是内在自然（自然躯体）人化的伟大历史成果。每一特定历史时期的民俗是这一伟大历史成果的外在显现，人与自然在工业（广义）化前提下重归和谐统一（天人合一）是这一成果的理想形态。“自然的人化”是这一伟大历史成果实现的原动力，也是人向着人性（自由与必然、感性与理性、个体与社会、人与自然、合目的性与合规律性的统一体）全面复归的原动力。饮食成为美食、两性交配成为爱情、服装展示性格、劳动时间成为自由时间……既是人类生活的美好前景，也是对个体人格的伟大感召。

第二节 人的自然化

马克思从实践、劳动和社会生产出发谈“自然的人化”，强调的是总体与个体、社会与自然、理性与感性的交融统一，是这一统一落实在个体、自然和感性之上，以个体、自然和感性的形式表现出来。这意味着，在实现这一统一的征程中，实践着的人处于各种形式的异化状态之中。

把自己的素质或力量转化为跟自己对立、支配自己的东西就是异化。人是目的，人的异化就是人的工具化。

人的异化或工具化首先通过异化劳动表现出来，劳动的异化是其他异化的根源。

马克思在《1844年经济学哲学手稿》中往往交叉使用“Entfremdung”（异化）和“Entäußerung”（外化）两个德文术语来表示“异化”这一概念。在《手稿》语境里，“外化”还有另一层意义，即用于表示那些并不含有敌对性和异己性的关系的经济现象和社会现象，例如，用于表示两种状态的转换和过渡，表示交换活动等等。异化、外化是主体（人类）观察事物普遍联系和发展的一种角度。外化也是异化，二者在哲学意义上没有区别，都是甲事物与乙事物矛盾的概括，反映着认识主体（人类）观察事物发展链条上某个环节的角度。《手稿》中两个概念的并用，反映出在马克思语境中二者哲学意义上的共性；两个概念的分用，则反映出在马克思语境中二者在其他意义上的差异。异化是矛盾的一种特殊形式，它专指人的本质对象化（外化）进程中人与自然、个人与社会、感性与理性、真与善的对立统一。同时，“异化”也是以“人是目的”为坐标对这种矛盾的一种价值判断。

异化劳动（劳动的异化）是异化的根本形式，资本主义生产方式将异化劳动发展到了极端。

马克思在《1844年经济学哲学手稿》中深刻分析了异化劳动的表现。

马克思说：“首先，劳动对工人来说是外在的东西，也就是说，不属于他的本质；因此，他在自己的劳动中不是肯定自己，而是否定自己，不是感到幸福，而是感到不幸，不是自由地发挥自己的体力和智力，而是使自己的肉体受折磨、精神遭摧残。因此，工人只有在劳动之外才感到自在，而在劳动中则感到不自在，他在不劳动时觉得舒畅，而在劳动时就觉得不舒畅。因此，他的劳动不是自愿的劳动，而是被迫的强制劳动。因此，这种劳动不是满足一种需要，而只是满足劳动以外的那些需要的一种手段。劳动的异己性完全表现在：只要肉体的强制或其他强制一停止，人们就会像逃避瘟疫那样逃避劳动。外在的劳动，人在其中使自己外化的劳动，是一种自我牺牲、自我折磨的劳动。最后，对工人来说，劳动的外在性表现在：这种劳动不是他自己的，而是别人的；劳动不属于他；他在劳动中也不属于他自己，而是属于别人。在宗教中，人的幻想、人的头脑和人的心灵的自主活动对个人发生作用不取决于他个人，就是说，是作为某种异己的活动，神灵的或魔鬼的活动发生作用，同样，工人的活动也不是他的自主活动，他的活动属于别人，这种活动是他自身的丧失。”（马克思：《1844年经济学哲学手稿》，《马克思恩格斯文集》第一卷，人民出版社2009年版，第159～160页）在资本主义生产方式中的异化劳动条件下，工人只有在运用自己吃、喝、生殖等与动物相同的机能时，才觉得自己在自由活动，而在运用“人的机能”（人的本质力量之对象化，即劳动、社会实践）时，觉得自己只不过是动物：动物的东西成为人的东西，人的东西成为动物的东西。

资本主义生产方式下异化劳动的发展，必然导致“人的类本质，无论是自然界，还是人的精神的类能力，都变成了对人来说是异己的本质，变成了维持他的个人生存的手段。异化劳动使人的身体同人相异化，同样也使在人之外的自然界同人相异化，使他的精神本质，他的人的本质同人相异化。……人同自己的劳动产品、自己的生命活动、自己的类本质相异化的直接结果就是人同人相异化。当人同自身相对立的时候，他也同他人相对立。凡是适用于人对自己的劳动，对自己的劳动产品和对自身的关系的东西，也都适用于人对他人、对他人的劳动和劳动对象的关系。总之，人的类本质同人相异化这一命题，说的是一个人同他人相异化，以及他们中的每个人都同人的本质相异化”。（同上书，第163～164页）资本主义生产方式在使劳动异化空前深化的同时，也通由劳动异化，使劳动者各种超生物性的功能的发展受到了抑制。“囿于粗陋的实际需要的感觉，也只具有有限的意义。对于一个忍饥挨饿的人来说并不存在人的食物形式，而只有作为食物的抽象存在；食物同样也可能具有最粗陋的形式，而且不能说，这种进食活动与动物的进食活动有什么不同。忧心忡忡的、贫穷的人对美丽的景色都没有什么感觉；贩卖矿物的商人只看到矿物的商业价值，而看不到矿物的美和独特性；他没有矿物学的感觉。因此，一方面为了使人的感觉成为人的，另一方面为了创造同人的本质和自然界的本质的全部丰富性相适应的人的感觉，无论从理论方面来说还是从实践方面来说，人的本质力量的对象化都是必要的。”（同上书，第191～192页）

马克思的这段话有四重含义：第一重是区分美感与人的物质需求的满足感，说明美感是社会实践的产物，随着人类社会的文明进步，人类才能在满足基本物质需求的基础上，发展“同人的本质和自然界的本质全部丰富性相适应”的审美能力；第二重是说明由于异化劳动的存在，穷人和富人都在异化状态中生活，故无论是在必要的经济条件（对富人来讲是资本的负能量即俗语所说“富得发愁”）方面还是在能力方面，人们的审美都受到了很大的限制；第三重是强调资本主义生产方式下由于异化劳动的存在必然导致审美能力上穷人与富人相异化；第四重是强调人的需求向审美的发展必须通过人的本质力量的对象化才能获得历史性的解决。

劳动是社会实践的最基本的形式。“在实践的、现实的世界中，自我异化只有通过对他人的实践的、现实的关系才能表现出来。异化借以实现的手段本身就是实践的。因此，通过异化劳动，人不仅生产出他对作为异己的、敌对的力量的生产对象和生产行为的关系，而且还生产出他人对他的生产和他的产品的关系，以及他对这些他人的关系。正像他把他自己的生产变成自己的非现实化，变成对自己的惩罚一样，正像他丧失掉自己的产品并使它变成不属于他的产品一样，他也生产出不生产的人对生产和产品的支配。正像他使他自己的劳动同自身相异化一样，他也使与他相异化的人占有非自身的活动。”（同上书，第165~166页）历史的发展充满着悖论：一方面，改造客观物质世界的直接物质生产是“人的能动的类生活”，在这种改造对象世界的过程中，人才真正证明自己是类存在物，自然界才表现为人的作品和人的现实；另一方面，从事生产的劳动是异化劳动，它使个人与社会、人类与自然经常处在激烈的对抗之中，特别是在资本主义生产方式之下。换句话说，劳动是一把双刃剑，它在创造物质财富和精神财富以及创造人自身的同时，在人的本质力量对象化的同时，也生产异己的（对生命个体而言）社会（组织、关系）和异己的（对人类而言）自然界。当然，正因为劳动的这种两面性，使其具有了实践的品格。

劳动者在资本主义社会中最先感到的异己、对立的力量是劳动手段、劳动对象以及直接剥削自己的“他人”，因此，捣毁机器、罢工和对资本家个人的斗争常常是工人最初的斗争方式。随着马克思主义的灌输和斗争的深入，工人阶级由“自发的阶级”发展为“自为的阶级”，斗争的目标才转向资本主义生产方式的维护者——资产阶级。这意味着，消除异化劳动不能靠劳动自身来解决，而只能靠实践的其他形式，例如：阶级斗争。无产阶级反对资产阶级的阶级斗争必然导致无产阶级专政。然而，“这个专政不过是达到向无阶级社会的过渡”，不过是消除劳动异化和人类其他异化的一个历史环节。

进入现代社会，劳动异化和其他异化常常以更为曲折的形式表现出来，各种社会病、各种现代心理病以及环境问题、人口问题等，便是人的各种异化的产物。异化劳动及人类的其他异化，是自然的人化、人的本质对象化的对立物，但也是这一伟大征程的派生物。扬弃人的各种异化的根本动力，也存在于这一伟大征程中。这意味着，人化自然的伟大征程，将随着工业化的基本实现而呈现出某些新的阶段性特点。

在工业化基本实现之后，人与自然的和谐共生将成为人化自然的原则，其主要形态将分为以下三种：一、直接物质资料的索取（制造）将不单单考虑“自然向人的生成”，而会兼顾同一行为中自然自身的生成；二、自然科学日益迅速地通过工业进入人的生活，由为人的全面解放“做准备”到直接作用于人的解放。也就是说，科技将不单单为了人的物质需求而直接为消除异化劳动而服务。不仅体现为手的延长，而且体现为脑的延长，工业将把主攻方向集中在工具（装备）的制造上。工具制造的一个新的特点，是将提高劳动生产率与提高劳动者劳动的舒适度一并考虑。三、修复自然将成为工业的一个新的主攻方向。几百年的世界工业化进程已经使人居环境变成了人类巨大的异己力量，利益的驱使让修复工业化所破坏了的自然成为必然选项，而物质的相对丰富（以贫富两极分化为代价）使修复自然成为可能。工业化后的修复自然，既体现着人类向自然的“让步”，也体现着自然向人的“让步”，前者意味着人类的“工业”由狭义拓展为广义，由经济拓展为哲学，从而划定了工业（狭义）的边界；后者则意味着自然对人类工业化成果的接纳与包容，人化的部分融入了未经人化的部分，从而进一步肯定了人作为自然的存在成为人类进一步发展的出发点、前提和条件。

以中国2012年经济发展进入“新常态”为标志，全球工业化进程进入了新阶段。或者说，自然的人化的新课题必须以经济政治的全球化为前提才能得以有效的解决。这是因为，新课题虽然关乎全人类，但对于每个国家、每个地区的紧迫性大不相同。有鉴于此，一方面，从人化自然的伟大历史进程着眼，全球发展已经到了非转不可的时候了，必须实现以新型工业化为引领；另一方面，为了实现以新发展观为引领的全球治理，发达工业国必须为欠发展国家的绿色工业化和具有全球意义的环保工程付出代价。这样做，符合全人类的利益，因而也符合发达国家的长远利益。

那么，发达工业国能否在这一问题上取得正确的共识、采取一致的行动呢？回答是肯定的。这首先基于发达工业国政治家的觉悟。其次，基于发达工业国之间经济和社会的融合发展。事实上，这种融合发展从中国改革开放伊始就开始了。世界经济政治格局今天的面貌，成就于中国的改革开放。因此，可以说，发达工业国之间经济社会的融合发展之所以可能，是因为伟大的中国早已开拓并规范了世界经济和政治格局发展的道路。

从推动世界经济和政治新格局的角度考量，中国的贡献可概括为三点：一、开启并持续进行改革开放，其中对世界经济政治融合发展最有意义的是向发达国家的开放和改革与开放的协调推进。二、1989年后从世界经济政治格局的发展角度进一步推动改革开放。三、完成了以“一国两制”收回香港、澳门。收回香港、澳门的意义，绝对不局限于祖国统一，而对全球发展有着深刻影响。“两制”在一个国家内融合发展之路的开启，给予不同社会制度、不同意识形态的国家的和平共处、融合发展以十分积极的昭示和推动。邓小平不仅把香港、澳门回归祖国成功地纳入了改革开放的大局之中，从而直接推动了世界经济一体化，而且，通过“一国两制”的伟大实践，改变了不少西方政治家在国际交往中以意识形态和姓社姓资划线的积习。“一国两制”的伟大实践，积淀着对历史的深刻反思。中国特色社会主义，既是不走老路即不同于苏联模式的社会主义，也是不走邪路即不同于西方模式的资本主义。事实上，在中国改革之前，资本主义国家一直在改革。邓小平说，资本主义也有计划，社会主义不能没有市场。不同社会制度和不同意识形态的国家，是可以互学互鉴的。香港、澳门回归祖国后“一国两制”的成功实践，进一步强化了人们以上的认识。“一国两制”伟大构想有一个鲜明的特点，这就是它的前瞻性。它不屑于围绕抽象的概念进行争论，而是仅仅抓住实践中的突出问题找出“怎样做”的道路，而“怎样做”就已经埋下了沿着理想发展目标前进的铁的逻辑。这是对中国哲学实践理性的重大发展。“开放”自经济合作起步，“一国两制”也是着手于经济的融合。然而，开放是一个“大政策”。“大”在何处？“大”就“大”在它埋下了中国与世界各国特别是与西方发达工业国融合发展的伏笔。综上所述，由于中国政治家的伟大作为，发达工业国的融合发展已成不可逆转之势。这一趋势作为现实，将不断为实现全球治理增加正能量；作为启发点，将不断推动西方政治家解放思想。

“一国两制”和改革开放的成功实践，将历史上先后出现各自走了极端的前资本主义和苏联社会主义的弊端全部扬弃，而将它们各自合理内核整合于同一历史平面上。“让劳动、资本、知识、技术等生产要素的活力竞相迸发”（参见中共十六大文件），必将导致劳动异化和人类的其他异化得以积极的扬弃，将个体与社会矛盾的解决和人与自然矛盾的解决统一起来。可以说，中国特色社会主义的伟大理论和实践，使我们人化自然的伟大征程在具备纵向视野的基础上又增添了横向的视野。

与前工业化社会恰恰相反，后工业化社会人与社会的关系常常表现为矛盾的调解、中和，通过改革，通过“二次分配”，通过法制建设和和谐社会建设，“社会的人化”日益表现为“人的社会化”；后工业化社会人（类）与自然的关系常常表现为利用而不是征服，表现为建设（修复）而不是破坏，通过以顺应求利用界面的拓展，“自然的人化”日益表现为“人的自然化”。人类的自觉将大大发展，致使许多利益纷争有可能通过科学（拓展生产要素和劳动对象——“将蛋糕做大”）来减弱乃至彻底消除。人与社会、人（类）与自然矛盾的解决正朝着一体化解决的方向发展。

“人的自然化”指的是人必须摆脱一切伦理的、秩序的甚至情感的“羁绊”，舍弃社会性，以保持人作为自然存在的“纯洁”；进而在精神的统摄下，使自己的自然躯体与自然界的规律、结构、韵律和功能相一致、相建构和相呼应。人的自然化不是动物化，不是回到没有精神寄托的动物状态中去，只不过这寄托不在社会，不在人群，不在功利，而“在乎山水之间”。同样是超越自然生物族类的局限，但是，与自然的人化恰恰相反，人的自然化之“精神的统摄”不是“以礼节情”，不是化伦理和秩序为心中的“道德律令”，而是放下，是“忘”，通过“忘”而超越自身的七情六欲，超越自身的生物性。“只有经过历史进步，才能消灭私有制和异化劳动。在这之前，人类文明史的进程中必然存在异化，想要一跃而跳过某一整个历史时期，要求‘回复’或‘恢复’人的自然‘本性’，从而回到‘自由’的远古时期去，像庄子那样，实际是要求立即消灭私有制和一切文明以及‘劳动本身’，过动物般的浑浑噩噩无知无识的生活是现实地不可能的，这只是开历史的倒车而已。因为所谓人的‘本性’‘独立’‘自由’和所谓人的‘真实存在’，都只能是历史具体的。”（李泽厚：《中国古代思想史论》，人民出版社1985年版，第183页）“人的自然化”与“自然的人化”是历史进程中的两个侧面，离开劳动、物质生产和社会实践“自然的人化”谈“人的自然化”，在现实中不可能，在理论上是荒谬的（只能是回到动物状态中去）。根本消除异化劳动和人的其他一切异化的答案在历史进程中，在实践的发展中，在“自然的人化”中。人的自然化现实的意义，在于与自然的人化的相补充、相渗透中，使人超越特定的社会性的制约，减轻和平衡异化，在感性自然中来达到超感性。

人的自然化不可能成为异化深重历史时期人生的选项。在异化劳动顶峰时期的前资本主义时期，社会革命是时代的主旋律。对于摆脱劳动异化、反对剥削压迫，精神逃匿是十分苍白和无力的。

人的自然化与自然的人化在工业化后期形成紧密的互补与渗透关系。这意味着，人的自然化已成为这一历史阶段社会的实践需求和劳动者的日用之常，因而也是文化产业创意的重要方向。

积极的人生观与追求“人的自然化”，常常矛盾又互补地出现在中国古代文学中，陶潜、苏轼的诗文，《三国演义》的开篇辞，都或隐或显地透露出这种矛盾和互补。文学是现实的反映，是作者的心灵写照。“不但‘兼济天下’与‘独善其身’经常是后世士大夫的互补人生路途，而且慷慨悲歌与愤世嫉俗，‘身在江湖’而‘心存魏阙’，也成为中国历代知识分子的常规心理及其艺术意念。”（李泽厚：《美学三书》，安徽文艺出版社1999年版，第59页）这种矛盾又互补，才是真正的人生。有了儒家所提倡的积极入世、积极进取精神，人的自然化才有底线，“超然世外”“在乎山水”才具有超感性的人格自然化，才不至于“回归”至动物的无知无识。有了人的自然化，才能面对和战胜人生的种种磨难。在矛盾的互补中，这种“人的自然化”不仅能够创造更加灿烂的人生，而且由于它创造了超感性或新感性，以至于“无心插柳柳成荫”，成功演绎出人生的双重变奏。

在特定情况下，超越社会性制限，减轻劳动压力和其他压力，不但是可能的，也是必要的。人一直超越社会性是不可能的。文化创意学要研究的是在什么情况下人可以摆脱社会性制限，适宜摆脱人的社会性制限的领域和时机，就是人的自然化的有效手段。人们参加这类活动的心理，是一种李泽厚意义上的“积淀了理性、社会性的感性”，而这一心理所展开的，是自然的人化基础上人的自然化，是历史发展之必然。

后工业化社会的到来使生命个体所需要摆脱的社会性制限呈现出多元化趋势，因此，人的自然化的需求也将日益多样化。

后工业化社会的到来使人类的自觉达到了空前的高度，以人的自然化抵御各种新异化的思想和具体举措定会与新生产力齐头并进。

自然的人化的伟大历史进程，是创造人的新的感性存在方式。因此，人的自然化在每一历史节点上都表现为自然的人化的对应侧面。在奔向现代化的历史进程中，如何保持住人间的诗意，无疑是每一历史节点“以文化人”的主题。

劳动、物质生产和社会实践（自然的人化和人的自然化）是本体意义上的“以文化人”，也是文化创意之源。随着文化的形态化和文化工作的专业化、职业化，文化创意走向自觉；随着文化的产业化，文化创意走向形态化、专业化和职业化。作为现代市场经济体系的一环，文化产业既是“人化自然”的必然产物，也是必须用“以人为本”理念进行规范的对象。因之，文化产业创意既是文化产业的发动机也是它的方向盘。

第二章　抢占信息高地

事物存在和发展之状态的显露就是信息。人们对文化产品的需求实际上就是对文化信息的需求，文化产品的供给实际上就是信息的供给，文化产品的“消费”实际上是主体（心理）与客体的信息对接。因此，争取艺术品信息与受众主体所显示的文化需求最大程度上对接（抢占信息高地），是信息化社会文化产业创意的重要方向，解析信息与媒体、信息与艺术这两对动态关系是具体创意的切入点。

第一节　信息与媒体：让媒体回归媒介

信息的传播和交流是社会生产力发展亦即人类生存的需要，因而具有目的的意义。媒体是信息的传播和交流的工具。作为工具，媒体与信息的关系具有以下特质：第一，媒体是目的实现的手段，是介质。甲骨、帛书、纸张、报刊（运行）、广播、电视和互联网都是承载、传播和交流信息的介质。这意味着，媒体的存在与发展必须为信息的承载、传播和交流服务，在与信息的对应关系中，媒体的手段和工具的地位不能改变。第二，媒体的第一个功能是对信息的承载，第二个功能是传播和交流，但传播和交流功能的发展有可能使“承载”变态。因此，媒体在发展中对信息“承载”功能的改变，应视为“媒体＋”的特殊文化事实，因为这一事实已离开了媒体的本性。演讲会、课堂、剧场、影院、游乐场等从介质上分析都具有媒体的性质，当这些艺术和非艺术的介质向现代媒体延伸时，它所承载的文化形态就会发生变化。文化创意学研究媒体，旨在探索媒体现代化后媒体与信息对应关系的变化，从而将“媒体＋（信息）”转变为“（信息）＋媒体”，把握先进文化的前进方向，强化先进文化的传播力度和接受效果，推进社会主义精神文明建设，实现“以文化人”，帮助社会成员摆脱各种异化包括媒体对人的异化。

1993年以降，中国媒体的发展呈现出三个不同的阶段。第一个阶段自1993年至2000年左右，此阶段为传统媒体与互联网并行发展阶段。1995年，中国互联网（Internet Media）向公众开放接入服务。1997年，舆论开始将互联网比作继报纸、杂志、广播和电视之后的“第五媒体”，1999年北京召开第二届亚太地区报刊与科技和社会发展研讨会之后，互联网逐渐被公称为“第四媒体”（报纸与杂志被视为同一媒体）。互联网进入中国，是中国进入信息化社会的重要动因和重要标志，也是中国传媒现代化的重要标志。在互联网这一新兴媒体快速发展的刺激下，传统媒体也进入了发展的快车道。

这一阶段各媒体发展的共同特征是：第一，沿着自己的媒介特质向着经济文化实体迈进，也就是说，“媒介”向着“媒体”迅速转化。在这个转化中，各媒体还没有将精力放在与横向媒体的融合上，牢牢固守着自身媒介的特质并根据各自媒介特质所提供的产业化可能进行着产业化的扩张和内部改革。例如，不少传统媒体拓宽营销模式，经营文化类或非文化类产品，广电业开始进行制播分离的改革，等等。第二，由于中国社会行政类传统组织方式的强力，致使中国传媒改革中的任何“分离”即确立市场主体的行为都会埋下迅速整合的契机，就像一条牛皮筋，当松开拉牵的手时，牛皮筋就会迅速缩成一团。媒体内部以确权为名义的“分”，随后会很快很容易地走向实质上的“合”。当然，这种整合在此阶段还表现为特定媒体行政系统内行政性质的整合。比如，如果电视台牵头搞部电视剧，会在广电系统行政力量的干预下署上电视剧制作中心的名字，此类事实不胜枚举。

第二阶段自2000年至2016年，此阶段为传统媒体与互联网相互融合阶段。2000年左右，各媒体在沿着自己媒介特质进行产业化扩张和内部改革的同时，也开始与其他媒介的融合。至2016年，媒体融合达到高潮。此阶段各媒体发展的共同特征是：第一，各传统媒体纷纷“上网”即“＋互联网”，互联网成了传统媒体的“出海口”。2010年，国务院出台《推进三网融合的总体方案》。这个方案的出台是媒介相互融合的催化剂。所谓“三网融合”，是指电信网、广播电视网和互联网在向宽带通信网、数字电视网和下一代互联网的演进，这个演进过程呈现出技术功能趋于一致、业务范围逐渐相同、网络互联互通、资源共享的特征。第二，由技术所驱动，技术、媒介、经济、文化、政策联动互促的局面形成。“三网”融合进程开始后，传统媒体“＋互联网”的动作大大加快，媒体融合发生了质的改变，即进入了技术、经济形态、媒体（改革）和文化产品营销方式全面融合的新阶段。自2010年国务院出台《推进三网融合的总体方案》至2016年上半年，“其间所发生的媒体巨变却远超改革开放三十多年的变化，特别是对电视而言。”（戴清：《媒体融合：在技术与资本的牵引下》，《当代电视》2016年第9期）此期间，媒体的发展呈现出技术改变媒介，媒介改变媒体（经济文化实体）和新的经济文化形态，从而改变艺术生产和其他文化产品生产也改变营销模式的过程。政策既是技术和媒介媒体的产儿，也是技术、媒介和新的艺术形态文化形态的催生婆。

在媒体发展的第二阶段，还有一个关键点需要提及，这就是2014年主流舆论倡导“新旧媒体融合”。这次倡导极大地推动了文化产品生产者由原媒介的固定销售方式到利用互联网销售产品的转型，也就是“＋互联网”的实现。在这次转型中，“推动传统作家利用互联网”特别引人注目。所谓“传统作家”，在中国的语境中是指那些利用纸介媒体发表作品的作家，发表的形式有出版图书和报刊发表两种。“传统作家”和“网络作家”不只是不同发表形式的标识。文化产品销售方式的转型，标志着媒体融合进入深层次。仍以上例为例，传统文学与网络文学将因两支作家队伍的融合而融合，而这种全方位融合必将导致媒介与内容二者关系中主导方的易位，即原来的由媒介决定内容的情况有可能倒过来。这也是中国媒体发展由第二阶段转入第三阶段的内在基因。

媒体发展的第三阶段自2016年下半年开始。在经历了媒介向媒体的发展和传统媒体与新兴媒体的融合发展的两个阶段之后，2016年下半年始，中国媒体进入了追求内容创新的新阶段。2016年8月底，主流舆论开始倡导“新闻传播”的创新。《人民日报》2016年9月1日载文强调，创新是新闻传播的动力之源、活力之源，是巩固主流阵地、壮大主流舆论的必然要求，要以新的理念、新的举措，不断开创新闻传播创新的新局面。这实际是指媒体所载内容（“内容”又分为内容与形式）的创新。需要指出的是，中国媒体三阶段的划分是逻辑的划分：各阶段在时间上有交叉，民间行为早于官方倡导，例如新闻传播之内容的创新早就存在。将内容创新列为一个发展阶段其真切含义是因为它是这个阶段媒体发展的主题。

综上所述，可见自1993年文化产业化进程开始后的二十多年，是信息与媒体关系中由信息需要媒体向媒体需要信息迅速转化的年代。在这对关系中，目的与工具的相互地位异化了，媒体不再是信息的工具而成了它的目的。戴清指出：“技术的突飞猛进令人猝不及防，互联网对整个传统行业的冲击和改造犹如一场看不见硝烟的战争，博弈、淘汰不过弹指一挥间。共赢是理想状态，传统媒体的压力无需多言。”（同上）戴清的议论是针对媒体融合大潮中传统媒体的尴尬地位而发的。的确，这次大融合是以互联网这条“大鱼”吃掉传统媒体这条“小鱼”为特征的。融合由政治的和经济的驱使而生发，但融合后马上就会发现，这种融合只不过是媒体发展中的一个过渡环节，仅此是达不到促进政治和经济发展的目的的。这也是主流舆论在倡导媒体融合（2014年）之后很快转而倡导“新闻传播的创新”（2016年9月初）的原因。媒体融合在一年中迅速实现了，实现了媒体融合的媒体人更加茫然了。戴清针对电视媒体的现状说：“电视台的收视率魔咒从来不曾破解，如今又增加了播放量的魔咒，收视率、播放量背后是观众的选择，是市场的指向。”（同上）电视媒体是传统媒体中最强势的，其他媒体更逃不出“播放量”（刊发量）这个魔咒。也就是说，正是在融合后，媒体对信息的依存度大大增加，媒体不再是信息的工具（哲学意义）而成为信息的目的。

媒体融合完成后，媒体的发展呈现出一系列新的特点。第一，媒体继续向经济文化实体发展。如今，媒体参与房地产开发、炒股、营销物质产品已司空见惯。这种状况，致使媒体离开媒介本质的倾向愈加明显。第二，媒体的“播放量”魔咒代替了“收视率”魔咒，“发行量”则无人再提。由于实现了媒体的融合，致使传统媒体原有的“从来不曾破解”的考核标准——“收视率”被“播放量”所代替，在“播放量”标准掩盖下（各纸介传媒均已上网），原来公认的对纸介媒体的考核标准——“发行量”已无人再提。其实，二者相较，“收视率”和“发行量”比“播放量”更像考核媒介的标准。说“更像”，是说即便是原来的“收视率”和发行量也不能科学地反映出信息的接受效果。至于媒体融合后社会所追求和“公认”的“播放量”，离考核媒介的科学方法就更远了。第三，媒体融合后媒体与受众非信息传播性质的互动性更加强化。《河北青年报》搞的“河青小记者”活动和河北广播电台、河北电视台少儿频道搞的类似“河青小记者”的活动，都在河北省产生了一定的社会效应，其经济效益良好。这类活动部分地利用了媒体的知名度即一定程度上的垄断地位，也部分地利用了媒体的媒介作用。归根结底，是采取了文化上的互动方式。这种“互动”，使媒介的特定内容有了自己的“目标受众”，特定的信息得到了定向的传播和接受，仍然属于媒体帮了“媒介”的忙，仍然要归功于“媒体”的发展而不能归功于“媒介”的发展。第四，“互联网艺术”诞生。“互联网艺术”不是什么新的艺术形式，其实质是“互联网＋艺术”的模式。这一模式使所有艺术品种“互联网化”，从而改变了自己原有的文化归属，同时，艺术品的信息属性大大增强了。第五，媒体融合实现以后，以互联网为龙头的媒介改造信息的功能大大增加了。这种改造一般地表现在对事实的选择和评论上。新闻每时每刻都在发生，但传播什么和不传播什么大有分说。这种对事实的选择性突出地表现在“中国式”的属地传媒对本地事实报美不报丑方面。评论性的纵深报道其实也改造着信息，因为它加上了主观评价。不同媒体对同一事实的评价不同，便构成了对信息的改造。这种改造特殊地表现在对信息的炒作上。炒作是信息传播的“搭载”运作法。信息搭载能够有效地降低传媒业的成本，获取信息传播的最大效应。因此，炒作这种信息搭载愈演愈烈。戴清指出：“可能不应忽略，知名度和美誉度的差异，特别是视频点击量攀升，未必是由作品质量的美誉度所引发的，很可能是宣传博眼球所致。此时，‘酒香不怕巷子深’，已变成‘酒香最怕巷子深’，因为艺术的他律过于强大，越是好作品越容易曲高和寡，如果缺乏强大的营销宣传，则注定如雨落大海，寂寂无声。”（同上）戴清的话，指出了这种追求“大播放量”所带来的弊端。

从以上媒体完成融合后的发展特征看，媒体与信息的关系发生了本质的变化。当作为经济文化实体的“媒体”成为自我发展的目的的时候，信息变成了它的工具，媒体作为信息的传播和交流的工具这一本质定位便完全变了。媒体融合后追求大播放量，但受众却饱受无用信息和有害信息之苦。从青少年的良莠不分的吸纳到一般受众的随机吸纳，大播放量的负面效应已充分显现。媒体融合后以互联网为龙头，不上网的人群被排除在“大数据”之外，他们得到的信息会慢半拍和变味道。媒体融合后加速塑造“宅男”“宅女”，新的一代网民会离真正的各式艺术越来越远。传播什么和不传播什么，这种选择本身就是对信息的再造。媒体的强势正逐渐剥夺受众对信息的选择权。从20世纪80年代的“多种经营”“文化搭台、经济唱戏”到1993年以后创“大文化版”“扩容增页”，再到进入21世纪后的“三网融合”“传统媒体与新兴媒体融合发展”“提倡创新”，万花筒般的变化令人应接不暇，以至于人们完全忘记了媒体是信息的传播和交流的工具这一本质定位。融合似乎在一夜之间就实现了，但传媒界却一片茫然。

难道发展为经济文化实体、各种集团纷纷成立、一些人开始领高额年薪就是信息服务业的终极目的吗？不是。媒体与信息的这种异化必须改变。第一，媒介向媒体发展是现代市场经济之必然，但可以疏导媒体沿着媒介的文化展开方向发展，例如大力发展广告业，这是和媒介的功能扩展完全一致的方向。第二，追求“发行量”“收视率”要沿着正确方向走下去，一直走到追求受众的有效接受这一层面。第三，杜绝跟风和“炒作”，大力提倡独家新闻和独家评论。第四，媒体应肩负起宣扬社会主义核心价值观、提升全民文化素质的责任。文化产品的规模和体量不意味着全民文化素质的提升，只有代表先进文化的前进方向的文化信息有效地进入人心，才能达到目的。媒体要研究先进文化的有效“供给”方式，引导受众的文化需求，而不应迎合低级趣味。第五，媒体必须回归信息传播和交流的工具这一本质定位上来。

第二节　信息与艺术：抢占信息高地

艺术信息是艺术品在创作（制作、生产）、传播和接受过程中所传达出的内容和形式各个元素的表露。艺术信息是动态的，没有进入传播和接受过程的艺术品不能提供给人任何信息，即不能“示美于人”。在无人欣赏的前提下，艺术品也就无所谓美不美，失去了它存在的实际价值。艺术品如何才能“叫座”，如何才能吸引人，是艺术审美实践的重大课题。这一课题的解决只靠“吆喝”（促销）是不行的，必须从创作入手加大作品成为经典的可能性，加大作品的可传播性和可接受性。世界上“纯粹”的艺术品是没有的，它总是积淀着政治的、宗教的、伦理的丰富内容；“纯粹”的审美活动也是没有的，它总是掺杂着个人好恶和审美经验。在创作中抢占信息高地，就是追求将作品所含的情感意绪与社会意识的最大程度上的对接，就是追求艺术元素被社会接受程度的最大化。

信息性原本就是艺术的重要特质，因为艺术是“社会的”意识形态，不是个人的所思所想、喜怒哀乐。“抢占信息高地”是在创作上对艺术所含信息性的主动追求，这是1993年以降社会的信息化所要求的，是客观规律。“抢占信息高地”作为艺术创意学一个重要的观点，便是将这种“实然”表达为“应然”。

改革开放以来，文艺思潮历经多起。“伤痕”文艺暴露出民族的外伤和内伤，提出了拨乱反正的必要性。改革文艺讴歌改革者，呼唤英雄的出现。反思文艺似向后看，但更指向未来。“寻根热”“方法热”一直到20世纪90年代初的“纪实热”“毛泽东热”，无不展露着社会的深层心理。社会思潮与社会审美意识的次次对接，铸就了艺术的辉煌时代。那是一个需要大家和经典，也的确出现了大家和经典的时代。那个时代的艺术，不用刻意追求共鸣便出现了共鸣，不用刻意抢占信息高地，便登上了信息高地。1993年以降，社会信息化、文化产业化和经济全球化相继作用于中国社会。在“三化”的作用下，社会变得不容易被激动，社会群体的利益诉求多样化，社会群体的价值观、信仰日益多元化，社会信息的提供极大丰富，艺术品的提供极度过剩，媒体对艺术品的传播力度越来越大。在这样的情势下，艺术品的传播和接受跃升为整个艺术行为的第一考量和第一追求。这一问题提给创作环节，便是“抢占信息高地”。也就是说，艺术品越是难以有效传播和有效接受，创作中越是要追求传播和接受，加大作品内含信息的量和质（信息的鲜活程度和可接受程度）。

那么，在艺术实践上，如何抢占信息高地呢？

一、抓准社会思潮

20世纪90年代初，台湾地区经济在经过十几年高速发展后进入了衰退期。台湾艺人李宗盛制作了唱片《梦醒时分》，他把歌手陈淑桦的形象设计成一个安慰人的大姐模样。歌中唱道："伤心总是难免的，你又何苦一往情深。有些事情你现在不必问，有些人你永远不必等……"这张专辑在当时仅有2000万人的台湾地区卖了80万张。这是因为作为制作人的李宗盛分析了经济衰退给予人们的影响，认为在这一背景下社会必然笼罩上失意和彷徨，这张以抚慰人心灵为主题的唱片必能叩准人们的心弦。无独有偶，20世纪90年代中后期，中国的改革进入了攻坚阶段。改革向何处去？有待于理论创新和实践创新。同时，社会的腐败面开始扩大，两极分化加大加速。此时，孙悦的《祝你平安》唱响歌坛。"你的所得还那样少吗？你的付出还那样多吗？"不管有多少失意和不平，平安最好，只有平安，一切才可期许。这样的安慰当然代替不了全面深化改革，但它发挥了艺术所应有的社会功能。这首歌的流行，不管是出于偶然还是经过了精心的策划，都不妨碍将其作为优秀文化产业创意实例来学习。综合以上歌坛两例，可见将社会思潮作为艺术创意的重要考量是十分重要的。前文已述，自1993年起，社会进入了信息化时代，社会思潮难以再现。当然，这是从趋势上说的，不排除时有波澜，也不排除小波微澜，社会心理的共同性是分程度而存在的。也就是说，艺术品总有畅销的个案出现。

社会思潮有迹可寻。1989年后，渐次兴起"毛泽东热"。在"毛泽东热"的思潮里，《红太阳》歌曲的唱片卖了100多万张。"毛泽东热"兴起时，很多出租车司机在车里挂上了毛泽东像，《太阳最红，毛主席最亲》唱彻大街小巷。对于这些生活现象，艺术创意家必须十分敏感。不但要敏感地发现它，还要职业化地立即想到艺术上需要"做什么"；同时，要进一步问一个为什么，要进行由表及里，由此及彼的理性思考，要考虑现象背后深刻的政治的、经济的、宗教的、伦理的原因，要考虑个别现象是否具有群体性的特征。

无数艺术创意的实例证明，“风起于青萍之末”，许多创意来自生活细节，但这些细节是否反映了普遍的社会心理，就需借助理性分析。1996年，一位作家为写作一部以国企破产为题材的电视剧采访了石家庄市一家公办饭店的康乐部主任——她曾是某工厂的下岗女工。这位女工穿着工装，看上去干练、英气。她回忆起工厂破产前长达三年的苦日子，不禁潸然泪下，问起实施破产后的工作生活，她露出了满意的神色。此后，又扩大了采访面，被访者基本都有这位女工同样的情怀——过去虽苦，但仍然怀恋；厂子虽破，但曾是家园。实施破产虽然给他们带来了幸福的新生活，但毕竟自己的工厂破产了，那里有自己的奉献，是自己的人生履历，更有那朝夕相处的工友……因此，破产永远会成为他们心中的隐痛。这是改革进程中情与理的矛盾，下岗工人中这种怀旧的美好情感是人之常情，但它又是实施企业破产实现生产资料与劳动力社会化重组的最大障碍。这个群体所形成的社会心理是“集体意识”，它的思潮性的外在显现是可以通过采访和理性思考把握的。在充分深入生活和理性思考后，这位作家创作了电视剧《新岁烛光》。该剧播出后，被《中国电视》和河北省广电厅联合召开的北戴河研讨会誉为“题材新、立意新、艺术视角新”的作品，认为它“体现了作者要把国企题材改革的创作推向深化的努力”。这部作品的创作实践说明，社会思潮是有迹可循的，只是不能以表代里、以偏代全、以此代彼，捕捉社会思潮是一个复杂的创意过程。

社会思潮抓住了，抓准了，就是艺术创意的开始。

二、选题先夺势

“选题”指的是艺术创作中对题材的选择。题材是构成文学艺术作品的材料，即作品中具体描写的生活事件或生活现象以及具体人物。“夺势”，就是在作品可能的传播力度和接受效果上夺取比同类项目更强的优势。一个选题，当它还未进入营销环节时，谁也没有把握说它传播力度大，接受效果好，谁也没有把握判定它能否赚钱。但是，在文化产业化社会背景下操作艺术，在创作之前就必须做出预测。怎么办呢？

万全之策没有，要争取最大可能，这就是求经典性。经典性有两个指标，一是没有，二是经久不衰，即一部作品换了几代人仍然畅销。前者在创作前可以做到，后者在创作前做不到。于是，题材的创新即求异便是求经典性的第一步，便是“选题先夺势”。

体现社会主义核心价值观是选项之一。

价值观是社会生活和社会现象的“灵魂”，是审美主体（创作主体）对社会生活和社会现象的理想编排，是作者的爱或憎。一切艺术作品，都要体现社会主义核心价值观；所有艺术家都必须坚持以人民为中心的创作导向。这当然不是要求艺术家在作品中呼政治口号和将艺术品概念化，而是提倡艺术家将价值观“艺术地”说，体现在叙事之中，体现在描写之中。中国传统艺术观有“文以载道”之说，其实不管中西，艺术从总体上讲就有“载道”的本性。从抢占信息高地的角度谈弘扬社会主义核心价值观，谈“载道”，强调的是如何使艺术品所载之道更有传播力度和更有接受的有效性。社会主义核心价值观有三个层面多个要素，艺术表现手法多种多样，艺术家的创造力体现在将它们有机地魔方般地排列组合以再现生活的万花筒。艺术品所载之道传播力度大接受效果好，就是“夺势”，就是占据了信息高地。

重新挖掘历史题材的价值观是选项之二。

新文化运动（1915年）之前的历史题材的作品之所以流传至今，是因为它们或浓或淡地散发着人民的呼声。历史是在历史主义和伦理主义二律背反中悲剧性地行进的。对统治阶级横征暴敛残酷剥削的哀怨和控诉（如《孟姜女》），虽然不是历史作品的全部主流，但具有永恒的价值；体现清官意识的作品当还原到它的社会情境中时，方显出它的合理性和人民性；歌颂反抗外族入侵的义举（岳飞等），一直是中华传统文化的灵魂；对家国命运的感伤当其化为人生命运的哀叹之后，为后人提供了“兴浡亡忽”这一封建制度周期律的理性启迪；即使那些为今人仍不断演绎的“帝王戏”，也因揭示了一定的历史发展规律和人性的本质而彰显出某些合理性和人们的审美欣赏需求。历史给予当代艺术家以价值观重新挖掘为启发点和切入点进行艺术创作的广阔天地。改革开放以来，魏明伦曾创作过《潘金莲》，盛和煜创作过《山鬼》，都是这样切入的。

塑造新的艺术形象是选项之三。

塑造新的艺术形象是艺术创新的固有方式，这里谈的是对新的社会职业和新的社会角色的发现和塑造。改革开放以来，社会分工加快，旧职业不断衰亡，新职业不断涌现，新的社会角色应运而生。1993年以降，文学走向“纪实”就属于向社会寻找新角色给艺术增加新形象。电视剧更是一马当先，在表现新职业和新角色上成就斐然。《外来妹》《汉正街》《商界》《大酒店》等一批作品因塑造了社会生活的新角色而轰动一时（不排除内含电视剧作为新艺术品种之功）。1987年左右，文学失却了轰动效应，但其他艺术形式如电视艺术却方兴未艾。至20世纪中叶，就艺术品种（形式）而言，全部失却了轰动效应。也就是说，靠艺术品种的新奇已经难以吸引受众了。内容艺术在艺术创意中依靠内容出新争夺受众显得更加重要。没有轰动效应不等于没有效应。社会仍在巨变，新的职业和新的社会角色仍然不断涌现。可喜的是，艺术家们没有浪费生活。进入信息化社会后不断有描写新的职业、新的社会角色的作品“叫好”“叫座”。

大力抓报告文学是选项之四。

“报告文学”的概念1958年才固定下来，当时被喻为“文学的轻骑兵”。新文学的第一篇报告文学公认为夏衍的《包身工》。新时期以来，报告文学创造了新的辉煌。《哥德巴赫猜想》《地质之光》等一大批作品家喻户晓。1993年文化产业化开始后，报告文学出现了“雅俗分野”，功利性写作的“歌功颂德”、盲目追求市场化轰动效应的“揭秘”“暴露”“窥探”类作品降低了报告文学的思想性和艺术价值。近几年，报告文学的创作和接受都出现了“复兴”现象，当然，这里的“复兴”并非轰动效应的复现。这个“复兴”表现在：不少作品取得了较好的接受效果，作品的思想性、艺术性大为提高。

报告文学复兴的原因是多方面的，至少包括：第一，一大批有实力的作家的回归或新入报告文学的创作队伍；第二，报告文学家的写作有了经济上回报的保证，作家突破了取酬方式在观念上的障碍；第三，文学内部各品种的社会效应此消彼长，特别是以虚构为生命的短篇小说的式微，彰显出报告文学的重要性。第四，报告文学作为“围绕中心、服务大局”的最合适的文学样式得到了社会的巨大支持，如各级作协的“抓”，公益基金的“扶”。报告文学的要素，一般讲“三性”，即艺术性、纪实性和政论性。报告文学在艺术性和政论性上仍需努力。特别是政论性，一直是1993年以降全国报告文学的短板。报告文学的艺术创意，主要是开拓题材。选题工作既是与新闻作品争新闻性的举措，又有政论性的含量。而如果从文学作为综合性文化事实的角度看，选题又关系到传播的力度和接受的效果。

三、既有艺术形式的唤醒或激活

既有艺术形式在本书被界定为民族化的艺术品种，外国的不在此论。

本书在“抢占信息高地”的论题下谈“唤醒”或“激活”，着力点并非全面抢救这些艺术品种，而是将其作为艺术品在创作环节上的一个创意方向。

将既有艺术形式在一定程度上唤醒和激活之所以可能，根本原因在于艺术的本性。从社会信息传布的角度讲，既有艺术形式因长期没有现实化对老读者、老观众而言就是新信息，对未曾见过的新读者、新观众更是新信息。因此，抢占信息高地便包括对既有艺术形式的唤醒和激活。当然，这种唤醒或激活只是艺术项目的一时之需，不是根本性的对艺术形式的唤醒或激活。

四、创造新的艺术品种

人类的物态化活动与人类同在。物态化活动一方面创造着艺术的新品种，一方面塑造着人自身的审美能力、趣味和经验。新的艺术品种依托人类生活的以下内容的新变而产生：第一，实用物品实用功能的退化；第二，物质手段的创新；第三，新媒体的产生；第四，文化的艺术化；第五，既有艺术形式的“混搭”。

创造新的艺术品种能够抢占信息高地。

人类思维是“至上性”与“非至上性”的统一。人类的审美能力也是“至上性”与“非至上性”的统一。也就是说，人类对艺术美的追求是无限的，当然永远也达不到终点。在对内容的追求上如此，在对形式的追求上也是如此。新的艺术品种能够开拓人的五官感觉和情商，因而在信息化社会里具备较强的视听争夺力。艺术史证明，每当一种新的艺术品种降生后，总是有一部分人追时髦赶潮流的现象，然后是大众的迅速跟进、普遍接受。艺术品种的创新是客观规律，是不以人的意志为转移的。要么在这个洪流中当“弄潮儿”，要么落后，二者必居其一。因此，应高度重视用艺术品种的创新来抢占信息高地。从文化产业的角度看，这也是争夺市场的有效途径之一。

艺术品种的创新是分层次的。除了新品种的创生之外，现实的艺术品种（不同于本书谈唤醒和激活的“既有艺术品种”）自身的革新创造也是题中应有之义。任何艺术品种在其发生、发展直到从现实艺术的行列中退出进入博物馆的整个历程中，都进行着不断的创新。这种创新的动力，主要是来自受众，有的来自艺人。非信息化社会里的艺术行为还谈不上“抢占信息高地”，但以迎合观众为目标的改革也具有争取信息输入效果的意义。

五、创新艺术美的形态

艺术美形态上的创新，也是抢占信息高地的重要方式。优美、崇高、悲剧、喜剧、悲喜剧、滑稽……不但既有的艺术美的形态可供复制，新的艺术美形态的创新也是可能的。艺术美形态的产生不只是感知、想像、情感和理性等心理要素的功能组合，还有赖于对生活的摄入。时代变了，生活变了，新的艺术美的形态也会创生。新的艺术美形态当然具有新的信息的属性，这一鲜活的艺术信息较一般的艺术信息在接受上具有更强的竞争力。

六、选准上市时机

在以上各节特别是“抓准社会思潮”和“选题先夺势”中，本已有了选准上市时机的含义。因为，“抓准”就是预测，通过预测选准生产什么和何时生产。选题也有一个时机问题，太超前和太滞后就不能“夺势”。然而，以上各节毕竟是正面讲创作（生产）的创意，“上市时机”与“生产时机”有联系，但还不是一回事。

创作（生产）时机与上市时机有联系。一般地说，作为文化产业的艺术品的生产，设想将艺术品产出后待机而售太困难。生产和销售从时间上是不间断的。但确实有特殊情况，在这些特殊情况里，表现出创作（生产）时机与上市时机的可间断性。第一，有些生产周期较长的艺术项目，尽管策划得较准确，产品产出后还有上市时机的选择问题，提前几个月或延后几个月都与社会效果和经济效益有关。所以，“上市时机”要单独策划。第二，抢占信息高地的有些手段实施的时间性要求并不很死，例如艺术形式的激活，何时出品都是一个创新点，具备经典性。艺术品完成后，就要精心地选择时机或契机，争取影响力最大化。第三，有些艺术项目个体性较强，生产周期较短，生产过程较私人化。这些项目的生产时机和上市时机难以细加区分。也就是说，认为时机到了便开始创作（生产）也来得及，创作（生产）出来马上上市或放一放也不会有经济上的压力。因此，在这类项目的策划上，就应以“上市时机”为节点考虑问题。2013年，王蒙拿出了他主要写于“文革”时期，之后有所修改，却一直尘封着的长篇小说《这边风景》。这部小说是“十七年”文学的幕终曲，延续了“十七年”文学的一般美学特征，但不属于“文革”文学。它有很强的政治性，但有更强的人民性、理想性和真实性。这部小说荣获了第九届“茅盾文学奖”，获此大奖虽然不等同于获取了可观的经济效益和巨大的社会影响，但也说明它在很大程度上被社会接受了。需要研究的是它的“上市时机”。评论家雷达分析说，1978年王蒙就向他谈起过这部作品，但此后新时期文学一浪高过一浪，王蒙忙于写《蝴蝶》《春之声》《布礼》，而《这边风景》因为明显带有“十七年”文学的胎记而与时代越来越不合拍了。新时期以来王蒙一直忙于写别的是实情，但这部作品的“上市时机”是肯定经过考虑的。如果这部作品在1978年上市，王蒙必会遭到像浩然所遇到的那样尖锐的批评。即便是2013年上市，为了与年轻读者沟通，王蒙还是在每章的后面都写了“小说人语”。

当创作（生产）条件具备时，上市时机不见得具备。此种情况下，“生产时机”与“上市时机”就有差异。因此，“抢占信息高地”要以“上市时机”引领“生产时机”。

信息既是艺术品的内容，也是艺术品的形式。作为内容的因子，信息是内容中所含社会人物和事物存在状态的显露；作为形式的因子，信息是艺术品可感形象所引人移情注目之点。“抢占信息高地”即抢抓主客体审美的对接点。

第三节　辩证地看待抢占信息高地

融媒体的实现标志着信息化社会的真正到来。在这一社会条件下，信息以超现实的力量改变着媒体和艺术这两个与其密切相关的文化形态，抢占信息高地成为社会必然现象。但另一方面，“抢占”的动机和行为并不一定能达到“占领”信息高地的效果，常常事与愿违。因此，沿着“抢占信息高地”这一创意方向进行文化产业的创意，需要运用辩证思维，抓住“占领”的实质施策，方能达到目的。

在信息化社会里，拒绝有害信息和无用信息已成“以文化人”的重要手段。有违社会主义核心价值观的理念、欣赏和推销假恶丑、黄赌毒的信息、反科学、伪科学和不科学的信息（包括社会和自然）自然是有害的，对特定人群而言无用的信息，其客观效果也是有害的。例举之一，某电视台从反人道主义的角度批评某地“活剥动物皮”便是一则不科学的信息，传达的是不科学的理念。因为，该案不涉及人道不人道。例举之二，不少媒体在批评个别中学办成“教育工厂”时其观点多有偏颇。这些学校管理过严当然也有副作用，但这是历史进程中培养合格劳动力不得不付出的代价。不这样做，中学生这一特殊群体就难以拒绝有害信息（包括反科学、伪科学和不科学的信息以及对这一群体而言无用的信息）。事实证明，这些学校的成功，主要是拒绝了有害信息和无用信息对中学生这一特定群体的干扰。怎样才能拒绝有害信息和无用信息呢？就接受主体而言，成年人主要靠自觉，未成年人主要靠管理。就信息发送者来说，需要强化社会责任感。媒体应恪守职业道德，在抢占信息高地的竞争中严以自律，不传播有害信息。信息发送者应从“无用即为有害”的高度正视信息接受对象的选择，从产业发展的角度处理信息发送对象的分类。可以说，拒绝有害信息和无用信息已经成为当今社会“以文化人”的重大课题，因而也是文化产业的一个重要的创意方向。同时，选择信息成为社会成员特别是未成年人家长的重要责任。选择信息包括对接触媒体的选择和对信息内容的选择。某一特定专业媒体不适合接受主体应排斥之，某些特定内容对接受主体有害和无用亦应排斥之。

抢占信息高地成为风潮之后，媒体之间在信息的鲜活度上的竞争必会成为常态。需要指出的是，媒体之间本来是不平等的。这种不平等表现为三方面。第一方面是政策造成的，即媒体分级，各媒体覆盖的受众范围不一样。第二方面是市场运行已经造成了媒体大小的分野。第三方面表现为传播手段的不同。由于这种不平等，在抢占信息高地时便会出现两种怪象，即小媒体发出的本属值得注意的信息收不到理想的传播效果和接受效果，而大媒体发出的本属很普通的信息，有可能出现良好传播效果和良好接受效果，此其一。小媒体发出的有价值的信息被大媒体接续传播后，其“原创”媒体被覆盖，小媒体的知识产权被侵占，此其二。两种怪象的消除之道为同一思路，即媒体要加强内容产权的维护。除了法律维权之外，还有什么措施？此应成为“弱者”们的一个信息服务业的创意方向。

“炒作”是抢占信息高地的一个异动。所谓“炒作”，其含义有以下不可分割的几种：一、多种媒体就同一新闻目标反复报道；二、这一新闻目标并无反复报道之必要；三、内容的社会效果不好。信息炒作实际也是信息与媒介二者关系异化的一种表现，是媒体过度地进行“信息搭载”操作所造成的恶果，是抢占信息高地的一个异动。

炒作的恶果是多方面的：一、对参与炒作的媒体害处很大，“始作俑者”会淹没在集体炒作中，跟风者一时会显出媒体的作用，但总体效果也是被淹没；二、对社会害处很大。炒作既浪费了社会资源又无端地吸引了社会公众的视线，破坏和转移了社会公众对有价值信息的注意力；三、对接受者害处很大，信息经炒作后更容易给人以政治、文化和科学上的误导。

为什么会出现炒作？或者说，为什么炒作屡抑不止？原因有以下几种：一、“好事不出门，坏事传千里。”反映社会不良面的信息更容易被炒作，经炒作后，这类带有偶发性和带有局部性的不良事实就会出现以偏概全的接受效果。二、“狗咬人不是新闻，人咬狗才是新闻。”信息传播上的这一定律是双刃剑，其社会效果依内容而定。因此，文化产业创意学上讲的抢占信息高地，对所抢信息的内容是有限定的，并非什么信息都有抢的必要。三、从业人员水平不高。在炒作者中一般只有一个“原创”，其他大部分都是“人云亦云”。因此，信息炒作的实质总体上是抢占信息高地的一个反动，也就是“信息搭载”的过度运用。并不一般地反对在初步报道的基础上对同一信息重复报道，但后续报道必须以更有深度为前提。因此，在既有报道的基础上适宜不适宜追踪报道，取决于从业人员有无深度报道的能力。四、利益使然。在利益驱使下，炒作的始作俑者有可能故意而为，跟风者有的属不明就里，有的属共同利益者主动参与。根绝信息炒作的措施有多种，纪律约束、行业自律、法规约束可多管齐下，但根本的办法则是弘扬信息服务业的正能量，创新抢占信息高地的方式方法，以此“覆盖”住各种像炒作一样的新闻不良操作。

媒体追求“大播放量”自2010年实现“三网融合”时就已开始了，提倡在此基础上“抢占信息高地”其目的是将对信息传播上量的追求改变为对质的追求。但是，“大播放量”是一个以互联网为龙头的融媒体的概念，“抢占信息高地”实际上也含有选用媒体的考量，因此，在“大播放量”之前提下抢占了信息的“高地”，也决不意味着接受面的最大化。道理很简单，假设一个特定信息通由互联网发布了，从互联网发布到广播电视发布有一个时差，这必然导致不同媒体的受众接受同一信息的速度有快有慢、有先有后。与不同媒体对接说明着不同的生活方式。缺乏互联网接受条件的和部分老年人一般是纸介媒体的守候者。因此，利用纸介媒体发送信息不仅是信息服务业的一个产业方向，也是社会对这一群体的人文关怀。此项产业可能在融媒体实现后的最初几年利润很少，甚至无利可图，但随着利润的平均化，其获得之占比也不会低。

抢占信息高地有助于“媒体”向“媒介”回归，有助于信息与媒体二者异化的扬弃。这意味着媒体将朝着追求良好社会效果方向发展（靠发行量挣钱），也意味着媒介内容的创意有了用武之地。但是，由于各媒体实力上的差距，致使抢占信息高地的竞争存在着不平等。有鉴于此，要在抢占信息高地的竞争中充分考虑不同媒体的竞争因素掺杂其中，采用灵活的、易于扬长避短的手段。

举例如下：一、纵深报道是重要的创意之点。纵深报道，可以补“来龙”，可以续“去脉”，也可以两者兼顾。此项为弱势媒体所必需，亦为强势媒体之所需。搞纵深报道有三忌：一忌无病呻吟、狗尾续貂。这样做只能是重复他人所说的话，发表一两篇可能显不出什么，发表此类文稿多了，定会影响媒体的名誉。二忌一味出新、求深而走入偏差。新和深不等于正确，一味地出新、求深而又缺乏实力，必然会“纵深”虽备但误人不浅。三忌以论带“实”。纵深报道要在事实的基础上“实事求是”，切忌不加分析地将准备好的理论框架装在事实之上，这样的“纵深”报道实际会成为很肤浅的报道。二、

“看图说话”是一种很好的信息载体的转换方式。“看图说话”是打个比方，指的是将电视媒体的某些信息用纸介媒体再度表达。至于表达所用文体，可依需要而定。这种方式之所以可能，原因在于特定物质载体的媒体与特定问题是有联系的，在甲种物质载体上的文体未必适合在乙种物质载体上的媒体上应用，反之，在甲种物质载体的媒体上不适合的文体可能在乙种物质载体的媒体上适用。不同性质的媒体可以发挥自己文体之所长，补抢占信息高地之不足。三、选准报道方向，补媒体之弱势。媒体有地方性和全国性之分是中国特色，要在此基础上考虑弱势媒体在抢占信息高地问题上的突破口。一味地与强势媒体争绝对的高地既然有困难，那么，就在局部高地上加大竞争力。有些报道领域例如本地民生问题是强势媒体所不方便进入的，地方性的弱势媒体就应该去占领。以上三个方面，都是补抢占信息高地之不足的攻略，持续地沿此方向前进，定能强化媒介职能，加速向真正的信息服务业转变。

内容产业兴起后，汉字内容可以自由地在互联网媒体中转换。汉字离开固有物质载体与戏剧、电影以及电视、书画、雕塑等离开固有物质载体其性质确实有所不同，前者不改变感受格局，后者要改变。

汉字与纸张的关系和拼音文字与纸张的关系确有细别。汉字使用者长期习惯了“白纸黑字”即字与纸的“搭档”，总觉得这样才牢靠，才算文化。既然是读文字，就与文字的物质载体有联系了，所以这种“习惯”也不由主体一方所独构。一些网络作家出道后还要出书，不光是出于开拓市场的考量。至于特殊文本如保密文本、协议文本等，就更离不开纸张这一文字（汉字）的载体了。抢占优势媒体本是抢占信息高地的题中应有之义。在这一形势下，若反弹琵琶作逆向思维，汉字与纸媒的搭档肯定也是一片创意的新天地。汉字与纸张的搭档还构成了一种文化形态，这种文化形态不会因内容产业的兴起而衰落；或可说，它还可以钩沉出来。例如，某些带礼仪性的活动、某些以书和报刊为媒的文化交往，都是“先进媒体”所难以替代的，它因此可以成为信息化时代抢占信息高地的重要补充，可以成为一种产业业态。

艺术的动力系统分为从生活到创作和从作品到接受两部分。艺术品只有在被接受时，审美主体与美的客体才能形成信息反馈系统，艺术品的信息才是有意义的。艺术品所发出的信息是多重的，最先接受的信息不等于艺术信息的整体或全部。然而，在信息化和文化产业化社会条件下，一方面，以抢占信息高地为指导思想的创作，其作品往往以部分“给予的”信息与审美主体相对接。另一方面，信息化社会信息供给量过大，而社会闲暇时间又很少，人们只能接受“给予的”部分信息，而完不成对特定作品的审美过程。因此，信息化社会受众审美心理的养成和审美经验的继承已经成为重大课题。解答这一历史性课题，除了促进文化产品接受这一根本性工作之外，还要针对创意向创作延伸的具体问题逐一施策，争取每一个项目都成为艺术精品。

在以抢占信息高地为方向的创意项目中，有两个突出的问题是常见的。一、“写什么”选得好，“怎样写”跟不上。高设计需要高施工与之相配合，从物质生产到精神生产，都是这个道理。为了抢占信息高地，我们常常创意那些在物质功利和精神功利上易于与人对接的主题，以期博得受众关注的目光。这是不错的。但是，艺术性又恰恰主要体现在“怎样写”上，即如何写出真实的细节，如何写出典型环境中的典型人物，等等。如果因艺术家个人能力不够或其他原因致使文本达不到设计水平，那么，整个艺术信息系统的建设就是一个“半拉子”工程，增加了受众在这一文化产品上轻掠而过的可能性。二、抢占信息高地的浪潮与从经济角度抓文化产业的浪潮的合流，导致艺术品形式化。最典型的例子是央视“春晚”和电影《建国大业》。有几届“春晚”形式化登峰造极，表现为声光色技十分豪华，而艺术内核很空。电影《建国大业》一反人物与演员的同一性原则，在许多主要演员的选用上置形似而不顾，刻意造成“穿帮”，引导观众看演员（或曰以演员召唤观众）。在内容产业兴起的形势下，两股浪潮势必合流，这必将促使艺术更加形式化。内容艺术形式化的危害是多方面的，最有害的是将主旋律娱乐化。主旋律题材的艺术品如果过分地形式化，必然给予受众一种娱乐的心理效应，从而破坏作品内容与主题的正常传导。解决以上两大问题，既是艺术实践之必需，也是文化创意学特别是文化产业创意学必要的逻辑环节，没有这一环节，抢占信息高地的创意方向必然走偏。

有些属于“高地”的艺术信息虽然难以与受众对接，但加之以“灌输”也是能够引起共鸣的，有些情况下还会收到强烈的接受效果。这是因为，这些信息原本创造过强烈的接受效果，后以审美经验存贮于人类集体记忆之中，只是相对于某一特定年龄人群而言是新奇的、没有记忆的。因此，一方面，在一定条件下，有些艺术信息是可能从“洼地”转变为高地的，它们仍属于“抢占信息高地”的可操作之列；另一方面，这样的操作必须在“一定条件下”才有成功的可能，即必须辅之以“灌输”。灌输的方式有多种：强势媒体推广、预播广告、演示法……总之，只要牢记“信息高地”的本质是与受众的有效对接而非“绝对高度”，一系列灌输的办法就会生发出来。

与艺术的内容（如主题）常常因社会的信息化而以艺术品的突出信息表现出来相一致，艺术的内容常常成为形式艺术的一争高下即争夺市场、争夺受众的焦点。因此，从内容（包括主题、总体结构）出发进行形式艺术品的创意是抢占信息高地的一大方向。书法在以线条艺术存在的前提下向内容原创发展，向内容与字体、字体与章法相统一的方向发展，绘画在空间和色彩艺术基础上向主题创作发展，是信息化条件下艺术创意的方向。

抢占信息高地是文化产业发展的根本之策，是文化产业创意的基础。然而，创意、创新是分层次的，层次按信息传达的鲜活程度划分，从最高直至市场需求饱和为止。换句话说，在产业操作中，只要市场不饱和，作品（产品）所透出的信息就算是新的和占据了相应的高地的。由一个在某一艺术要素（指标）上占据了信息至高领地的产品行销开端，一个或数个占据了次要高地的产品行销跟进的文产事实，称为“信息搭载”。

1993年以降，信息搭载的产业事实不胜枚举，可分为以下两类。

一、异质艺术形态搭载法

1993年以降，以电子信息为支撑的电视文化开始“覆盖”以印刷术为支撑的文学文化。所谓“覆盖”当然不是代替而是主从易位。在电视文化方兴之际，有过电视文化依附于文学文化的短暂时期。表现在：一批文学人去开拓电视艺术；大部分电视剧和其他电视艺术节目改编自文学作品；文学作品的发行为电视艺术开路，等等。很快，电视文化便覆盖了文学文化，双方主从易位。1990年代初期，在第一部反映中国人域外生活的电视剧《北京人在纽约》热播期，出版了图书《在纽约的北京人》，首次出现靠电视艺术开路推销文学作品的事例。这其实是一种形态的文化对另一种形态的文化进行覆盖的开端。也就是说，以某部作品的创作（生产）、销售和接受为核心所有与以上行为有关的一切文化事实压倒了同一题材乃至同一故事和人物构成的其他艺术形式所产生的一切文化事实，前者为后者开路，后者靠前者的信息传播而传播自己的带有另一种艺术形式的信息。两种（部）作品所引发的文化行为并不相同。文化产业业者主动地利用强势文化形态（即由某种艺术形式的作品所引发的社会文化行为）所剩余的市场空间和审美经验推销同题材但艺术形式不同的作品，称为异质艺术形态搭载法。以互联网为龙头的融媒体实现后，虽然这种信息搭载法常常以“互联网＋”和“＋互联网”的形式表现出来，但是，尚有文学＋影视、影视＋文学、戏剧＋电影、戏剧＋电视剧等多种形式有待开发。总之，信息搭载的基础在于必须有一部作品打开热销之路，并且预留了接受空间和市场空间。

二、同一艺术形式的同一部作品重新制作

1993年以来，同一艺术形式的同一部作品重新制作的行为屡见不鲜。电视剧《三国演义》《水浒传》《亮剑》都重拍过，《红楼梦》也启动过重拍，“红歌”翻唱已是一大文化景观。这种信息搭载，文学基础和音乐基础基本不变，准确地说是“重新演绎”。除以上两种之外，尚有多种操作模式都可以称之为“信息搭载”，例如：张艺谋演绎歌剧《图兰朵》、美国人演绎《花木兰》、影像美学观对影戏美学观在创作上的颠覆、郭沫若给曹操“翻案”、魏明伦给潘金莲翻案……总之，凡是主动利用既有作品的影响为后续作品开路的文产操作，都可以说利用了信息搭载的原理。在三个信息搭载的必要条件（有一部作品开路、直接利用了前一部作品所开拓的市场、后一部作品仍有接受空间）中，“是否直接利用了前一部作品”是把握文产案例是否纳入“信息搭载”操作法研究范畴的标准。接受主体在艺术信息的输入方面求异与求同两种倾向是对立互补的。抢占信息高地虽然利用的是人们求异、求新的心理，但有社会生活作根基，艺术信息的先锋元素用以捅破生活进入心理的那层“窗户纸”；信息搭载虽然利用的是人们求同跟风的心理，但输送给接受主体的仍然是次等新信息。抢占信息高地与信息搭载结合运用，有时是文化产业的产业链型操作所需要的。

抢占信息高地作为文化产业创意的方向，与论及其他创意方向必然有交叉，例如，信息搭载与文化符号的展开、信息与媒介的关系和艺术的文化化、信息的灌输与艺术的文化化，等等。区分不同质的矛盾是科学研究的需要，但多管齐下、综合施策、统筹考虑、突破一点则是文化产业操作的需要。文化产业创意学必须有学理性，但也必须有实践性。

第三章　艺术与文化的反馈

艺术生产是文化产业的主要业态。艺术生产的健康发展需要艺术产业创意的引领。艺术产业创意从哪里来？只能从艺术发展的规律中来。艺术发展趋势特别是1993年以来的发展趋势，就是艺术产业创意的方向。艺术与文化的反馈是艺术发展的规律和本质特征，艺术形态与其他文化形态的互转和艺术美凝聚与消散的互转是这一规律和本质特征的两个表现形态。

第一节　艺术的文化化

文化是精神文明和物质文明的总和，特指精神文明。艺术是用形象反映现实但比现实更集中、更典型的社会意识形态，是文化的核心形态。艺术与其他文化形态之间当然有边界，但并非相隔万里。就艺术形式（品种、美的形态和美的质素）而言，其生成于亚艺术（文化），其消解为亚艺术；就艺术内容而言，其生成于对现实的“艺术地”把握，其被接受后流变为社会文化；就艺术行为而言，一部艺术品的创作（制作、生产）的前中后都会伴生文化活动，形成文化形态。

“艺术的文化化”的含义是：第一，艺术形态向着自己的文化形态转化。第二，文化形态在由艺术形态的生成中仍然带有原来艺术形态内容和形式上的明显特征，艺术与文化两两对应。第三，艺术形态（形式）生成于亚艺术即它的文化母体，当艺术形态向其文化形态转化时，呈现出"仿佛向过去回归"的轨迹（否定之否定）。第四，艺术的文化化"古已有之"，1993年之后在我国向极端化倾向发展。

艺术的文化化以具体作品（文本）的文化化而表现出来。就某部作品而论，艺术在创作（制作、生产）、传播和接受等环节中必然会生成自己的文化形态。《一个国家的诞生》被公认为第一部较成熟的故事片，从它制成的1914年及其后的20年左右，电影在西方算不上成熟的艺术，也没有什么大的社会影响。西方电影的大发展始于第二次世界大战之后。第二次世界大战后的西方电影实际上是一种范围广泛而繁复的社会文化现象，一种在文化的意义上的"总体社会事实"，一种司法与意识形态意义上的制度，一种企业，一种美学意义上的生产，一种消费实践的总和。

李幼蒸在20世纪80年代初期旅美期间对西方电影作了一番研究考察后指出："实际上，电影既包括一套实体（资本、制作、发行、消费的过程），又包括一套'关系'（政治、经济、法律、历史诸方面的制约因素），同时也包括各种认识活动（各类电影研究）。"（李幼蒸：《当代西方电影美学思想》，中国社会科学出版社1986年版，第3页）在中文里，艺术意义上（即文本意义上）的电影用"影片"来表达，文化意义上的电影用"电影"来表达，麦茨等一批电影理论家在概念上也作过这种辨析和区别。观念、理论是实践的反映。可以说，西方电影诞生后的发展，就是电影艺术与其文化形态关系的动态展现。不论中西，今天的电影，已发展为一种艺术—文化形态。尽管表现形式各异，其他艺术形式亦如电影一样，其所谓的发展都表现为艺术与其文化形态之间的相互转化。不同艺术形式由一部作品的创作（制作、生产）、传播、接受所形成的文化形态的规模是不同的。一般地说，经济投入和产出规模较大的艺术形式其文化形态也比较繁盛，如电影和电视艺术。同一艺术形式由一部作品的创作（制作、生产）、传播和接受所形成的文化形态的规模因时期而异，如电影的初期和繁荣期大不相同。有的艺术形式在其整个历史行程中其文化形态时隐时现，如文学。同一时期、同一种艺术形式的不同作品的文化形态在规模上是不同的。同一部作品接受前的文化形态与因接受而生发的文化形态在性质上是不同的。

艺术与其文化形态之间的关系是动态的，可逆的。艺术的文化化是现实的艺术项目实施和接受生发的普遍现象，这一现象背后是艺术发展的内部规律和外部规律的共同作用。

艺术的文化化表现为以下几方面：

一、某部作品创作（制作、生产）的前、中、后一切与这部作品的创作、传播和销售有关的社会文化行为、文化形态（包括机构）日益繁盛

在计划经济背景下的艺术创作和生产中，有称之为“宣传”的工作，但文化产业化背景下的“艺术的文化化”与“宣传”不可相提并论。文化产业化初期，“包装”这一概念不无贬义。“艺术的文化化”也与“包装”不可同日而语。（“包装”一词早已褪去了贬义而过渡到了中性）为叙述方便，本书将这种不是因为作品的接受而生发的文化形态称之为“前文化”，而将时间上生发于作品被有效接受之后，逻辑上由作品的接受所引发的文化形态称之为“后文化”。

1993年以降，艺术的文化化主要表现为这种“前文化”在规模、力度上远超艺术（文本）被接受后由艺术的被接受所形成的文化效应（后文化）。“前文化”覆盖“后文化”意味着“互动”压倒“审美”，意味着艺术向着亚艺术的回归。

“前文化”在影视、演出和文学等门类的艺术生产中表现突出。

在大型综合性艺术项目创作（制作、生产）的前、中、后嫁接宣传工作早已有之，但不能称之为“艺术的文化化”。所谓“前文化”的特征是：第一，当然与创作（制作、生产）某部作品有关，是这种艺术行为的合乎逻辑的前伸，但走向了极端。第二，这种前伸的行为常常发生在既有艺术经典的改编上，如新版电视剧《红楼梦》的“海选演员”行为。作为文化符号，既有艺术经典在某种程度上已经“空洞化”即虽非经过大众接受但某些符号（如书名、人物名）已家喻户晓。在此情况下，既有艺术经典的改编创作展开为文化活动就具备了可行性。第三，独成项目，即在核心艺术项目之旁衍生出一系列艺术项目或文化项目，它们各自独成一体。设立这些子项目的最初目的是旧有“宣传”的扩展，后来演变成文化产业的一种“套卖”行为。有些项目“喧宾夺主”，其社会影响和总收入超过母项目。第四，这些行为是文化产业性质的，有直接的经济效益和社会效果。第五，所有的文化行为或文化形态虽然与作品的创作传播和销售有关，但与作品的接受无关。也就是说，所有的文化行为或文化形态都不是由阅读或观赏作品所引起的。

1986年版《红楼梦》电视剧拍摄时，其主要演员早于开机前好几个月便集中在宾馆里读剧本、试妆和体验生活了。但这不能称之为艺术的“文化化”，因为它没有辐射至社会，艺术文化化的其他特征更未出现，而新版电视剧《红楼梦》则完全是艺术文化化的操作，如设计“探班”、文化旅游等环节，专门举办艺术表演培训班，以及有计划有意识地保留拍摄痕迹等。这些行为的性质已与1986年版电视剧《红楼梦》的演员体验生活的性质完全不同。

此类艺术的“文化化”在不同的艺术门类的表现形式各不相同。

二、以艺术品的销售为目的而设计的文化活动日益繁盛

这类文化活动贯穿于艺术品创作、生产的前、中、后三个环节。就这类文化活动的设计者和实施者的主观目的而言，都是为了促进艺术品的销售。然而，由于促销的文化活动一般都分解成若干文产项目，这些文产项目的经营已属于母项目这一艺术母体的“文化化”展开。

三、艺术创作的普遍性、大众化和发表的群体性前所未有

出书不再神圣，书画展不再神圣，拍电影和电视剧不再神圣。谁是艺术家，谁不是艺术家？当然以其作品为鉴别标准，这个标准当然是有的，且当属神圣，但创作的群众性淹没了这些标准。也就是说，除了已成为大家名家的少数艺术家之外，新起艺术创作者群体中作品质量高者未必传播力度大，未必接受效果好。形成这种状况当然有资本的作用，但资本为何能起作用仍有其复杂的社会原因。另外，改革也使艺术家的“身份”日益变得模糊。政府在职业资格认定上的简政放权放开了艺术职业创生的手脚。“文化创意家”和“文化产业创意家”就是本书极力鼓吹的新的艺术职业。国家对民间社团的扶持政策使传统和新的艺术职业更方便找到自己的社会身份。例如，在官办的“中国书法家协会”和“中国美术家协会”之外，有民间性质的“中国书画家协会”；在官办的“河北省作家协会”之外，有后起的“河北省文学学会”等。一大批“新社会组织”（民间社团）的涌起，满足了一大批从艺人员对社会身份的需求。不吃“皇粮”的社会从艺人员社会身份的获得，极大地激发了他们投身创作的积极性，这是艺术创作的普遍性、大众化和发表的群体性形成的重要原因之一。网络文艺兴起后，艺术创作的普遍性、大众化和发表的群体性推向了极致。这必然导致艺术（文本）的亚艺术化（良莠不齐）。艺术文本的亚艺术化与导致这种现象的要素一起，构成艺术的文化化。

四、作品发表的互联网方式和出版的改革、报刊的饱和，都使“发表权”基本和实际上掌握在了作者手中

“经审定才能发表”的机制已荡然无存，虽然这些机制形式上还在。传媒界有一个“稿件的终审权”机制，但它的实际作用主要不在艺术水平的审定上；艺术机构有一个“剧本的终审权”机制，它的实际作用主要不在艺术水平的审定上。艺术行为属社会行为，艺术属“社会”意识形态，缺少了真正的专家审定这一环节，“艺术”当然会“文化化”，变成一种大众文化行为。

五、既有艺术经典的文化化已成社会的实践需求

1993年以后，再造艺术经典很难，“各领风骚数百年”变成了“各领风骚数百天”，社会于是将目光投向了既有经典的“文化化”上。2014年春，河北省某机关曾提出将铁凝成名作《哦，香雪》延伸至文化（项目）的动议，但没能拿出具体方案，后来也没有上马。其实，这个创意是可行的，也是有意义的，特别是针对迈向现代化的当代社会。《哦，香雪》问世于20世纪80年代中后期，但它的意旨指向未来。一条铁路伸进大山，在香雪们所生活的小村子边停车一分钟。香雪们开了眼界，接触到了山外的人和事，也开始学习做生意。“你看着给吧”，香雪对买她鸡蛋的人这样说。这是世界上独特的生意谈判。香雪，一个被掩映在大山的皱褶里的少女，三十年来她是怎样生活的呢？她的善良和纯朴也许会像她的美丽的外表一样逐渐褪色，也许她顶住了商品社会的负能量，因为那座大山里藏聚着发展的正能量，藏聚着做好人的基因。“工业（广义）的伟光在地平线下闪照”，而今天呢，我们应该警惕了吧，当工业的伟光普照时。如果在香雪人物原型的涞水修一个“香雪广场”，修一条小火车路通往野三坡风景区，让香雪的“名言”“你看着给吧”成诗成歌，提供给来到涞水的旅人，也许能给予奔向现代化的国民以十分有益的文化营养。

构建“艺术创意学”需要十分注意既有艺术经典的文化化这一艺术文化化的客观趋势，在承认和研究这一客观趋势的基础上，探索艺术创意的方向、方式和方法。

六、观演格局和阅读格局的改变使艺术向着亚艺术回归

“艺术”源于巫术礼仪。巫术礼仪是艺术的初始形态（亚艺术态）。随着时代的发展，艺术的亚艺术形态会分阶上升，不断呈现，例如今天的电视文化生活。从一定意义说，艺术产生于这个文化态或亚艺术态，同时会不断地向这个文化态或亚艺术态“回归”。观演形态和阅读形态回归为亚艺术，意味着人与艺术的关系不再囿于审美，而演变为“游于艺”。孔子讲的“游于艺”，后世有多种解读。但若联系孔子的当时行为，它应包含以下内容，或曰我们应该解读为以下内容：第一，有“游历”的意思，即创作者要有广泛的交游和深入生活；第二，有观赏和阅读上采取选看和选读的意思，即欣赏与阅读应采取非静观、非一对一审美的方式。第三，采取“玩儿”（文化）与

欣赏相结合的方式，采取与生活相结合的方式。第四，无论创作还是欣赏，在心理上都应有一种自由的状态。这样，在创作上才会有创新，在欣赏上才会有美感。在艺术创作上因改变阅读格局和观演格局而令欣赏者改专一审美为包括审美的“游于艺”，在艺术接受上欣赏者因生活方式的改变而将任何欣赏都改为“游于艺”，意味着艺术的文化化。改革开放以来，特别是20世纪80年代中后期以来，戏剧和电影都发生过“观众危机”，文学发生过“读者危机”——“写给21世纪的人看”的口号就是当时个别作家针对读者危机提出的。面对观众危机和读者危机，艺术界不断进行迎合观众的艺术创新。创造新的观演格局和阅读格局是这种创新的自然延伸。

“观演格局”指的是观众与文本的对接方式。一般地说，观众是审美主体，文本是美的客体，观众与文本的对接是静态的，专于审美的，心理学意义上的。观演格局中“观众”与“作者”（包括编、制、导、演）的身份原本也是一清二楚划分明确的。1993年以降，观演格局的变化表现在以下几个方面：

（一）中国某些艺术品种的观演格局具有天然文化化的特征，1992年以降这种天然的文化化的特征开始回归。戏曲中的“饮场”“自报家门”“看戏看角儿，看角儿的活儿”等表演规范，就不是严格意义上的主客体二分论。与电影中的“角色与人物的同一性”表演规范不同，当戏曲观众将注意力集中在“角儿”，特别是集中在“角儿”的“活儿”（技艺）上时，实际此时演员与人物、技术与情节便在一定程度上分离了，也就是说，“艺术”有些“文化化”了。另外，戏曲当堂叫好的允许，旧戏园子茶馆化甚至“沙龙化”、市场化状态的长期存在，也说明“文化化”就是这种艺术形式的本性。本来，戏曲特别是其代表性剧种京剧在1993年前已然精致化了，以上那些本质特征已不复存在。为应对观众危机，1993年之后的戏曲又重现其文化特征。戏曲被“切块儿零卖”——唱折子、唱“堂会”，被制成音像品，被用来促销、贺节乃至贺寿，形式异彩纷呈。这些观演格局变化使戏曲“仿佛是向过去回归”，回到了它未精致化之前的状态。

（二）电视艺术和“互联网＋”艺术产生后，创造了新的观演格局。20世纪80年代中后期，有学者便提出“电视不是艺术”，企图从电视的传播特性所决定的家庭欣赏方式、互动性等入手，为电视艺术的可能性预测方向。网络化和手机终端的大开发后，人们对互联网＋艺术的方式进行了探讨。归结起来，电视艺术和互联网＋艺术的确创造了新的观演格局。这种观演格局可概括为：1. 观看行为变成了生活的一部分，变成了一种随意性和瞬时性的文化活动。也就是说，不管“文本”多么完整，家庭式的观看（不时抽“神”或抽身去干别的）和手机式的观看都会使实际效果亚艺术化。2. 技术为观演（观众与创作者、演职员）互动创造了无限的空间，这种互动的极端就是观众与创作者的身份变得模糊，二者不再那么“井水不犯河水”。这不但会使艺术变成一种参与性广泛的文化活动，也会使“文本”大变。

（三）在观众危机的压力下，大部分艺术品种自1993年以降已经开始“切块儿零卖”，走向折子化、唱段与表演分离化，走向经贸场合，参加沙龙、庙会，为民间庆丰、庆节、庆寿。这当然是亚艺术化的突出表现。

（四）街头卖艺的合规化合法化，标志着一种新的观演格局的诞生。2015年，上海给街头卖艺者发证，同时加强了对这一演出市场的管理，街头艺人成了“有证的人”。这种观演格局的实质就是“游于艺”，就是艺术观看的随机性和瞬时性。其实，在上海发证之前，街头卖艺已成为风潮，各大城市地铁里、天桥上和其他公共场所屡见不鲜。街头卖艺的长期存在表明这一演出市场和艺术的销售方式是“合理的”，已形成真正的产业。从艺术行为看，它正是古老的“庙会”“社戏”等演出形式的回归，亦即对艺术“游乐性”观赏方式的回归。如果我们把一个大上海视为一个包含着各种观赏和购物、餐饮的游乐场，那么，街头艺场便是这一游乐场中的各个特殊景点。这种观演格局互动性强，不排除演变成点唱点演、观场编演、观众参演等形式。这种观演格局游乐性强，某观众也许上街的目的是为了购物，但巧遇演出，又能满足他长久就想听、想看某一段的需要，艺术的购销行为便产生了。这种观演格局使艺术的销售方式变得十分灵活，不排除有“蹭戏”的，但也不排除交费中有赞助的成分。总之，这种观演格局已经破坏了静态的你演我看的固定格局，由于观看的随机性和瞬时性以及有可能演变成参演互动等，这样的“艺术”已经转变为亚艺术或曰文化化了。

阅读格局指的是读者与文学文本的对接方式。一般地说，读者与文本分别作为审美活动的主体和客体，其界限是明确的。1993年以降，文学的阅读格局发生了极大变化。社会常常把文学图书特别是文学名著的销售量作为衡量文学是否繁荣的标准，这是十分错误的。事实是，很多购书行为不过是社会成员财力的一种文明表达，“陈设”是许多文学名著实际的功用。政府倡导“全民阅读”的力度越来越大，恰好说明厌读已成社会问题，这里当然包括对文学的厌读。2015年11月20日，笔者在河北省作家协会工作会议上，郑重提出了应该把促进文学阅读作为一个战略方针来对待的建议，得到了很多人的赞成。形成共识当然重要，但如何做才能有实效则是一大课题。阅读的仪式化、文学的活动化“热闹化”风行已久，这的确不是文学的本性所带来的，而是文学的外部规律使然。总之，文学的阅读格局已经从文学本性所要求的静态化的心理对接，向着非心理属性的互动化演变了。

因观演格局的变化而导致的艺术的文化化与因阅读格局的变化而导致的艺术的文化化，既有共同性也有区别。其共同性在于，二者均系主客体的审美关系遭到破坏所致；其区别在于，形成观演格局的感受方式与形成阅读格局的感受方式是不同的，因二者的改变而导致的各自的文化化在形态上也是不同的。

七、艺术作品因被“接受”而产生文化行为或文化形态，是艺术文化化的一个重要方面

因艺术品被接受而引发的艺术的文化化表现为：第一，所有的文化行为因（艺术）接受所引起；第二，这种文化形态是艺术本质的外化和展开，是真正的精神需求的满足和真正的文化消费。一部书画作品被人欣赏之后，会引起它的市场价格的涨落，一部内容作品被人欣赏之后，其内容情节和人物会引起一系列社会文化行为，如主题歌被传唱，台词被传言，服饰被效法等。第三，这种文化形态的生成与繁盛将导致接受主体精神文明水平的变化，正能量的艺术品的被接受将提升精神文明的水平，负能量的艺术品的被接受将降低精神文明的水平。这一路径的开拓也要追溯到1993年左右。较早引起媒体注意的是“郑渊洁童话现象”。儿童文学家郑渊洁从改革开放之初起步，选择创作童话为突破口，展开文化的全部魅力。他的童话连续5年获奖，最火的时候有15家报刊同时发表他不同的童话连载。这样，就使得他的童话完成了经典化的历程。郑渊洁于1985年创刊《童话大王》，开了自己作品的“专卖店”，又利用其笔下的“皮皮鲁”“鲁西西”等艺术形象的广告效应，生产一系列物质产品，又把做游戏、抽奖等文化活动用于促销，在促销中调动小读者参与的积极性，把他们“编”进现实的故事之中去。1993年左右，郑渊洁创办了中国大陆第一家以作家名字命名的中外合资郑渊洁少儿用品开发公司，其经销产品手表、牙膏之类均以郑氏的童话故事为背景，而童话的主人公全部成为少儿用品的注册商标。郑氏的“经典”是自己创造的，为此付出了很大本钱——不只是金钱还有心血（创意）。

此种文化化，正是艺术的本质之所在。推动含有社会主义核心价值观的艺术品的被接受和文化化，抑制含有负能量艺术品的被接受和文化化，是艺术家的神圣责任。

八、“内文化”现象

“内文化”现象是指在艺术品中渗进某些与故事情节相脱离的文化要素，使得艺术品不完整、不和谐，明显地让人感到是着意在宣传什么。艺术的“内文化”现象有一个发展过程。20世纪80年代中期，出现了一个“行业片”概念和“软广告”概念，稍后又出现了一个“嵌入式广告”概念。这几个概念都指向同一个事实，就是在中国一个特定时期内出现的电视剧中夹杂非艺术因素的普遍的操作法或称为机制。

这种机制出现的原因是：第一，投资方的要求。投资方有民间资本，也有国有资本。民间资本要求电视剧写进宣传产品、企业及至资本拥有者的内容，国有资本要求写进其“工作”所需，而二者的“问效”手法则都是只追究“播出了没有”，不再追究有多少人看。第二，“收视率就是钱”的理念还未被电视台所认同。第三，电视手段承载文化节目的多样性远未被业内所普遍认识，致使很多广告宣传任务都由电视剧来承担。第四，中国电视剧人特别是专业的编导队伍还不成熟。第五，中国电视剧市场刚刚开启，艺术品作为商品按照它的价值量出售的市场法则还未发挥作用，电视台播出电视剧常常是无偿的，有时支付一些所谓“演播费”也少得可怜，距拍片成本相差很远，有的电视剧播出还要“倒贴”。这样，自然加重了电视剧的直接的广告使命和狭隘的宣传使命。第六，创作（制作、生产）的群众性导致艺术的“内文化”。1993年以后，不少富起来的人拍电视剧成为一大文化景观，这当然是好现象。然而，毕竟这些人属非专业人员，加上对“纪实”的追求，导致不少作品难以用艺术品标准去衡量。这种亚艺术品虽然没有市场，如同自然经济条件下的物质产品一样“自产自销”，但它投资小，群众性参与，亦为广大参与者所喜闻乐见。参与者对自己的作品的喜欢程度大大超过“审美式”地看名作。第七，音像市场尚未形成，电视剧的“出口”只有到电视台去播映这一条路。正是在这诸多社会因素的合力作用下，电视剧的“行业片机制”得以形成。这一时期，不少电视剧因其广告宣传色彩浓厚遭评论家和观众所诟病。在此情形下，笔者提出了“假如广告对接艺术品做得天衣无缝会怎样”的问题，引起业界注意。自1993年央视以350万元价格买下电视剧《爱你没商量》首播权后，中国电视剧开始与市场对接。此后，出现过《刘老根》《乔家大院》等作品。前者加进了不少东北“二人转”的元素，后者直接以一个旅游景点为整个戏展开的基础，二者的宣传和广告的欲求不能说不明显，但因这些信息十分合乎艺术规范地融入了全剧之中，所以不但无人称之为“行业片”，它的接受效果也不错。

需要指出的是，第一，艺术的“内文化”现象不为电视剧所独有，文学、戏剧等其他内容艺术也普遍存在。其他艺术形式出现“内文化”的原因与电视剧的“内文化”出现的原因是相近的。第二，没有简单化地将艺术“文本”中游离于情节的因素的加入视为创作失败或艺术品的不成熟，是因为这种现象是必然的文化现象。以此认识为前提引进“内文化”概念，有助于研究艺术与文化的动态关系，有助于寻找艺术创意和文化创意的方向。

九、艺术形态朝着自娱自乐方向发展

前文所述“内文化现象”从文本打开的角度论述了艺术的文化化，此处则从主体泛化即创作的群众性角度再度予以确证。前文从海量发表与微量社会接受的对比中考察艺术的文化化，此处则着眼于创作与接受的主体的同一性趋向再论艺术的文化化。进入互联网时代以来，艺术创作的群众性发展到了极端。愿意让别人欣赏自己作品的人比愿意欣赏别人作品的人多了很多，艺术形态正朝着自娱自乐的方向发展。

十、题材与艺术品种和体裁风格的组合不当导致艺术的“文化化”

题材是艺术的内容，它必须选取相对应的艺术形式才能有效地表达内容；艺术形式对其所承载的艺术内容也有选择性（如雕塑不宜承载复杂的故事和人物关系），它必须选择适宜表达的内容才能形成艺术品。由于某种社会功利的驱使，艺术生产中常常出现选取艺术形式不当的情况，具体表现有两种：第一，不管要表现的题材和内容是否合适，一味地追逐热门的艺术形式，如不适当地采用动漫、电视剧、微电影等。第二，纪实性表现的要求与艺术形式的矛盾。有些现实人物的人生伟大但并不曲折，有些艺术品种则要求故事曲折（如戏剧），如果将二者对接，则难以成功，因为不能虚构。某些主旋律大型纪实创作，愿意选取戏剧、影视和文学的形式。但这些选题因为受限于真人真事，不能通过虚构达到艺术的高度，所以常常出现所谓

“叫好不叫座”的情况。但其实，这里的“叫好”也不过是政治表态而已。用“政治表态”来表明艺术的成功，是十分无力的。

此类艺术的文化化表现在：第一，行为的规模化和普遍性。第二，因难搞而导致每一项目持续时间较长，有的几上几下，行为而非作品产生了社会效果并伴随大量的人财物投入。第三，这一行为产生的作品质低而量大。第四，作品有一定影响但非审美效果。

创作（制作、生产）此类艺术品的动力源于两方面，一是从业人员的生存需要，二是公益资金要找出口。二者的合力的共同指向便是“主旋律”的题材，因为这是谁也不便反对的。选取“主旋律”题材进行艺术创作本应提倡，但题材选定后的创作却大有讲究。笼统地说，题材重要更要注重艺术质量以及传播力度和接受效果；具体地说，第一位的问题就是要选取与题材相宜的艺术形式，这是科学。

十一、形式感的无边追求导致艺术的文化化

内容艺术的形式感的极端化在不同艺术形式中有不同的表现，其强度上也有差别。在文学中，书的封底、封二、封三乃至封面印上作者照片、介绍文字已成时尚。与新闻中出现“标题党”类似，艺术作品中书名、剧名耸人听闻而内容毫无艺术性可言的作品不在少数。“量身定做”的电影和电视剧屡屡将演员而不是艺术形象推至观众的眼前。名人出书鲜有亮色但销路不错。脑瘫女诗人因为脑瘫而非艺术亦能使其“大作”传来传去。没有歌颂效果的“歌颂了什么”让决策者和创作者各得其所众口赞誉。表现为对形式感无边追求的艺术的文化化，其特征是有接受效果，只不过这种接受效果无关艺术品的内容。

以上所列现象，大致可归纳为五类：第一类是贯穿于创作（制作、生产）的前、中、后所产生的以及促销中产生的，可概括为“前文化”，此种文化形态的形成与艺术品的被接受无关；第二类是作品在其被接受中和被接受后产生的，可概括为“后文化”；第三类是“内文化”；第四类是创作主体与接受主体的合一化；第五类是既有艺术经典的文化化。一般地说，“前文化”“内文化”和创作主客体的合一化愈繁盛，艺术活动和艺术活动家越多，艺术创作越差真正的艺术家也会越少；“后文化”愈繁盛，说明艺术的传播力度大和接受效果好。“前文化”的本质是文化性质的互动代替艺术静态的心理学意义上的审美，“后文化”的本质则是艺术上的审美活动和结果的延伸。“内文化”、创作主体与接受主体的合一化是一个问题的两个方面。作为信息化社会的必然现象，只要艺术创新成为社会的大气候，“内文化”与创作主体与接受主体的合一化所产生的社会效果就不会是负面的。“后文化”的社会效果有两面性，正能量的文化化愈繁盛愈理想，负能量的文化化愈繁盛则意味着创作方和接受方精神文明水平亟待提升。既有经典的文化化是文化产业创意的重要方向。但是，这种趋向的强势意味着新的艺术经典难以形成，这当然反映着艺术史的必然性，但不应成为放弃打造新经典的理由。

1993年以降，艺术的文化化与文化产业化、社会信息化和经济全球化相携而至。由优秀艺术品经接受而引发的艺术的文化化日渐式微，“艺术的文化化”却突出表现为“前文化”“内文化”及主客体的合一化和既有艺术经典的文化化。艺术与文化（形态）的这种悖反现象是十分可怕的，它直接影响到人类审美经验的传承问题。仅从这个角度说，在建构文化产业创意学的同时建立艺术创意学、培养人的创意能力是十分必要的，这也是将“艺术的文化化”作为全书一个重要的立论基础的原因。

第二节　艺术美的凝聚与消散

一、艺术发展的状态表现为艺术美的凝聚与消散

本书不讨论艺术美的本质，因此这里的“艺术美”指的是艺术美的质素、艺术美的形式和艺术美的形态等艺术美现实化了的要素。艺术美是凝聚而成的。诚如马克思所说：“五官感觉的形成是迄今为止全部世界历史的产物。”（马克思：《1844年经济学哲学手稿》，《马克思恩

格斯文集》第一卷，人民出版社2009年版，第191页）“人也按照美的规律来构造。”（同上书，第163页）以使用工具、制造工具为特征的人类实践一方面创造着物质成果，另一方面则创造着人自身，创造着对象的审美价值。从第一把石斧的诞生起，人类的物化劳动就为后来的物态化活动创造着主客观的条件。本书不同意艺术先于审美意识和后者先于前者的观点，因为这两种认识都犯了将艺术的可考形态（艺术品）与审美意识的可考形态（审美意识的外化）进行时间上的对比的错误。“艺术在先”论者无法说明今人所见的“艺术”是在什么样的人类意识支配下创造出来的；“审美意识（美感）在先”论者无法否定“艺术”无论从艺术形式角度还是从艺术品角度考察都是一个从萌芽到完整的过程。随着人类实践的发展，在主体一方，审美意识逐渐从其他意识中分化出来、凝聚起来；在客体一方，物质的形态逐渐脱离使用价值而成为美的对象。在主体一方，“会欣赏美的眼睛”“会听音乐的耳朵”等超生物性功能成长起来；在客体一方，从装饰到不同于劳动过程的物态化活动凝聚而成（它包含着艺术）。

普列汉诺夫在论证原始人的猎获物如何成为美的对象时说：“最初只是作为勇敢、灵巧和有力的标志而佩带的”，“当狩猎的胜利品开始以它的样子引起愉快的感觉，而与有意识地想到它所装饰的那个猎人的力量或灵巧完全无关的时候，它就成为审美快感的对象，于是它的颜色和形式也就具有巨大的和独立的意义。”（普列汉诺夫：《没有地址的信·艺术与社会生活》，曹葆华译，人民文学出版社1962年版，第137页）学界有人认为这个过程是自然美的产生过程，其实也是艺术美的产生过程。原始人类对于猎获物的皮、角和羽毛的选取和装饰，蕴含着后世雕塑、戏剧等一切艺术形式的萌芽。在中国，只是到了巫术礼仪产生之后，我们才看清了艺术的雏形，这也是有人认为（中国）艺术产生于巫术的认识上的原因。从巫术礼仪这个包含着后来上层建筑和意识形态萌芽的初始文化母体中，分化出了后来的典章制度和政治、宗教、哲学和艺术。

从原始人类有意识地用猎物装扮自己开始，人类的审美需求一经产生，便会不断增长。作为第二性的美，艺术美由于能够更集中、更典型也更强烈地表达人类的审美理想和情感意绪，必然随人类的实践活动而被创造出来。也许，正是从祭天礼地的巫术礼仪开始，人类逐渐由取悦于神的初始目的转向悦志、悦神的自我观照，由包含着强化这种活动的动员和组织功能的诸多功能中分解出审美功能。人类的审美功能一旦产生，就会在其他意识的组织和催动下能动地依据精神（审美）的不同需要而选取和创造表现手段（或欣赏对象）。《毛诗序》说："诗者，志之所之也，在心为志，发言为诗。情动于中而形于言，言之不足故嗟叹之，嗟叹不足故永歌之，永歌之不足，不知手之舞之，足之蹈之也。"这个说法认识到了审美需要与表达手段相统一的客观必然性。审美意识自其他意识的分立和艺术审美意识自审美意识的分立乃至艺术审美意识的进一步分化，只意味着审美意识、艺术审美意识乃至进一步分化了的艺术审美意识的更集中、更强烈和更有指向性、创造性，并不说明它们的完全独立。现代心理学已经证明，无论是艺术创作还是艺术欣赏，其心理过程都是感知、想像或联想、情感和理性的相互作用或对立统一，没有其他意识参与的审美意识和没有其他审美意识参与的艺术审美意识是没有的，这如同我们在现实中找不到"纯粹的"艺术品或"纯粹的"艺术审美活动的道理一样。艺术美作为审美对象，无一例外地是"有意味的"形式（不同于克莱夫·贝尔），是形与神的统一；艺术美作为审美意识，无一例外地是在知觉情感中渗透着想像和理解，是情与理的统一。因此，审美心理诸要素的凝聚力度、方向与物质材料的选取、物质形态化的方向的对接便是艺术形式凝聚的途径，也是艺术美、艺术品产生的途径。

艺术形式或艺术品一经创造出来，艺术美的凝聚与消散就成为可考的意识形态的实在。艺术形式或艺术品产生后，艺术的审美或接受成为现实。艺术美存在于积淀着所有社会关系和个人气质、修养及审美经验的生命个体与依附于特定物质的幻象的交汇统一之中。这个交汇统一具有审美主体对客体的选择性。艺术是人类的自我意识和记忆，艺术的接受一方面凝聚成人类的审美经验，一方面又拓展着人类的审美能力和审美需求。对应着人的艺术审美需求的是艺术形式或审美手段的不断创生，对应着人的生理—心理通感联觉的是不同艺术形式的融合。同时，以技生艺的史前图景以更高的形态展现出来——不断开拓五官感觉的技术催生着新的艺术形式。艺术美的凝聚与消散是一个问题的两个事实。需要强调的是，所谓艺术美的消散并不是消失，而是从寓于甲种艺术形式过渡到寓于乙种艺术形式。

艺术美的凝聚和消散是一个文化艺术化和艺术文化化的无休止的过程。我们把原始的巫术礼仪形态称为“初始文化母体”，在当代，类似于那个母体的新的文化阶梯之上的文化母体大量存在，它们是旧艺术的归宿，也是新艺术的摇篮。研究艺术美的凝聚与消散，就是为艺术创意寻找突破的方向。

二、艺术品种（形式）的凝聚与消散

艺术形式是艺术美的存在方式，艺术美的质素（题材、体裁、风格）和艺术美的形态（优美、崇高、喜剧、悲剧等）都依存于艺术形式之中。因此，艺术形式的凝聚与消散是艺术美凝聚与消散的基本形式。任何艺术形式都是一定的审美意识（包含、渗透和体现着社会生活的本质规律，包含、渗透和体现着审美理想）、一定的反映、感受方式和一定的物质载体这三者的交汇统一。任何艺术形式都是内容与形式的统一体，都现实地存在于审美主体与美的客体的现实的和历史的关系之中。

艺术形式的凝聚和消散呈现出以下特征：

（一）任何特定的艺术形式都是特定的社会条件凝聚而成的。马克思在谈到希腊神话时说：“他们的艺术对我们所产生的魅力，同它在其中生长的那个不发达的社会阶段并不矛盾。它倒是这个社会阶段的结果，并且是同它在其中产生而且只能在其中产生的那些未成熟的社会条件永远不能复返这一点分不开的。”（《〈政治经济学批判〉导言》，

《马克思恩格斯选集》第二卷，人民出版社1972年版，第114页）“那个不发达的社会阶段”就是希腊奴隶制。只有奴隶制，才使希腊成为国家，农业和工业的分工以及脑体劳动的分工才有可能，幻想、想像才能成为职业。“社会条件”含义丰富，既包括创作主体的社会存在，也包括接受主体的社会存在；既包括生产力发展水平，也包括上层建筑及其意识形态的特定内容；既包括集体意识，也包括个体意识；既包括审美经验，也包括哲学、宗教、政治、经济的特定内容。例如，中国戏曲的形成原因就十分复杂。在其物质条件方面，有自然经济所决定的生存条件、艺术的物质手段等；在其精神条件方面，有各种艺术形式的基础、孔儒观念的影响等。戏曲是所有特定社会条件的结晶。

（二）任何艺术形式都是内容与形式的统一体，凝聚成特定艺术形式的社会条件永远不能复返，在历史上产生的特定的艺术形式也会随那个产生它的社会条件的消失在后人的接受中发生内容与形式的解构。马克思说：“成为希腊人的幻想的基础，从而成为希腊（神话）的基础的那种自然的观点和对社会关系的观点，能够同自动纺纱机、铁道、机车和电报并存吗？在罗伯茨公司面前，武尔坎又在哪里？在避雷针面前，丘必特又在哪里？在动产信用公司面前，海尔梅斯又在哪里？任何神话都是用想像和借助想像征服自然力，支配自然力，把自然力加以形象化；因而，随着这些自然力之实际上被支配，神话也就消失了。”（同上书，第113页）希腊神话是这样，中国的神话也是如此。

（三）作为特定的艺术形式，必然走向解体。也就是说，希腊神话的所谓“消失”及一切既有艺术形式的“消失”，就是从现实的艺术品种中退出进入博物馆，而它们身上美的质素则如花之落红以春泥的形态滋养着新生的艺术形式。马克思认为希腊神话是希腊人幻想的基础，“希腊神话不只是希腊艺术的武库，而且是它的土壤”（同上书，第113页）。艺术史证明，新的艺术形式的产生，都离不开从既有艺术形式中汲取营养，这样的例子不胜枚举。换个角度说，某种“消失”的艺术形式，必然会被后世“在更高的阶梯上把自己的真实再现出来”。

（四）任何历史上产生的艺术形式都是人类特定阶段的历史记忆，同时为后世提供自我意识和自我观照的镜鉴。希腊神话再现了人类童年的真实，人类童年的天性在希腊神话中得到了充分的体现。正是在这个意义上，马克思认为那种“儿童的天真”会使“成年人”即马克思时代的人“感到愉快”。需要指出的是，这种愉快是一种认知的愉快，引起人愉快的对象是希腊人与希腊神话的现实的审美关系，而不是希腊神话。因此，它不说明希腊神话在马克思时代仍是一个现实的艺术品种，而只是一种艺术遗产。（在避雷针面前，丘必特又在哪里？）与上述不矛盾反而相联系，希腊神话在当我们定向性地欣赏它时，它仍然给我们以艺术的感受。这就是说，如同一切艺术遗产一样，它已经从当代人的闲暇时间利用中排除了，只有当人们以研究或创作为目的去欣赏时，它才是一个现实的审美对象。而且，这一审美过程已经变得很“纯”或已经把对象变得很“纯粹”，它已很难与当代人的情感意绪相对接，很难与当代人的审美理想发生共鸣。当然，这绝不是说它的善恶倾向性有什么不好。如果当代人只有从心境上化作古代人才能进入作品的情境的话，审美对象实际已经被解构了。如本书已述，内容艺术如果在当代人的审美过程中“被纯化”，它实际上就已退出了当代生活，它的美的质素已经消散。

三、艺术美在当代的凝聚与消散

1993年以降，中国的文化产业化和社会信息化接踵而至，经济全球化日益深化。在这种社会条件下，艺术美的凝聚和消散的动力、力度和方向都发生了深刻变化。审美不是艺术产生的动力，亦非艺术创造的动力，更不是艺术产生和创造的目的。艺术总是与功利有关，艺术美只是人类功利活动的副品。在当代，促进艺术生产的动力依然是社会功利，可划为两股，一股是资本，资本在当代文化产业化进程中发挥着重大作用。在不违反国家法规的前提下，资本主导的艺术生产追求经济效益。资本在艺术形式、题材、体裁乃至风格样式的选择上，自然会以市场为导向。比如，以电视和网络为传媒的艺术品种就比较受欢迎，而较少有人愿意投资戏曲。另一股推动力量是社会公益。由于“接受效果”是一个极难考察的社会事实，所以，社会公益基金支持下的艺术生产通常以“获奖”等评价标准作为终极目的。而今天，“经济效益”和“社会效益”已经在矛盾了二十多年后走向了统一，这个统一突出地表现在没有经济效益的艺术生产实际上也不会有真正的社会效果。但公益资金投入机制并没有市场的压力。因此，公益资金在投入上便常常以“弘扬了什么”这个要求为实际的导向。显而易见，资本和公益资金这两股推动力都不是朝着重建对既有艺术形式的审美经验努力，也都不是朝着创新艺术形式而努力。因此，自改革开放以来，艺术美凝聚与消散的第一个特征便是，某些艺术品种以凝聚的努力开始，以消散的结果告终。

下面，我们以中国艺术品种中最有代表性的戏曲为例说明以上论断。

八百多年来，中华大地上产生了300多种戏曲。戏曲“以歌舞演故事”凝聚了戏文、说唱、杂耍等艺术门类，形成了不同于西方戏剧的美学规范和观演格局。戏曲融体验与表现于一体，通过程式化的象征手法刻画人物形象，集中地突出了形式美；戏曲以虚拟的手法展现时空；以技艺相融、观演相会的手法融情会理，突出地传达出戏剧即人生的传统理念。

戏曲经长时期的发展，在各剧种相互融会中产生了它的典型代表京剧。自徽班进京至“样板戏”推出，京剧一直在改革中发展。自20世纪80年代中期以降，中国戏曲在观众危机中改革，几大剧种都推出过不错的剧目。自20世纪80年代中期以来的“戏改”基本上在以下三个方面：第一是追求时尚，在保留戏曲韵味的前提下，在舞美、服装、舞台装饰上下功夫；第二是借助历史题材作品进行故事的重编或价值观的颠覆；第三是戏曲与其他艺术的“混搭”。第三种戏改方式在2015年前后形成了一定气候。马兰主演的将黄梅戏的调性与音乐剧的调性混搭的《长河》，台湾传奇剧场以戏曲元素演绎的《等待戈多》以及掺进现代舞、戏歌、动漫游戏Cosplay等人物造型的《荡寇志》等，都引起了专业圈和媒体的注意，也取得了一定的市场回报。三十年来的“戏改”如果站在戏曲发展的角度看，是一场戏曲美的新的凝聚，企图通过吸收新的艺术元素以增强戏曲的表现力和吸引力；但如果换一个角度看，就会发现戏曲美正在消散。原因显而易见，戏曲在吸收其他元素中没能固本，没能做到在更高阶梯上创造源于旧戏曲又高于旧戏曲的内容与形式高度统一的艺术样式，所有的创新难以与京剧“样板戏”相媲美。“样板戏”的成功在于在保留京剧基本美学原则的前提下进行创新，同时又注意了内容与形式的新的整合。京剧的程式本来是古老的“技”的留存，它虽然美轮美奂，但起着心理上的间离效果，这与戏曲未达到精致状态前的观演格局是相适应的。那种演员可以自报家门，可以“饮场”，观众可以当场叫好的观演格局变了，“技”也就是程式就必须变。同时，现代生活的内容也容不下旧有的程式。然而，如果不依据剧情，将“技”融入和保留在“艺”中，京剧的神韵就会荡然无存。“样板戏”很好地解决了这个问题。不少业内人士认为京剧样板戏“创造了新的程式”，如果是打个比方，这样说尚可，但如果给予准确定位，就应该说京剧样板戏是将动作上的“象征”手法改成了对生活的模拟。例如，《智取威虎山》中的“滑雪舞”就不是什么“新程式”，而是生活动作的美化。不管“样板戏”的主创人员是否意识到，这个在戏曲美的统一性的观照下的改革，是在吃透京剧每一个元素审美指向性前提下的改革。所以，京剧“样板戏”可说是体现了在更高阶梯上艺术美的凝聚。

戏曲美正在消散，戏曲已经不再是一个现实的艺术品种了。进入晚会，上电视、上网络，去经贸场合，卖音像制品，以至于回到“游于艺”式的原生态，都是戏曲美消散的具体表现。当然，美不会死，消散不是消失。中国戏曲的美的质素曾滋养过初入中国的电影，“影戏美学观”指导下的中国电影创造过早期的辉煌。新的艺术形式需要从戏曲这个初始艺术母体中汲取营养。然而，生吞活剥地加入其他艺术的元素无助于艺术的创新。戏曲美的消散是客观规律，但是，如果无所作为消散就会变成消失。因此，对戏曲美的解构和重构是一件重大的美学工程。

艺术美凝聚与消散的第二个特征是，在一些艺术品种呈现出美的质素和美的形态消散的同时，另一些艺术品种却呈现出艺术美的凝聚。20世纪80年代，先是电影艺术创新不断，后是电视艺术特别是电视剧艺术迅速成熟，这两种艺术形式的发展都凝聚了文学、戏曲等艺术形式所创造的美的质素，如“影像中心美学观”的代表作《红高粱》就是电影特性与中国艺术精神（如戏曲的写意）的有机融合，电视剧中的“电影风格电视剧”则是借鉴了电影表现手法的产物。电影和电视艺术在20世纪80年代所呈现出的美学形态上的万紫千红，不能不说是消散着的其他艺术形式的“春泥”（艺术美）的转化。

艺术美的凝聚与消散会产生很大的社会能量，这个能量就是艺术的文化化。中国艺术凝聚与消散的典型母体是戏曲，因为它历史最长，综合性最强，与民众生活紧密相连。同时，戏曲又是与西来艺术（话剧、电影）的对接体。中国话剧之所以出现“文明戏”阶段，中国电影之所以出现“影戏”阶段，都与中国存在戏曲有关。进入电视传媒时代，艺术的物质手段向媒体的延伸终止了艺术美的凝聚与消散，助长了艺术的文化化特别是“前文化化”和既有经典的非经接受的“文化化”。因此，需要强调的是，艺术发展与物质发展是不平衡的，艺术的“发展”不仅仅表现为“向前看”。

艺术的文化化是1993年进入信息化社会和文化产业兴起后艺术功能的向量，艺术的凝聚与消散则是艺术品和艺术品种生成与解构的轨迹。前者表现为艺术意识形态向一般意识形态及文化行为的转化，后者则表现为艺术意识形态之间的转化；前者反映着主体由对艺术的审美静观到文化互动的转化，后者则反映着主体一系列文化活动和艺术创造、结构活动的展开。

这一切，将给予艺术产业创意以无限的启发。

第四章　“文化创意＋”的历史形成和全面作用

“文化创意＋”的实质是文化在文化产业中的社会化实现，是文化产业创意对文化产业的引领，即在具体项目中凝聚知识、资本、劳动、内容、市场和技术诸要素，创造适销、适用的文化产品（精神产品）或含有文化意蕴的物质产品，满足消费者日益增长的精神需求。从“文化创意”到“文化创意＋”，反映的是文化与经济（物质的生产和再生产）的必然的历史的关系，而“文化创意＋”全面作用的施展，则强力助推文化与经济在新的历史平台上的深度融合。

“文化创意＋”如何施展作用？这需要从文化与经济的历史关系中去寻找。改革开放以来，文化与经济的关系经历了由间接交汇相融到直接交汇相融的历史进程。为了科学研究的需要，这个进程可大致分为1979年至1992年、1993年至2012年、2012年至今三个阶段。

第一节　1979年至1992年的文化与经济

文化（意识形态）与经济（物质的生产和再生产）从来就不是两条互不相交的平行线，而是相互影响、相互渗透和融合的社会事实，是社会发展的鸟之双翼。但是，文化与经济的关系又是十分复杂的，在历史进程中呈现出阶段性的不同特点。

1978年召开的党的十一届三中全会，确立了“以经济建设为中心”的政治路线，开启了改革开放的新时代。从1979年至1992年，是改革开放的中国社会的第一个转型期，这一阶段文化与经济的关系具有与此后相继到来的两个历史阶段所不同的特征。

这一阶段，中共“以经济建设为中心，坚持四项基本原则，坚持改革开放”（“一个中心两个基本点”）这一社会主义初级阶段的基本路线逐渐形成。作为政治理念和意识形态，这一基本路线的贯彻对于生产力发展、社会稳定和改革开放的推进发挥了关键性的作用。同时，这一基本路线的贯彻成功地将这一阶段哲学文化层面上历史主义和伦理主义的激烈抵牾排除出政治层面并最终使其软着陆平静下来。例如，对资本的现实肯定（难以避免同时肯定剥削等负面因素）并未影响在文化层面（例如某些文艺作品）上对这些负面因素的鞭笞，反之也是一样。邓小平在不同时间针对社会的不同倾向所讲的“发展是硬道理”“不改革是死路一条”和“稳定压倒一切”等一些名言，最终成为把握社会稳定的程度与改革的力度以及发展的速度三者之间关系的政治文化，从而持续地发挥了对生产力发展的保驾护航的作用。

这一阶段，继承着中华优秀传统文化，伴随着对西方思想文化的批判吸收，与政治路线相一致并适应于改革开放的社会主义核心价值观初步确立。虽然当时还未提出“社会主义核心价值观”这一概念，但在意识形态中，体现它的意志的新观念不断凝聚成全民共识。“共产主义并不渺茫，就在我们的生活中”“从我做起，从现在做起”“岗位学雷锋，行业树新风”“尊师重教”“尊重知识，尊重人才”等口号日益深入人心，对于树立全社会与改革开放相适应的社会主义新风尚起到了巨大的作用。

这一阶段，文学艺术全面繁荣。表现之一，是它一度成为国家政治和政策的晴雨表。《于无声处》《伤痕》《春之声》《大墙下的红玉兰》等作品体现了思想性、艺术性和人民性的高度统一，真正发挥了引导民族前进的灯火的作用。这一阶段的文艺，的确没有充当现实政治的应声虫和解说词，而是它的引领，是它的前奏。表现之二，是从内容到形式的创新一浪高过一浪。伤痕文艺、反思文艺、改革文艺、寻根文艺、先锋文艺、毛泽东热……创造着和融入了时代思潮，延展成和扩大为一个个前后相继的文化形态，深刻地影响了人们的生活。表现之三，是承载着西方美学观的大量作品和著述被译介进来，许多创作方法和批评方法深刻地影响了这一时期的中国文坛。表现之四，是这一阶段的文学艺术保持着社会轰动效应，创造了文学史上罕见的创作、批评和接受三者并进的文化盛景。表现之五，是这一阶段基本上实现了“百花齐放，百家争鸣”。文艺作品所体现的价值取向空前多元化（当然不见得都正确），各种题材、风格和方法争奇斗艳，各种文艺观异彩纷呈。“歌德与缺德”“文学的主体性论争”等艺术争论基本被限制在了专业范围内。表现之六，是大批被禁锢的文艺作品被解放出来，这些作品连同它们古老的形式（对于新一代人则是新鲜的）丰富了文艺的百花园。“样板戏”也逐渐摆脱了政治的羁绊，回归到艺术的本体位置。表现之七，是电视艺术的初兴。这一时期的电视艺术在演绎经典文学作品方面无疑是成功的，《红楼梦》等剧目曾掀起过收视高潮。电视文艺创新不断，电视文学、电视专题片、电视剧、央视春晚等都有上乘之作。由于电视从本质上说是市场经济的宠儿，而当时我国市场还不甚发育，故关于电视文化的理论探讨不甚深入。但是，有些学者从电视的艺术和文化之结合上做文章，取得了不小的理论成就，例如高鑫、钱海毅等人的理论成果为1990年代文化产业化、艺术文化化进程开始后进一步研究电视艺术的本质特征打下了坚实的基础。

这一阶段，邓小平的许多政治术语成了民众的格言，造就了中国一个极为独特的文化现象。“不改革死路一条”“发展是硬道理”“稳定压倒一切”“不管白猫黑猫抓住老鼠就是好猫”“解放思想”“向前看”“摸着石头过河”等，至今还为经历过那个时代的人所耳熟能详。邓小平的这些话之所以能成为民众所易于掌握的格言其原因有三点：第一，说的确实是真理。第二，他是在关键时刻说出关键的话。或者说，是在合适的时候说出合适的话。真理跨出一步便是谬误。也就是说，离开具体的时间地点和条件，特定的话也许是不正确的。邓小平的话之所以有可操作性，是因为他的每句话针对的都是当时社会的主要矛盾，都是为了解决当时的主要问题。他像一个调琴师，调整着改革开放的整个民族大合唱走向和谐和可持续。第三，邓小平的话通俗易懂，是博大精深前提下的通俗易懂，是二者的统一；光是通俗易懂，民众也不会掌握得如此牢固。

这一阶段，经济观念的更新力度空前。“有水快流”的资源开发观念覆盖了“细水长流”；“爱‘臭美’敢‘胡花’”的消费观念覆盖了流行几十年的“新三年，旧三年，缝缝补补又三年”；“互惠互利”的对外合作理念覆盖了“支援亚非拉”……新的经济观念未必颠扑不破、四平八稳，但它们是经济起飞所需要的助力，更是对数千年来建立在小农经济、短缺经济基础上的经济观念的颠覆。

这一阶段，文化硬件建设成就斐然。毛泽东有言：随着一个经济建设高潮的到来，一个文化建设的高潮也将到来。这句话用来概括社会相对稳定时期文化的硬件建设与整体经济的关系无疑是正确的。改革开放的第一个高潮期（农村改革：1979年～1985年）和第二个高潮期（城市改革：1985年～1992年），硬件的文化遗产普遍受到重视，例如河北省举办的“爱我中华，修我长城”活动，新的文化场所如文化馆、博物馆等开始大规模修建。

这一阶段，“实用物品的艺术化”“建筑艺术化”等新观念开始萌发，逐渐对经济发生影响。

概括这一阶段文化与经济（物质的生产与再生产）的关系也许是困难的，甚至将改革开放以来文化与经济的关系划分为三个阶段也是在相对的意义上，因为事物是经由量变到质变，事物发展虽有关节点但是一个连续的过程。不过，概括总是科学研究的需要。

从总体上说，1979年至1992年期间，文化与经济即经济学意义上的物质的生产与再生产之间的关系是间接的。也就是说，文化作为艺术形态通过“以文化人”影响社会和社会成员，又通由社会和社会成员对经济的发展发挥作用。

这一时期的政治理念对于经济在社会的稳定中相对持续的发展发挥了一定的保障作用。政治理念一旦成为民众共识就会变成自觉的行动和物质力量。中共中央“一个中心两个基本点”的政治路线，邓小平关键时刻关键的政治格言以及构成这一时期社会主义核心价值观的许多口号，都起到了这一作用。

这一时期的文化堪称民族前进的灯火，它通过传播新思想、新观念为新生产力开疆拓土。“向前看”“尊重知识尊重人才”“教育要坚持三个面向”等政治理念自不待言，其他文化建设也功不可没。“拨乱反正”时期（1976年10月～1982年党的十二大召开）及其以后的五六年间，文艺发挥着引领民族前进的灯火的作用。具体又可细分。第一，文艺推动着执政党制定政策。那时的决策，真正体现了党性与科学性与人民性的统一。第二，文艺是民众了解政治走向和中共政策的窗口。第三，文艺为建设成熟的民族心史贡献了力量，如“反思文艺”，如20世纪80年代初政治上指出毛泽东严重错误与90年代初“毛泽东热”的互补叠加效应。第四，文艺为新的社会阶层的兴起鼓与呼。新的社会阶层能否兴起和立足，是新生产力能否确立、经济新增长点能否立足的关键。改革开放初期，千万知青回城，农村实行生产责任制后涌现出大批剩余劳动力，受过不公平对待和受过惩戒的青年回归社会。新的经济政策给了这些人创业谋生的机会。但是，由于他们从事个体经营，不免要遭受当时社会的“白眼”，不少人抬不起头来。很多文艺作品因讴歌这一群体善良、互助、奋斗的一面而受到追捧，起到了为这一新的社会阶层代言的作用。

这一时期的艺术生产在计划经济的体系中运行，文化与经济在艺术生产上的交际融会带上了转型期的特色。大型艺术生产和手工艺是文化与经济（物质的生产和再生产）交际融会的特例，因为它们既是文化生产又有着物质生产的某些特征。这一时期，中国还没有确立改革以建立社会主义市场经济为目标，市场经济还处在“以市场调节为辅”即刚刚起步的阶段，文化的产业化没有开始。因此，文化与经济在大型艺术生产和手工艺中的交际融会还缺乏强劲的动力，它们交际融会的成果在国民经济中的占比是很小的。

这一时期的文化硬件建设和“实用物品艺术化”展示出文化与经济凝结成富有文化意蕴的物品的可能性和必然性。然而，由于当时尚属短缺经济时期，又处在由计划经济向市场经济转型的初级阶段，文化与经济在物品上的直接交际融会还缺乏来自消费的强有力的拉动。

综上所述，可见1979年至1992年期间文化与经济的发展显示出了二者交际融会的必然性。这个必然性从根本上说，就是生产力和生产关系、经济基础和上层建筑的矛盾运动。在肯定生产力、经济基础在社会发展中的根本作用的前提下，肯定和高度重视意识形态（文化）对生产力和经济基础的“反作用”，研究这个“反作用”的轨迹，研究文化与经济在不同历史时期交际融会的不同程度，研究不同文化形态与不同经济形态交际融会的不同特点，从中找出规律性，对于文化产业的创新发展意义重大，因而是文化产业创意学的重要课题。

文化创意是文化产品创作和生产的有创造性的构思、想法、方案和策划，是创作和生产的前期工作或工作的前期。因此，一般地说，文化创意只作用于文化产品的创作和生产上。但是，由于这种创造性思维的能动作用，决定了它在文化与经济的交际融会中的原动力的地位，这和经济基础决定上层建筑及其意识形态的历史唯物论并不矛盾。前者是从人类的物态化活动的角度立论，后者则是从人类的物化劳动的角度立论；前者是艺术的文化论，后者是事物存在发展的本体论。如果说，科学技术是第一生产力，那么，文化创意则是第一文化生产力（当然，后者不具有本体地位）。我们之所以说文化与经济的交际融会有必然性，其中就包括着文化创意对于这一交际融会的助推因素的能动性。

1979年至1992年期间文化创新繁花似锦。政治文化（即由政治理念所造就的社会文化效应，如“稳定压倒一切”并未讲具体的政策或物质利益，它在某种意义上类如格言）自不待言，移风易俗（如"情人节"的引进、清明节的法定化等）显而易见，单就文学艺术就足以让史学家目不暇接了。文化创新的繁荣说明着文化创意在文化工程中的重要引领作用：伤痕文艺、反思文艺、改革文艺、寻根文艺……其中的每一部作品无不是文艺家创新思维的凝结，无不是艺术（文化）创意的硕果。但是，研究1979年至1992年这一时期文化史便可发现，"文化创意"在文化工程中的作用并没有出现在舆论中，甚至商务印书馆2003年出版的《现代汉语词典》还没收入"创意"和"文化创意"两词。

文化创意的社会事实俱在（由心理学和今天的文化史研究所证明），而社会却视而不见，何故？原因之一，是当时的一切文化产品（即精神产品，包括政治理念）基本上都是以内容与受众对接的。内容是什么?是利益，精神的和物质的利益。政治理念所造成的文化（意识形态），价值口号所造成的文化，文艺作品所造成的文化，无不是饱含着利益的，即人们的希冀和利益期待。而内容文化和内容文艺比形式文化和形式文艺（例如山水画）所造成的意识形态其体量要大得多。1979年至1992年期间由内容文化和内容文艺所造成的一次次轰动效应，既激动着社会又通过逐渐的衰减而使整个社会安静下来归于理性。这个过程也是一个文化创意的社会实现由易到难、由隐到显的过程。在文化产品不断产生轰动效应的形势下，包裹在项目中的文化创意不管在创造项目中起了何等重要的作用也会被漠视。原因之二，是文化创意没有形成独立的观念形态。就是说，这一时期人财物投入大的艺术生产项目的成功虽然是靠文化创意的引领所取得的，但是促使这些项目成功的文化创意（构思、方案、策划）并没有成为商品，甚至没有成为社会公共产品。它虽然在生产流程中是相对独立的，但并未显示于社会，即未能实现人文价值和经济价值。原因之三，由于1979年至1992年这一时期的后期出现了文化与经济畸形的交际和融会，即所谓"文化搭台、经济唱戏"，致使所谓的"文化创意"也一并成为老板的奴婢。原因之四，是1979年至1992年这一时期我国文化的产业化进程尚未开启，文化创意的社会需求力度尚小，特别是生产文化产品赢利的压力尚小，人们大都不舍得花钱买创意（包括以养创意人才的方式买创意）。原因之三与原因之四是一个问题的两个侧面或两种表现形式。原因之五，与以上几点相联系，文化创意的重要作用还未形成社会共识，甚至还未形成文化界和经济界的共识。原因之六，是文化创意在文化与经济的直接交际融会中的重要引领作用还未显示出来。由于短缺经济时期尚未结束，经济的各个环节和人们物质生活上的各个环节对文化要素的需求还未充分显示出来，社会发展从客观上还没有对文化创意提出凝聚知识、技术、资本、内容和劳动的要求。原因之七，是文化创意人员尚未形成新的社会新阶层，文化生产领域的社会分工尚待发育。原因之八，是“创意”一词在这一阶段还没有流行起来。据有关资料，“创意”一词是这一阶段的后期自后工业国家的学术著作中译介过来的。它的初始含义是什么？当时国内学界并不清楚，更没有自己的理论建构。

1979年至1992年当然也是一个文化创意朝着取得独立形态发展的时期。前文已述，这一时期意识形态特别是文学艺术的轰动效应具有逐渐衰减的趋势。这个过程却正是文化界创新意识由自发向自觉的转变期。文人们创新创意的自觉来源于1987年左右到来的读者危机或观众危机，文学上的“寻根热”“方法热”等其实已经形不成社会思潮而是这一危机的开始了。电视艺术的崛起加重了文学的读者危机和其他艺术的观众危机，创造了电视艺术的辉煌（当然不是电视产业的辉煌），同时也延缓了文学艺术创意（文化创意的核心形态）取得独立形态地位的进程。当然，由于整个艺术门类赢得轰动效应的社会机制已不复存在，这种延缓改变不了文化创意取得独立形态地位的大趋势，因为在电视艺术中，同样存在着艺术创新不断而艺术创意不自觉、不独立这一矛盾的胚芽。与其他艺术形式所不同的是，它的生产性质和独具的电视技术特性却更迫切需要艺术创意的自觉和独立化。

处在自发状态及未取得独立形态地位的文化创意只能单向推进

而不能实现文化与经济的直接交际融会；或者说，文化与经济直接交会成产业或直接交会成物质产品则意味着文化的自觉和文化创意的自觉，意味着文化创意以一个独立的文化形态而发挥着助推和引领作用（计划经济体系下文化与经济在大型艺术生产和大型艺术品上的“交会”、文化硬件建设及“实用物品艺术化”不在此论之范畴内，因为它具有偶然性）。因此，1979至1992是文化创意的自觉和形态独立的准备阶段或曰奠基阶段。

第二节 1993年至2012年文化与经济的融合

1993年至2012年是文化创意的自觉和形态独立的起飞阶段或曰实现阶段。1993年至2012年期间的社会信息化、文化产业化和经济全球化是文化创意的自觉和形态独立最终实现的三个条件或曰三大触媒，而1992年春天邓小平视察南方谈话则是“三化”来临的重要推动力。

文化创意的自觉和形态的独立是逐渐实现的，因为“三化”是渐进的，生产力是渐进的。

如前文所述，上一阶段历史主义与伦理主义（包括政治上的各执一端，例如将社会主义与资本主义绝对对立起来、一一对立起来，连一条毛巾、一个笑声，也要问一声姓社、姓资）的激烈抵牾其趋势是衰减的。这种衰减导致了社会的平静。1989年至1992年期间的“毛泽东热”，可以说是新时期最后一个社会思潮。自此，带有意识形态全局性、牵扯到各个社会阶层的文化风波不复再现。改革一步步扩展和深化，开放走向纵深，法制日渐推进，改变命运再也不需要问卜于一部文艺作品，而只需要脚踏实地干起来。以上是信息化社会的第一个特征。作为文化的中心形态，标志着与利害直接挂钩的文艺轰动效应失却了。至新世纪“两微一端”盛行，文艺的劝善功能和审美功能锐减（从接受上看），虚构功能出现危机（互联网和融媒体以超现实的巨大力量供应海量信息）。以上是信息化社会的第二个特征。信息与媒体的关系高度异化，媒体由传播信息的工具转变成制造信息的实体，与此相联系，躲避信息、规避不良信息和选纳有益信息成了社会成员生活之必需。以上是信息化社会的第三个特征。

随着社会的发展，信息化社会的以上三个特征逐渐显露，至2012年“三网融合”后，中国已完全进入了信息化社会（这里的“信息”取自然语义，“信息化社会”是取文化语义，不是“工业信息化”的语义）。在1993年至2012年期间，文化创意也完成了由自发向自觉、由掩蔽在文化项目内到形态独立的转变。社会的信息化使信息难以占据人们的心灵，文化价值取向的多元使人们的思想难以统一，曾经神奇的不再神奇，曾经激动的难以激动，政治上的与现实紧密相联的“摸着石头过河”让位于文化创意意义上的“顶层设计”，精神文明建设比历史上任何一个阶段都更加紧要，口号不起作用（让位于抓实抓小），经验难以复制。文艺方面，网络小说以亚艺术的品质、碎片化的阅读以及互动的接受方式大受追捧；为打消受众对假信息顾虑，1993年纸介文学的“纪实”发展到了“非虚构”，从“两微一端”出现到“网剧”“微电影”出现相距不过数天；“用皮肤写作”“用身份写作”（书名前加名人作序、加光荣简历、加照片）“玩儿技术”已成时尚；高台教化和主旋律一再被官方所强调；冯小刚电影的暴赚与整个电影业的惨赔纠结在一起；一个创意救活一个电视台的事例已不鲜见。所有这些正面、负面或中性的文化事实都说明，文化创意已经被社会高度重视并且已经成为独立于文化项目的工作了。从1993年出现“作家下海潮”和“职业作家”到2012年前后网络作家、“人人都是作家”（自媒体的运用）这些文化现象的接踵而至，都说明以接受（粉丝数）为圭臬的创新已经成为文艺家工作的第一考量，都说明这一群体同时也是一个文化创意家群体。社会信息化（特别是融媒体时代）加速了艺术与亚艺术（文化）之间的相互转化，加速了各种艺术形式的相互转化。以上这两个转化都需要独立的文化创意工作。因此，社会的信息化通过推动以上两个转化推动了文化创意的自觉化和形态的独立化。

综上所述，可见信息化社会恰是一个需要强力灌输的社会。因此，社会的信息化是文化创意实现自觉和形态独立的必要条件之一。"不可能"与"不必要"是一个问题。信息化社会到来之前，文化创意不可能自觉也没必要自觉，因为文化创意很容易得到社会化实现（"人同此心，心同此理"）；不可能有独立形态，也没必要独立，因为文化创意不需要专门去干、专人去干。

文化产业的兴起和文化产业化趋势使文化创意的自觉和形态的独立成为历史的必然。

随着邓小平1992年春视察南方谈话的贯彻，中国新一轮改革开放大潮涌起。1993年可以说是中国文化产业的起点。这一年文稿拍卖兴起。文稿拍卖冲击了稿酬制度，开启了文稿议价之门，突出了知识产权的重要性。所谓"文化产业"，就是在现代市场经济体系中，将文化产品这一精神产品作为商品进行生产和交换的产业。它的第一个需要是有一个宏观的市场经济环境，1992年中共十四大确立了建立社会主义市场经济这一改革的总体目标，市场经济的步伐大大加快；第二需要制度转型，即以市场经济和文化的新法规代替旧法规；第三需要产业形态的出现和发展。这一年，央视以350万元人民币的高价买下了电视剧《爱你没商量》的首播权，这是电视剧第一次作为商品按照它所包含的社会必要劳动量（价值量）而进行的相互交换。作为大型综合艺术和这一时代的新兴艺术，作为艺术生产的产物，电视剧与市场的成功对接对电视剧行业内部的市场化及整体的文化产业化的促进意义是不言而喻的。

文稿拍卖和电视剧走向市场这两个标志性的文化事件促进和引领着文化的全面市场化、产业化。

文化产业业态全面发育。至2012年，文学和网络文学、演出、广播、出版、广告、电视、互联网、动漫、游戏、电影、会展、教育培训、旅游、设计服务业等十四个文化产业业态形成（参见《中国文化产业年度发展报告》各卷）。全面市场化促进了文化创意社会需求的急剧膨胀，它是文化创意自觉和独立的一大触媒。

以最小的投入、最经济的支出赚取最大经济效益是从事文化产业的原则。这一原则促使文化创意不但必须走向自觉和形态独立，而且在实施上也必须超前化。类似于科研成果之于物质生产二者关系的文化创意之于文化生产的关系由此确立，观念形态的文化创意具备了市场价格和实现价值的客观要求。类似于科研转化为现实生产力所需的中试和孵化也成了文化创意转化为文化生产的必需环节。

一些难以以出售成果的方式与市场对接的艺术品种和项目在文化产业化的大趋势下也能赢得一定的经济回报，例如交响乐、地方戏曲和不少主旋律文艺项目。如何不通过销售量获得经济利益，这本身就是文化产业方面的文化创意，取得公益资助和社会赞助就是两大创意方向。在利益的驱动下，文化创意在这方面会得到迅速成长。

创意能挣钱，搞创意的人自然会越来越多。新的行业造就新的社会阶层。好创意能使产品挣钱，人们会把大部分精力放在前期创意上，文化创意家与各文化专门家一身二任的情况成为常态。一个新的社会阶层兴起了，新时代的文化人都成了创意人，文化创意，当然由自发走向了自觉，获得了独立的形态。

文化产业化使艺术形态发生剧变。网络文学、IP业本质上就是产业性文化形态。非现实艺术品种纷纷进入了博物馆。文化生产部门迅速增长与迅速倒闭成为1993年至2012年一大文化景观。形式主义、技术至上倾向难以遏止。写什么、画什么、拍什么的重要性远远超过怎样写、怎样画与怎样拍，而前者属于文化创意。如何迁就“粉丝”，如何钩沉失却现实艺术品格的艺术品种，如何维持文化生产部门的生存，如何使形式与内容、艺术与技术相融合，也都成了文化创意的工作范畴。文化创意在文化产业化的催动下“外化”日渐明显。

黑格尔认为，恶是历史发展的动力。其实，他本末倒置了，是历史发展难以避免恶的产生。文化的产业化刺激着恶的创意如罂粟之花一度疯长，今日虽衰不死。1993年至2012年期间全国有多少文科论文和医学论文是民间“包装公司”代抄代印的？又有多少人凭这些论文获得了学位和职称？恐怕数字惊人。有多少报刊是靠搞“批评报道”（实则敲诈）生存的？又有多少人生存在这个“产业”中，恐怕难以计数。这些诈骗招数当然也是文化创意，这些现象当然也是文化创意由自发到自觉、由掩映在项目中到获得独立形态的标志。建立文化创意学的重要目的之一，就是消除这些不良创意及其存在的基础。

在文化产业蓬勃发展的形势下，文化创意学应运而生。“历史从哪里开始，思想进程也应当从哪里开始，而思想进程的进一步发展不过是历史进程在抽象的、理论上前后一贯的形式上的反映；这种反映是经过修正的，然而是按照现实的历史过程本身的规律修正的，这时，每一个要素可以在它完全成熟而具有典范形式的发展点上加以考察。”（恩格斯：《卡尔·马克思〈政治经济学批判〉》，《马克思恩格斯选集》第二卷，人民出版社1972年版，第122页）“应然”基于“实然”，“文化产业创意学”的体系构建之所以可能，主要在于2002年中共十六大将文化产业写入发展战略后文化产业迅速发展的现实使文化创意在社会生活中突出了出来。

经济全球化即世界统一市场的推进。自1993年中国新一轮改革开放大潮涌起，中国融入世界经济的步伐大大加快，至2001年加入世贸组织，中国经济与世界经济的关系已十分密切。这一进程也是文化产品输进来与走出去加速的进程。1993至2012期间，中国人感受最深的是“美国大片”和“韩剧”（电视剧）以及“韩流”（韩国舞台艺术及其他亚艺术）的输入。文化产品与物品不同，它是携带着价值观和生活方式的，文化市场的竞争因此较物质市场的竞争更加激烈，文化市场竞争的得势或失势在经济上得或失的同时也意味着文化上的覆盖（他人）或被覆盖。同一时期，中国文化产品以商品形式走出去的课题日益严峻。在经济全球化的压力下，文化创意（文学艺术形态以外的文化创意）、文学艺术创意和文化产业创意日益为社会所重视。

在文化创意由自发向自觉、由被掩映到获取独立形态的进程中，社会信息化、文化产业化和经济全球化的助推是综合发力的。一方面，“三化”刺激着文化产品生产的积极性；另一方面，文化产品的堆积（波普尔：世界三）又造成文化接受（消费）上的选择性的扩大。这两个向量导致文化创意的自觉和形态的独立成为历史的必然。

总括起来，文化创意的自觉和形态独立有以下几方面的含义：第一，从文学艺术的构思到大型文化产业项目的选项和营销方案，文化创意已经观念形态化。拿较为特殊的文学艺术的构思来说吧，它本来是创作个体整个创作心理的一部分。然而，如今的文艺评论已有了给文艺家“出主意”“拓思路”的功能和预测写什么、拍什么的功能，通由电视和互联网的互动性而开辟的创作的互动性使得创作成为一个创意社会化实现的活动。第二，创意的大众化与创意的专家化的并存、大众创意的自我实现与专家创意的寻租、寻购构成文化创意独立自存的显文化态。第三，文化创意家新阶层的出现与文化创意成为文化人主要工作宣告了新的伟大的社会分工的实现。第四，学习文化创意实践和研究文化创意学已成社会事实。

在1979年至1992年阶段，文化创意以其创意者非自觉的心理状态和与文化项目的高度融合来推动文化与经济的融合；在1993年至2012年阶段，文化创意则以走向自觉、与文化项目的分离独立来推动文化与经济的融合。

文化产业是1993年至2012年阶段文化与经济进一步融合的硕果。文化产业生产精神产品，但它融进了物质生产的要素，这一要素将价值规律带进了文化产业。定义文化产业有一个“在现代市场经济体系中”，就基于这一点。文化生产走向产业化，实质就是文化产品的各个要素商品化，文化产品按价值规律进行生产和交换。从这个意义说，没有1979年至1992年的改革开放建立市场经济的基础，没有1993新一轮改革开放大潮，就没有文化产业。物质的生产和再生产（经济）是自1993年至2012年文化与经济融合产生文化产业的原动力。这个原动力催生了文化产业，文化产业的发展又促进了行业分工，推动了文化创意的自觉和形态的独立。然而，辩证地看，文化创意的自觉和形态独立不但是文化产业化的客观要求和必然结果，又反过来推动着文化产业的健康发展进而带动相关物质产业的发展，推动文化经济的一体化。这一时期，文化创意对文化产业的引领由以市场（受众）为导向（在法规的允许下）到以社会主义核心价值观的灌输为导向，由迎合受众到引导受众，经历了一个由自发到自觉的过程。文化创意实现的社会化和使用上的有偿化，有力地推动了文化创意家队伍的壮大和知识产权的保护，这对于文化产业的健康发展具有重大的意义。

1993年至2012年期间，电视产业作为重要的文化产业业态获得了长足的成长。它在这一期间的发展过程，是电视艺术创意与电视文化创意自觉和形态独立的过程。在1979年至1992年阶段，电视艺术创意尚包裹在电视艺术的项目之中，尚未将艺术创意延伸至电视文化创意，电视的技术特性和传播特性尚未充分开发出来（甚至此阶段学界还将荧屏与银幕的大小来论电视艺术与电影的区别）。而在电视产业化进程中，一方面，通过制播分离、“上星”等一系列改革（在技术允许之前提下），电视艺术创意和文化创意得到了高度的自觉和充分的独立，电视产业在文化产业诸业态中率先形成了创意的专业队伍；另一方面，在文化创意的引领下，电视的软广告和硬广告功能及互动功能得以充分发挥，从而有力地促进了经济的发展。

1993年至2012年期间，网络传媒飞速发展。中国自1995年互联网向公众开放接入服务。至2000年，网络传媒信息服务功能充分发挥，开始大规模有效提供信息产品。2010年起国家实施“三网融合”，互联网遂成为传媒的“龙头”，网络文化开始覆盖电视文化。自2000年至2012年，网络传媒增加了“艺术的物质载体”这一重要的功能，因为它能够承载以往所有艺术形式或曰将以往所有艺术形式网络化（原则上说，电影离开了影院就不再是电影，戏剧离开了剧院就不再是戏剧）。网络小说可以说是1998年（痞子蔡发表第一篇网络小说《第一次的亲密接触》）至2012年期间一朵网络文艺的奇葩。网络小说之所以值得深入研究，是因为它将艺术的产业化和网络传媒的互动功能发挥到了极致。文化创意的自觉和形态的独立在网络小说创作接受机制上的表现为：第一，社会海量信息成为小说写手的创作源，这使他们有条件当“宅男宅女”而不用“深入生活”。这样的作品大多抽调了典型环境，导致想象失重。因此，网络写手中鲜见现实主义手法的。第二，创作与接受的高互动性使人人都成了创意家。受众并不写作，但创意不少。纸介媒体创作当然也有这种互动，例如一本小说再版时作修改等，但在力度上难以与网络小说创作机制中的互动相提并论。

文化产业化，特别是电视媒体产业化和以互联网为龙头的融媒体的产业化，是1993年至2012年期间引领整个社会发展变化的重大文化事件。它促进了文化与经济的进一步交际融合：文化产业本就是知识、技术、劳动、内容以生产精神产品为目的的物态化；媒体是媒介的物化，电视媒体和互联网媒体是物质建设，它是文化之物质载体的延伸，同时又直接为经济服务（“物联网”）。文化产业化，特别是电视媒体和以互联网为龙头的融媒体的产业化使文化创意特别是文化产业创意彻底完成了由自发向自觉的转化并实现了形态的独立；反过来，转化为自觉意识和独立文化形态的文化创意特别是文化产业创意必然向文化产业强有力地寻租、寻购，从而引领和助推文化产业的发展。

第三节　2012年后“文化创意+”的全面作用

1979年至1992年阶段“一个中心，两个基本点”的成功贯彻，实际就是文化与经济的特殊的交际融合。就是说，“两个基本点”的互动、反馈和合力，造成了强大的意识形态（文化），它以稳定社会的功能推动着经济（物质的生产与再生产）在波折中不断前进。至这一阶段的后期，“文化搭台、经济唱戏”甚嚣尘上，资本由租购文化产品发展到生产和营销文化产品，艺术的文化化（亚艺术化）直接文化的产业化。在价值多元、意识形态弱化这一大背景下，文化与经济大步走向交际和融合，终于产生了一个新业态——文化产业。这一历程说明，文化与经济的交际融合是必然的。如果说文化与经济的交际融合是展开（实践）的人类社会心理的画卷，那么，知情意合一便是浓缩的人的心理学。文化创意也必然随着这一交际融合的深入而被突出出来，如同科技必将随物质生产的深入而终将被突出出来一样。在主体一方，它是人文化创新的自醒与自觉；在客体一方，它是文化形态的自立。

我们把文化创意的自觉和形态独立概括为“文化创意＋”。

“文化创意＋”概括的是它必须成为文化产业健康发展的引导力量。文化产业经过1993年至2017年二十多年的发展，优秀项目层出不穷，产业布局基本完成，体量不断增大，从业人员与日俱增。但另一方面，文化产业的发展又面临一些问题：不良文化创意屡屡得逞、市场发育不良、知识产权保护乏力、不少业态止步不前、优秀文化产业创意难以与资本相结合。正反两方面告诉社会，发展文化产业必须抑制资本的负面作用，绝对不能由资本“任性”引领，而必须实现文化创意的引领。

“文化创意＋”反映的是文化创意社会实现的艰难性、迫切性和主动性。文化创意的社会实现，指的是在社会分工基础上，文化创意成果与资本的结合即等价交换，这需要强力保护知识产权，需要资本持有者转变观念，需要政府帮助中试和孵化。因此，文化创意的社会实现十分艰难。文化创意实现的社会机制长期建立不起来，跃跃欲试的投资人长期不能进入文化产业，文化创意家的劳动成果长期得不到回报，就会严重制约文化产业和文化事业的发展。因此，促进文化创意社会实现的任务十分紧迫。到哪里寻找完成这一任务的动力？文化创意家是第一动力。许多论者积习难改，将担负文化创意社会实践的任务像负担别的任务一样推给政府，这是在重复犯同样的错误，是学界的通病。这样立论，是把“政府”视为一个不食人间烟火的永动机，这是解决不了任何问题的。不管是作为一个构思、一个点子，还是作为一个方案、顶层设计和路线图，文化创意的任何内容都有着完成项目的逻辑力量，或者一般表现为同一心理过程的前后相继，或者一般表现为创意人同一目的的不同历程。因此，文化创意家是文化创意实现的第一推动力。将文化创意的自觉化和社会实现以“文化创意＋”来概括，就是因为它的内容包含着这种主动性、能动性。

提出“文化创意＋”，旨在通过文化创意这一物态化活动所固有的能动性和劳动者（创意家）的主动性，助推和引领知识、技术、劳动、内容和资本等生产要素在产业中的凝聚，以求得各项产业的健康发展，求得文化与经济的进一步融合发展。

“文化创意＋”作用于文化产业适得其时。经过二十多年的发展，资本在文化产业中的正反两方面作用已被社会所充分认识，资本向文化创意寻租、寻购的趋势正在发展，这有利于二者的交际融合实现文化创意对资本的引领和规范。

十几年来，在文化与经济加速融合的经济社会发展背景下，“文化创意＋”遇到了理论上的很大干扰。

第一，是“文化创意产业”的流行。学界将“创意产业”“创意经济”等名词译介进来，不考虑它产生的背景和条件，拼成了“文化创意产业”这一概念。这一提法是十分不妥的。这是因为，文化产业不是天生的“创意产业”，不带有天然的创新性。文化创意是独立于产业之外的，“文化创意”不是产业。这一提法“深入人心”，必将对将“文化创意”提升为自觉造成阻碍。事实上，这种阻碍已经发生了。

第二，是将“文化创意产业”“创意产业”和“创意经济”之类内涵与外延十分含混的概念代替“文化产业”概念的主张。这种主张生吞活剥地套用后工业化国家某些学者的用语，认为“创意产业”是文化产业发展到新阶段的产物，从文化产业走向文化创意产业，首先，是我国经济调整结构，通过创意改变和提升低端制造业的需要；其次，也是我国文化产业自身旅游观光等初级形态向数字化、网络化、移动化的文化科技一体化升级换代的必然结果。这些从根本上抹杀文化产业本质特征的言论由于主张者的巨大的话语权而广泛流布，造成了理论上的混乱和“文化创意＋”实现上的阻碍。

可喜的是，有识之士的正确主张越来越受到重视。自2015年起，《中国文化产业发展年度报告》开始编入“文化创意和设计服务业”，将其置于十四个文化产业业态之中。这里虽然仍沿用与“文化创意产业”类似的用语，但由于将这一现实存在的业态置于文化产业之下，逻辑上已理顺了。王永章等学者也一再批评“文化创意产业”的概念。他认为，由于“文化创意产业”与我国所要发展的文化产业在目标、性质、侧重点等方面有所不同，内容基本上是重叠的，且与我国所倡导的自主创新也不完全一致，在这种情况下，再模仿英国提出“文化创意产业”的概念，既不符合我国国情，也不利于政府部门的统一管理。事实上，这一提法已经在统计方面引起混乱，在媒体宣传上也不断地出现了语言逻辑前后矛盾的现象。抑制“文化创意产业”的意识泛滥，批评将什么“创意产业”（关键是这一提法的内涵和外延）代替“文化产业”，意在为“文化创意”固本。文化产业不是物质产业而是生产文化产品（精神产品）的产业，这一点必须坚持。不坚持，不仅不利于政府管理、引起统计混乱和在宣传上出现语言逻辑前后矛盾，还会使“文化创意+”在文化产业上找不到作用点或找错作用点，从而影响我国文化产业的健康发展。

“文化创意+”作用于文化产业，“两个效益”的统一必然成为第一创意方向。在现在的社会机制中，文化创意事业必会得到大发展。文化创意的自由发展，必然会清除或覆盖不良文化创意，进而推动“两个效益”的统一。这是由“文化创意”自身所具有的真善美通由实践在主体中实现合一的特性所决定的。优秀文化创意的社会实现率提升了，两个效益双丰收的创意多了，只顾经济效益不顾社会效果的创意的社会实现率就会降低。

“文化创意+”内含文化创意向政府和资本强烈寻租、寻购的意义。在资本和其他文化生产要素日渐尊重文化创意的社会氛围中，文化创意家也应加大向政府（公益）和资本寻租、寻购的力度。同时，文化创意家也应将文化创意的社会效果放在第一位，优秀的文创成果不妨放弃一些经济上的利益，以利于使其尽快转化为文化产品滋补社会。

文化艺术的生产（文化产业）自然会带动它的物质载体及其延长线上的物质的生产，例如摄影艺术之于照相机生产，电影、电视艺术之于摄像机、电视机、照明设备、道具服装化妆品的生产，等等。但是，文化创意＋内含清晰的文化产业的生产目的，这就是生产满足人们精神需求的文化产品。“文化创意＋”自身排斥形式大于内容、技术统治和淹没艺术。要通过“文化创意＋”，使文学艺术生产对它的物质载体及其衍生物生产的带动的自然化。也就是说，要根据艺术的需要选择适当的技术手段。这一点，与依据技术和物质条件的可能创造新艺术并不矛盾。一些电视综艺节目一度出现技术统治和淹没艺术的倾向，经反拨后进入了正确的轨道。“文化创意＋”促进文化与经济交际融合的功能在此点上当然有效，但交际融合的目的是生产精神产品，物质产品只是它的副产品。

“文化创意＋”作用于文化产业，尚含有抵御“物质建设＋”之能动作用。“文化创意＋”强调文化产业生产的目的是生产精神产品，强调对文化产业的统摄和引领，在于“物质建设＋”的倒操作对文化产业的健康发展有着极大的破坏作用。不少地方政府在“促进文化与经济融合发展”和“发展文化产业”的口号下，把乐器、电脑、印刷品、照相机、教育用品等的生产归入文化产品的生产，将相关产业纳入文化产业进行统计，甚至以搞运动的方式、大力度公益赞助的方式和文产启动资金的赞助方式推动这类物品的生产和相关产业的发展。这里当然不是说促进这些东西的生产和促进相关产业的发展不对（至于物质生产上的“按比例”是另一个话题），而是说以这些代替文化产品代替文化产业不对。用“物质＋”方式倒推文化产业的方式则更加有害。在动漫、影视、旅游等业态中，在“文化园”“文化创意园”等文化产业机构机制的建设中，“物质＋”工作模式相当普遍。有些人一提到搞动漫就是买电脑、盖房子、培养机上操作人员，一提到搞旅游就是建硬件设施，一提到“文化园”“文化创意园”建设就是大兴土木。这样做，因为离开了它们属于文化产业的原则，违背了文化产业应以“文化创意＋”引领和统摄的原则，失败是在所难免的。至于这样做能否促进文化与经济的融合发展，回答也是否定的。首先这里边没有什么“文化”可言，其次，由于许多物质产品是生产精神产品的定向性很强的物品，这些产品的供应过剩和相关产业的产能过剩都在所难免。一些学者多年来用“文化创意产业”的概念代替“文化产业”的概念，其要害不在于称谓上准确与否，而在于前者将文化产品业态如影视等纳入了，同时又把演出、教育培训等业态排除掉；被纳入“文化创意产业”的业态被抹掉了生产精神产品这一本质。“文化创意产业”提法的长期流布，淹没了文化和创意，淹没了“文化创意＋”。

自2012年起，中国经济发展进入了“新常态”。在这一社会条件下，“文化创意＋”的作用范围大大拓展了。

“文化创意＋”作用于社会生活领域，从而间接地为文化与经济的交际融合服务。文化创意与文学艺术之外的文化形态的结合，“仿佛是向过去回归”，带上了1979年至1992年阶段二者结合的某些特征。其共同点是，第一，这一结合不断升华为艺术，河北省唐山市的舞蹈“俏夕阳”等一系列民俗和“非遗”的艺术化均属此类。这与1979年至1992年阶段“伤痕文艺”“改革文艺”“毛泽东热”等文化思潮与文学艺术的关系如出一辙。第二，这种“群众文化”虽失却了政治性思潮的品性，但仍带有流行性。第三，它作用于生产力主体，间接地以文化形态助推经济（物质的生产和再生产）的发展。

与1979年至1992年阶段文化创意与文化形态结合的区别在于，第一，文化创意已由自发上升为自觉，由掩映在文化项目之中到获得了形态上的独立。也就是说，一方面，搞文化创意已有专门群体，出售文化创意成果者已不鲜见；另一方面，为发展群众文化和自娱自乐购买文化创意（包括花钱请人指导）已成习惯。第二，它的“意识形态指向”或曰“观念性”大大减弱，1979年至1992年阶段历史主义与伦理主义激烈抵牾的状况不复再现。

中国经济发展进入“新常态”为“文化创意+”直接作用于物质生产创造了条件。“文化创意+”直接作用于物质生产，实际是“文化创意+”科技研发形成产品和“文化创意+”工程设计形成个性化人文化服务。这项产业被2015年（含该年度）以后的《中国文化产业年度发展报告》以“文化创意与设计服务业”为名补入文化产业业态。被补入的事实说明，这项产业是新兴的。

所谓“文化创意与设计服务业”的兴起是有条件的。条件之一，是经济社会发展进入后工业化社会。我国经济体量巨大，虽然整个国家尚未进入后工业化，但“龙头”已经进入。它的突出特征，就是在高新技术产业迅速发展的同时，一般物质生产特别是民生物品的生产大大强化了市场需求导向，而市场需求已与短缺经济时代发生了质的变化：物质极大丰富、出现了买方市场、部分产品产能过剩。这意味着，物质需求中文化元素的需求大大增加了。这当然就给文化创意直接作用于物质产品的生产创造了条件。条件之二，是“文化创意+”的形成。与“文化创意+”作用于文化产业的各个业态不同，文化创意+科技研发生产的虽然是物质产品或物质性的设计服务，但产品的使用价值却是物质性与文化性的合一。如果从物质基本满足基点上看这类产品，其物质性使用价值不过是精神性使用价值的一个载体。因此，《中国文化产业发展年度报告》将所谓“文化创意与设计服务业”列入文化产业诸业态中固然是可以的，但也可以将其列入物质产业的诸业态之中。在物质的消费环节和设计服务内容的消费环节体现出文化意蕴并不容易，它既不是外在于物质生产和消费的“文化搭台、经济唱戏”，也不是“文化搭台、科技研发唱戏”，而是文化创意与科技研发在产品形成上的交际融会。具体到二者的凝结过程，有的是文化创意引领科技研发，有的是后者引领前者。从总体上说，是文化创意引领科技研发。做个未必精到的比喻，就是文化创意是“大胆假设”，科技研发是“小心求证”。这是因为，所谓“文化创意和设计服务业”的产品并非高新技术产品；消费者的购买欲望，一般不是由其实用性而引起，而是由其文化品性所引起。由于“科技研发”并非是产生文化（与“科技文化”并不矛盾）的行为，所以，文化创意必须向物质生产寻租、寻购或后者向前者寻租、寻购（当然，文化创意家和科技工作者“一身二任”也属此列）。

“文化创意＋”作用于物质生产和设计服务，文化与经济的融合发展体现在具体的物质生产和设计服务上，是经济社会发展的必然趋势。饮食不为充饥而成为美食，服装不为调节冷热而成为装饰，异地食宿不为出差而成为旅游，终将成为现实。然而，这一进程通由生产力的发展而显出它的阶段性，“文化创意＋”因此也显出其作用的阶段性。在不同阶段上，“文化创意＋”在助推文化与经济交际融合的着力点不一样；在同一阶段上，“文化创意＋”因着力点的不同而决定着文化与经济交际融合的形态的不同。经济发展进入2012年后的新常态，以作用于直接物质生产为标志，“文化创意＋”已显示出对经济社会全面施加影响的新态势。因此，操作“文化创意＋”是否得当，已经成为能否有效助推文化与经济融合发展的关键。

应该注意的问题有以下几方面：

一、必须明确，文化创意本身是观念形态，不是产业业态。它是文化产品创作的构思、灵感，是文化产业的设计、策划；一般地说，它也不是直接的文化产品。人名、广告语、标语口号等文化产品有时被直接称之为“文化创意”，是因为从文化创意到成品是同一创作主体的连续性心理过程，其实在成品产生之前是有“草稿”的。经过三十多年的社会变革和经济文化的发展，文化创意已经成为自觉的独立的观念形态。扎实推进这一观念形态的发展，大力培养文化创意人才，大力推进文化创意的社会实现，大力倡导文化创意对文化产业的引领，是学界的重要责任。

二、马克思说：“人是按照美的尺度生产的。”进入后工业化社会的今天，“文化创意＋”的作用范围确实扩展到了全部社会生活和相当多的产业业态。因此，“文化创意＋”的提出是适时的。但是，要适度使用“文化创意＋”。第一，“文化创意＋”的提倡不能压过提倡科技是第一生产力，“文化创意＋”不能代替科技研发。文化创意引领文化产业并对物质生产发生影响，不是“知识经济”的主要内容。“知识经济”的主要内容必须是“科技是第一生产力”，这样的认识才有利于经济社会的全面发展。“寻常一样窗前月，才有梅花便不同”，“文化创意＋”虽然重要，但在物质生产中只是一朵梅花而已。第二，不能代替抓产品质量。第三，应停止使用“文化创意产业”之类的用语。这个用语不顾“水土不服”在20年前便从国外译介过来，经以讹传讹，在很大程度上覆盖了“文化产业”的提法，淹没了“文化创意”，在实践上起到了迟滞文化创意自觉和独立的作用。以前，这一提法代替“文化产业”是错误的，现在又企图将其贯彻到一切产业业态，更会造成不良后果。

三、软广告和硬广告是文化产业的重要业态。广告与经济相结合（商业广告）是一种特殊的“文化创意＋”。但是，物质产业不是什么“文化创意产业”和“创意经济”，研发和质量永远是物质产业的主臬。所有的物质产业应把投入的重心放在产品的研发和产品质量的提高上，而不应该放在文化包装上。遗憾的是，这种文化包装并不鲜见。一些厂商由宣传产品质量已经转到了宣传老板道德方面去了。其实，广告宣传上的“文化创意＋”，应该将社会主义核心价值观加之于上。

四、不要把“文化创意＋”到处乱套。跟风是社会的一大弊端。文化热了，到处乱提文化。“文化创意＋”反映的是文化创意社会实现的艰难历程，它喻示着需要文化创意家、投资人和政府的艰辛努力，不是喊喊口号、乱贴标签就能实现的事情。投资领域由物质向文化产业的产业扩张或由文化产业向物质产业的产业扩张，算不上什么“文化＋”，更不属于“文化创意＋”，因为这一事实构不成文化与经济的交际融合。口号化或政治表态化地对待“文化创意＋”，乱贴标签式地对待“文化创意＋”，只能是将这一推动经济社会全面发展的工程泡沫化。

第五章　创意方向：实践需求

如同物质生产需要生产资料一样，文化建设也需要原材料，它构成文化产业创意的基础。从根本上说，文化建设的原材料是社会生活，但社会意识形态（也以个人意识的形式存在）也是构成新的文化产品的重要元素。

马克思在《路易·波拿巴的雾月十八日》中讲了这样一个历史唯物论的道理：“人们自己创造自己的历史，但是他们并不是随心所欲地创造，并不是在他们自己选定的条件下创造，而是在直接碰到的、既定的、从过去继承下来的条件下创造。一切已死的先辈们的传统，像梦魔一样纠缠着活人的头脑。当人们好像只是在忙于改造自己和周围的事物并创造前所未闻的事物时，恰好在这种革命危机时代，他们战战兢兢地请出亡灵来给他们以帮助……”（《马克思恩格斯选集》第一卷，人民出版社1972年版，第603页）马克思这段话有两重意思：一是说思想文化遗产（社会意识形态）是人们改造社会的实践需求，二是说不管你愿意与否，也不管你对特定的思想文化遗产是肯定还是否定，它总是要对人们的具体实践发挥助推或阻滞的作用。这意味着，当思想资料和文化遗产因实践之需而进行创造性转化时（文化产品创作、生产），自然带上某种“主动性”。从这一点看，文化产品生产的“原料”与物质生产的生产资料在各自生产体系中的地位和作用又大不相同。

一方面，思想文化遗产总是必然地进入大众的生活，成为他们文化创造的习惯性抓手；另一方面，社会实践对思想文化遗产的需求又有强烈的选择性，这决定文化创意学必须对大众文化创意进行科学的导引，而这种导引又宜于从人们“直接碰到的”思想文化资料入手，顺着人们文化吸纳的方式因势利导。

第一节　文化符号的产业化展开

符号就是标记、记号。符号是人类的集体记忆，因而具有文化的属性。文化符号是精神文明和物质文明具体事实的象征或抽象。进入工业化社会，非艺术的文化产品（文化活动）的创造和接受（参与）大多从既定的文化符号出发，表现为文化符号的现实展开。将这种必然的文化现象提升为文化工作者的主动欲求，探索健康的文化符号的展开方式和途径，是文化创意学的重要课题。

此项产业创意和操作要遵守以下准则：第一，只有符合社会主义核心价值观、知名度高的文化符号才能选为产业化的对象。切忌省县乡层层选“自己的”文化符号用以产业化。第二，原则上说，就像一直使用着的灯泡需要擦拭一样，任何用于展开的文化符号都要重新堆垒。第三，从理论上说，越好的艺术品就越有商业价值，但其商业价值是潜在的，需要进行商业模式化。在文化市场化、产业化的体系下，任何所谓“文化符号的展开”，毫无例外地属于从非产业化到产业化的操作。杨丽萍的大型歌舞《云南映像》《雀之冬》，都是商业模式化很成功的典型。杨丽萍节目的制作人在云南卫视的一档节目中说，他看重的是“杨丽萍”品牌的未来价值。

一、文化符号的特征及形成原因

文化符号具有文化事实的一般特征。文化符号具有象征性，但它不是以某种具体事物代表某种特殊的意义，而是以标记、记号等代表某种特殊的意义或事物的全部丰富性。现代汉语的标点代表语言的具体的逻辑意义、语法意义和修辞意义；《红楼梦》代表文学作品及其特定的题材、体裁和艺术水平。这些文化符号及其所代表的含义都在不同的特定范围内有知名度且绵延了相当长的历史。文化符号具有知名度上的差异性。有的文化符号影响面较大，跨出了专业领域和国度，跨越了不同的历史时期和年龄段，有的文化符号的影响面则只限于某一特定专业群体和特定的年龄段。人们常说的“名人”，作为文化符号都有对特定区域、专业群、年龄段的依存性。体育场上裁判的手势也是一种文化符号，它的含义一般为专业人士更熟悉。一个文化符号作为文化事实存活的时间越长，跨越的民族面阶级面越大，说明它所代表的某种特殊意义的接受面越大。

决定文化符号的影响面大小的原因很多，有它所代表的内容和意义上的政治的、经济的、宗教的、文化的原因，也有符号自身的形式上的原因。例如，一个人的名字不好读、易误读，或者重名多、不易写，必然会影响他的知名度。文化符号不都具有可感性，有的文化符号只是一个概念。在文化创意学体系中，“文化符号”中的“符号”只是个借用，因文化符号具有符号的某些特征而为之。不是所有的概念都可无条件地充当文化符号，只有它所代表的特殊意义与其固定关系为特定人群所耳熟能详才能成为事实上的文化符号。有些构成文化符号的概念虽然无感但是“有知”，即特定人群或特定个人每当提起或忆起，会或多或少知其所“喻”意。有些构成文化符号的概念虽然没有直接的感官感受，但因特定概念的内容上的记忆印痕会“直观”它所代表的事物，或以“人云亦云”的形式保留着对它的印记。文化符号具有历史的传承性。重要的文化符号不仅对它形成的时代有影响，还会传承下去，成为一种文化传统，例如中国的春节、清明节、中秋节等节庆，文学四大名著，造字的仓颉、钻木取火的燧人、移山的愚公，等等。文化符号具有超越阶级、民族、国度的延展性。红十字、长城、美国自由女神像、纳粹的标志等，都在它所产生的阶级、民族和国度之外为人所熟知。文化符号是一种意识形态，具有意识形态所具有的一切共性。

按感知形式分，文化符号可分为可感知与不可感知两种类型。可感知类按其形态分，可分为抽象图形、物及物的物理属性等类型。“五一国际劳动节”“春节”、人和物的名字等，虽然其内容亦为活生生的事实，但它以概念的形式而成为文化符号，故属于不可感知类。物理属性构成文化符号的前提，一是稳定性，即在一个相对长的历史时期内具有象征对象的不变性。二是要有规定情境。中国国民党的文化符号是蓝，但并非依附于任何物品上的蓝色都构成这一符号意义，而只有依附于旗帜等特殊物品上的蓝色才具有这一符号意义，或者以出现在政治场合为依托。台湾地区的民进党的文化符号是绿，绿色成为文化符号的道理与蓝色一样。在大陆，红色象征革命，红色构成革命这一符号意义的前提也与蓝、绿一样。

文化符号按其所象征或概括的内容分，可分为实有的事物和虚构的事物。实有的事，例如节庆、历史事件、现实事件等；实有的物及物的属性，如名字（包括人名、地名、单位名、动植物名等）、色彩、物体名（包括长城等）。虚构的事物即传奇、传说、神话、歌谣及其他后世所生的一切文学艺术形式中的事物。

显然，现实的和虚构的事物不是天然的文化符号，文化符号的形成有其特定的原因。政治倾向性是文化符号形成的重要原因。文化符号是一种意识形态，但不是一般的意识形态而是主流意识形态。也就是说，文化符号是国家和民族的某种价值观的提倡或贬抑。因为这种强势的提倡或贬抑，某些现实事物或某些虚构事物得以成为文化符号，成为人们效法或摈弃的价值内涵。雷锋作为一个文化符号，是雷锋精神的代码，体现的是“爱憎分明的阶级立场，言行一致的革命精神，公而忘私的共产主义风格，奋不顾身的无产阶级斗志”（周恩来题词）。雷锋这一文化符号，正是几十年的持续不断的学雷锋运动所形成的，正是几十年来对雷锋精神的提倡形成的。历史上不同时期的民族斗争，涌现和铸造了许多文化符号，例如岳飞、秦桧、文天祥、“八女投江”等，它们都是应民族斗争之运而生，伴民族斗争而延续的。正是由于当时和其后民族斗争的需要，这些文化符号所承载的或提倡或摈弃的精神内核才能够穿越时空而长久地占据人心。政治倾向性体现的是人心的向背，在价值观（精神内核）上，体现正能量的和体现负能量的，都有可能成为文化符号，例如岳飞和秦桧。

文学艺术作品的创作、传播和接受是文化符号形成的重要原因。代表虚拟事实、物在及附着在它们身上的精神的文化符号，都是由文学艺术这一文化事实所形成的。神、人、物不分的文化符号一般同文学艺术与巫术、礼仪混沌不分的社会事实紧密联系，例如龙、凤、女娲、燧人氏、黄帝等。之所以说二者“紧密联系”，是因为这些文化符号与所有以虚拟事实、物在及附着在它们身上的精神为依托的文化符号一样，不是一次文化事实就能铸就的。这些文化符号都经过了后世持续不断的再创作和再接受。政治倾向性铸造文化符号与由文学艺术的创作、传播和接受铸造文化符号有共同点，即其意义的凝聚都与经济的发展不平衡相关。也就是说，恰恰不是经济发展的黄金时期而是社会的转型和变革时期成为文化符号生发的黄金时期。

以文艺为例，在20世纪里，造就文化符号最多的是新文化运动前后、抗日战争中后期和改革开放前十年。有统计表明，新文化运动中的胡适、鲁迅、阿Q、孔乙己，写抗日战争中后期的地道战、小兵张嘎、荷花淀，改革开放前十年的王蒙、莫言、铁凝等文化符号，在以混合年龄为调查对象中仍然是知名度最高的，而大头儿子、小头爸爸、哈利波特、灰太狼等的知名度则居于次席。在信息化社会条件下，强势媒体的“引爆”是文化符号形成的重要原因。这里强调的是媒体的作用。在非信息化社会条件下，虽然媒体在文化符号的形成中也起着重要作用，但与信息化社会条件下的作用根本不同。在信息化社会条件下，特定内容成为文化符号的偶然性加大，也就是说，媒体的重要性凸显出来了。人造物在的实用功能的退化是文化符号形成的重要原因。从根本上说，任何人造物在的实用功能都要退化乃至彻底消失，这是新科技发展的缘故。浑天仪、长城、算盘的实用功能今日已彻底消失，大运河、灵渠等实用功能严重退化。人造物在是人类知情意的对象化，当实用功能退化后，它作为科技的历史尺度的属性便会突出出来，成为科技史和文化史研究的对象，成为美的对象。其实用功能存在时，它的非实用功能也并非不存在，只是处于潜隐状态即难以现实地与人的心理对接。例如，当长城的实用功能存在时，怎么能顾得上欣赏它的雄奇和崇高呢？（美不是真）尚且，为修长城所进行的横征暴敛、强迫苦役还在刺痛着人们，只有孟姜女的哭声才能状写那时的人文精神。

文化符号形成的原因常常是综合性的。在现代社会里，媒体与其他社会事实的联动，常常成为文化符号形成的综合性原因。2016年奥运会游泳运动员接受央视采访时的一句“洪荒之力”经由央视播出和网络传播后成为人们的口头禅，傅园慧也成了网红和文化符号。傅园慧和她的名言“洪荒之力”之所以走红，当然有内容的原因，它是内容与媒体共同作用的结果。就此例而言，“竞技体育就是竞技体育”的价值观是傅园慧与其名言“洪荒之力”成为网红、成为文化符号的重要原因。她的那种稚气，那种真诚，那种单纯，淡化了一切名利，甚至躲避了崇高，不正是今天应有的体育精神吗？如果我们把一切竞技之胜负看得过重和过分政治化、功利化，如果我们把金牌的得失不恰当地与民族命运挂钩，那恰恰背离了奥林匹克精神。

文化符号一旦形成，就会对社会存在发生重大影响。这种影响分为三个层面。

（一）政治层面。政治层面的影响在阶级斗争时代表现得最为突出，也比较直接。人们常说的“榜样的力量是无穷的”，指的就是文化符号的这种政治感召力。所谓“无穷”，状写榜样一旦形成文化符号后的巨大魅力。抗日战争时期的“平型关”“南泥湾”等，就起到了巨大的政治作用。

（二）文化符号不同于“榜样”，不同于“典型”，它的象征意义远远大于它的可复制的意义。因此，文化符号对社会存在更大的影响是在文化层面。文化层面的影响在工业化时代和后工业化时代表现得更为突出。在奔向现代化的进程中，资本的负面作用依然很大，阶级矛盾和阶级斗争依然突出。只是国家上层建筑正在努力建设和谐社会和法制社会，利用上层建筑将资本的负面作用抑制到最低，将阶级矛盾和阶级斗争调和到社会可容纳的程度。同时，利用先进文化（意识形态）解决人们的心理问题，利用发展解决两极分化问题。在这一社会背景下，既有的文化符号通过价值观的改造而绵延下来，新的符号的创造则在社会主义核心价值观的指导下进行，文化符号的影响便离开政治层面而上升至文化层面，即价值取向的引导方面。今天仍然有美与恶的激烈抵牾与冲突。今天的价值标准就是社会主义核心价值观：国家层面——富强、民主、文明、和谐；社会层面——自由、平等、公正、法制；公民层面——爱国、敬业、诚信、友善。一切党派、阶级和阶层，一切社会成员，其言行符合社会主义核心价值观便是善的，反之则是恶的。同时，既有文化符号其价值意涵不符合社会主义核心价值观的不可能得以延伸，体现社会主义核心价值观的文化符号必然会得到社会成员的效法。

（三）文化符号深刻地影响着代代人生和生活的各个层面。人生观与价值观有紧密联系，人生观是价值观向生命个体的落实，是人生的航标。当兵要当什么样的兵，当农民要当什么样的农民，怎样度过少年，怎样度过青年……既定的文化符号不仅在价值上导航，也在人生更广泛的层面树起标杆，引人效仿。在生活层面，社会成员因其年龄、性别、职业的不同，会受到不同文化符号的影响，有时表现为直接“下载”的形式，有时表现为较为曲折的形式；有的影响表现在既定的文化专业层面，有的影响表现在衣食住行方面。文化符号在生活层面所施影响的方式和着力点，与文化符号的形成期和稳定期有着紧密的联系。一般地说，文化符号成为社会成员的“偶像”和“粉丝”

的阶段，正值它的形成阶段；文化符号成为社会成员的一般感召力的阶段，正值它的稳定期。

二、文化符号的演变及创意支点

文化符号的形成是一个解构与建构的过程。解构，就是其内容不断被扬弃；建构，就是其内容不断被填充。解构与建构的繁复运行，造成既定文化符号的日渐符号化，也就是其效应日益强烈。雷锋精神自周恩来概括之后从未停止解构与建构。20世纪80年代，提出了“从我做起，从现在做起”的口号，被认为是雷锋精神与时代精神的结合；提出了“岗位学雷锋，行业树新风”的口号，被认为是学习雷锋的正确学风；而“爱憎分明的阶级立场”等则不再提及。几十年来，通过不断的解构和建构，雷锋这一文化符号愈加鲜明，成为社会主义精神文明超越具体时代的文化代码。任何文化符号，一旦停止了或中断了这种解构与建构，就会空洞化。空洞化了的文化符号便会退出现实生活而成为文化史的研究对象。当然，空洞化的程度和时间也是相对的，任何文化符号都有一定程度的空洞化，也都有不同的空洞化的时间的延续。“中国女排”自20世纪80年代以“团结拼搏，永不言败”精神的载体成为文化符号之后，经历过空洞化过程和空洞化时期；直到2016年里约热内卢奥运会再度夺冠，才巩固了文化符号的地位。

文化符号的空洞化也有其必然性。这是因为：（一）任何文化符号都是符号（形式）与其所表征的内容的统一体，社会存在变化导致其内容的空洞化，这个统一体被破坏了。这就是人们常说的“过时”。“大寨”曾是一个有强烈的政治倾向性的文化符号。“大寨”是和大寨的艰苦奋斗精神、大寨的评工论分方法、大寨的大批促大干、《学习大寨赶大寨》歌曲等一系列社会事实紧密相连的。虽然以上一系列社会事实消失后，“大寨”这一文化符号的“滞空”时间还会延续，但不会永远存在。随着改革开放的深入，随着一代代新人的成长，随着“小岗村”等新的文化符号的升起，“大寨”这一文化符号便空洞化了。（二）意识形态的堆积越来越大，信息化社会决定新的文化符号不断涌现，既有文化符号因此会面临被覆盖的境地。（三）创造文化符号的大众化也会促使既有文化符号空洞化。此方面是和社会的信息化和文学艺术的亚艺术化紧密相联的。社会的信息化使人人都可以通过互联网创造文化符号，文学艺术的亚艺术化使得艺术的创作和表演以及艺术的形式不再规范化和专业化，增加了文艺符号产生的机会。近几年《小苹果》和《江南style》的流行，就是一个明显的符号化的趋势。

寻找文化符号空洞化的原因是为了利用既有文化符号。解构文化符号的空洞化不是出于文化爱好，而是社会的实践需求。也就是说，当今大量文化形态的创新活动是从既定文化符号展开的，因此，文化创意学必须将此列入重要的研究课题。

既有文化符号分为两种，一种是持续保持着现实的丰富性的，另一种是已经空洞化的。将空洞化的文化符号展开为现实的文化形态，相对于将现实化的文化符号的展开而言，更带有创新性。在一定意义上说，这种活动也是大众化的。促使其成为大众化活动的，一是特定利益的需求。改革开放以来，许多区域性历史名人逸事及区域性遗迹成为特定地区文化开发的热点。这类从既有文化符号展开为文化形态的典型案例，为数众多，趋势难抑，迫切需要引导。这样做很明显是为了提升特定地区的知名度，为了招商引资、卖产品或开发旅游。二是人的创新本性。一个又一个的从既有文化符号展开的文化建设取得了良好的社会效果和经济效益，这是一种启发，更是一种激励。重复已有案例已不可能，从自己熟悉的文化符号出发进行创意是十分正常的思路。三是某些现实政治的原因。从自己隶属的区域考虑文化建设的抓手是官员们十分正常的惯性思维。20世纪90年代初中期河北省曾提出“以创造燕赵艺术为目标”的口号。这一口号提出后，各地市纷纷效法，提出了不少带有各地市地域性的口号。在这样的口号指引下，许多以地域性文化符号为考量的文化建设创意相继出台，不少创意付诸施工。这种以行政单位为视野、以文化符号为抓手的文化创意所依托的文化符号知名度小，空洞化程度高，基本上是当地文化人“钩沉”出来的。以空洞化文化符号为创意由头的文化建设有成有败，可见这样的创意方向不是不合理，而是需要科学引导。同时，对于这样一种大众化的文化积习，任何时候都不能视而不见，找出它的合理性因势利导是辩证唯物论的正确态度。

艺术的文化化是重要的创意方向。文学艺术作品经由创作、欣赏、再创作、再欣赏，必将形成特定的文化符号。文化符号一经形成，必然开始空洞化进程。进入空洞化进程的文学艺术方面的文化符号，由其向受众心理的对接转而为以这一符号为由头的文化互动，由其向其他艺术行为的延伸转而为向文艺之外文化行为或形态的展开。艺术的文化化与艺术品要素（包括演职员）的符号化是同一含义。艺术的文化化是趋势，是规律，当然也是文化创意的着力点。因为顺趋势顺规律而动，才能创造有价值的新的文化形态，也才能找到形成这一新的文化形态的社会动力。

《红楼梦》在新文化运动之前已完成了符号化进程。自新文化运动至今，由这一文化符号引发的文化形态日趋强大。从胡适的考据到数不清的注家、评家的注评，从电视剧重拍（包括海选演员）到刘心武的重写，无不是依托这一文化符号所做的展开。之所以将考、注、评、续（重写）这些文学艺术行为看作是文艺之外的文化行为，是因为《红楼梦》作为一个有饱满内涵的文化符号已经成立，其他行为不过是它的衍生罢了，其中的创作谈不上是任何意义上的文艺创作，其中的注评因不是时评，失却了评论的价值。至于考据，更不属文艺而是一种非文艺的文化行为了。话说回来，大量的考、注、评、续虽不是什么文艺创作，然而是十分有价值的文化工程。这种以《红楼梦》为由头的文化锻造仍在继续，说明《红楼梦》的符号意义十分重大。艺术文化化所依托的文化符号五花八门，有书名、剧名、人物名、演员名、剧中人服饰、台词、作者，等等。展开的路径分为亚艺术化和文化物质一条龙两种。亚艺术化是指重拍、续拍、文本折子化。文化物质一条龙指利用已形成的文化符号开展文化活动或开发物质产品。台湾的邓丽君纪念地，大陆的许多名剧拍摄旧址、“大观园”等，都是成功的范例。艺术的文化化，实际是艺术符号空洞化的开始。在今天，知道《红楼梦》的人仍未见少，但真读过的越来越少。如何固本，如何开展全民阅读是另一个话题，沿着这一趋势利用这一规律进行文化创意，则是文化创意家的历史使命。

反思钩沉是筛选既有文化符号的重要方法。在大批空洞化的文化符号中如何筛选出展开力度大的文化符号，是利用文化符号进行项目创意的重要课题。反思就是辩证思维历时性的展开。用相互联系的、运动变化的和全面的观点看问题，就是辩证思维。但人们认识事物，常常不是一下子就能达到辩证思维的高度，这或者是因为主观的认识水平达不到，或者是因为利害关系影响了人们的认识，或者是因为事物不可能一下子展开全貌暴露本质。因此，所谓辩证思维，常常表现为认识上的“交换、比较、反复”（陈云语）。共时性的人与人之间意见的交换和比较常常不起作用，因为实践的发展提供给每个人的视野的范围是一样的。只有依靠历时性的反复，对同一个人同一件事，若干年后的“反思”加上若干年前的所谓“正思”，才能构成辩证思维。既有文化符号从成为现实到空洞化，根本原因在于社会存在的变化。筛选可用于展开文化项目的空洞化的文化符号，就要反思其精神内核是否符合今天的实践需求。对既有文化符号其精神内核的反思既不是全盘颠覆也不是调和折中，而是依据当下实践需求决定取舍。“大寨”作为文化符号，总有自力更生、艰苦奋斗的精神内核在。大寨人凭着这种自信，开发了以“大寨”为品牌的系列物质产品（这是物质生活中文化创意的倒操作），应该说是成功了。马胜利外号“马承包”，曾创造过“一包就灵”的奇迹。但随着城市改革的深化，随着产业规模的扩大和控制力的减弱，“包”字不再灵验，马胜利也失败了。但是马胜利却作为落实工业生产责任制的一面旗帜写进了改革开放史。作为文化符号，“马胜利”代表勇于担当的创业精神（失败后他自己干个体卖包子），象征改革开放史上“包字进厂”这一重要环节。今天对大寨、马胜利等文化符号所含精神内核的反思，包括了舍弃具体的做法抽象出实践需求之精神营养的含义。现实生活中所产生的文化符号，其某些意涵是不会随着文化符号前行的，例如“大寨”之于人民公社、阶级斗争，“马胜利”之于“包字进厂”，其符号意义是与其“特定情境”共进退的。后人的反思不应割裂二者，割裂了二者，这个文化符号就不成立了。文艺作品所形成的文化符号，是人物与环境（社会关系）、故事与价值观的统一体，后人的艺术重构虽可以割裂统一体，但新的艺术形态要采用适当的形式。有人对《愚公移山》进行解构，提出愚公应该搬家，不应该犯傻挖山不止；认为要提倡科学精神，反对愚公式的蛮干。作为文艺作品，如荒诞作品的创意，这样考虑无可厚非，但作为文化符号向非艺术的文化形态的展开，就十分荒谬了，因为它破坏了既定文化符号的完整性。

观念（精神内核、价值观）、活动（仪式）与情感是既有文化符号展开的三个向量。作为意识形态，文化符号中所含的价值观对于创造历史的人们是有感召力的。人们曾以观念的趋同或行为的向往铸就了既定的文化符号，既定的文化符号必定会成为下一步观念的形成和实践的指南。保尔·柯察金对生命的体悟，方志敏对清贫的理解，李大钊对信念的坚守，成为一代代人效法的榜样。所谓活动（仪式），指的是文化符号是有动作性、行为性和实践性的，活动（仪式）作为观念的延伸包含在文化符号之中。所谓情感，是指人们在对特定文化符号的认知和效法中必定引发情感。例如，马克思的事业不显赫于一时，但将永远存在。今天，当解析“马克思”这个符号或面对他的墓碑，高尚的人们会流下眼泪。既定文化符号中观念、活动（仪式）和情感这三个向量，是以文化符号的展开为创意方式的三个要义。

三、文化符号的产业性展开

文化符号的展开分为产业性的展开和非产业性的展开。但由于产业化预期与实际是有差距的，所以，在创意实践中，二者很难区分。

本节就几类有代表性的文化符号的展开进行例说，以期更好地把握不同文化符号展开的特殊性。

（一）节日文化符号的现实展开是生活中的常态。

改革开放以来，由于国外文化的输入、社会稳定、经济的发展以及传统文化的重新被重视，以节日文化符号的展开为特征的文化建设持续发展，给人的突出印象是“节日越来越多”。归纳起来，节日文化符号的展开分为以下几类：1. 政府的设立。政府设立的节日俗称“法定节假日”，一般附带着法定假期。一些传统节日如清明、端午等被法定为节日，是对既有文化符号的重新唤醒，是对其观念、活动（仪式）的再次肯定。在未被确定为法定节日之前，这些节日一直在民间存活着，确定为法定节日，为其向文化形态展开创造了有利条件。2. 国外特别是西方某些节庆的输入。改革开放以来，中国的文化自信、发展道路自信和制度自信逐步显现，国外特别是西方某些节庆的输入就是这种自信的最好说明。近几年来，圣诞节持续升温，情人节为新一代年轻人所热衷，母亲节、父亲节、愚人节等逐渐风行。外国节日的输入显示出我国社会文化多元化的图景。3. 某些附着着特定故事的日子被打造成节日，“七夕”就是一例。4. 某些附着着特定形式的日子被打造成节日，例如舆论倡议将11月11日设立为“光棍节”即成年人中单身者的节日，等等。这类倡议和行动与改革开放以来各地纷纷创立的“梨花节”“采摘节”及各种“艺术节”不同，它完全是从某种特定的符号出发的，大都还未展开实际内容。所以，它在形成逻辑上仍然属由既定的文化符号出发而展开为文化形态，而不是由内容通过艺术品的接受或文化活动的互动逐渐堆垒出文化符号。

综上所述，可见改革开放以来节日这一文化符号集群的展开已成盛景，但所展开的文化形态不够完整，显得十分凌乱，甚至有些展开行为表现得很没有文化。这也说明，留给文化创意家的努力空间仍然很大。只要对展开节日文化符号的社会动力进行文化创意上的引导，以节日文化符号展开为操作点的精神文明建设便会取得重大收获。

以节日文化符号的展开为创意点的文化创意应遵循以下原则：

1. 巧用社会动力。

展开节日文化符号的社会动力有三股。第一股动力是政府。政府设立法定节日有两个目的，一个是利用传统节日弘扬社会主义核心价值观，也就是将其视为社会主义精神文明建设的一个抓手。有人常将此视为弘扬传统文化，这种视点不对。将传统节日法定化是古为今用而非相反。明乎此，创意方向就应该沿着如何将时代精神嫁接于上的方向努力，而不应沿着挖掘历史积习的方向努力。目的之二是扩大劳动者的社会闲暇时间，以活跃经济、加大消费侧对经济的拉动，同时也是为了促进劳动者的全面发展，调整和改革“供给侧”提高“全要素”生产率特别是全要素中非经典要素的生产效率。在吃透政府如上目的的基础上搞节日符号展开的文化创意，就会创造全新的文化形态，提高社会公众的参与度。第二股动力是商家。在商言商，商家炒作节日，意在促销。文化创意应乘势而上，促进节日消费和销售的主题化。只有主题化，消费和销售才能稳定地对接，持续地进行。只有主题化，消费和销售商品的面才会扩大，消费额和销售额才不会形成“拆东墙补西墙”，其总额才会有效增长。第三股动力是青年。青年是一个年龄段概念，它不标志阶层、文化程度和政治面目。青年作为节日符号的展开动力是有其特定向量的，符合他们的年龄需求才是其着力所在。青年不仅对节日的主题有挑拣，而且对如何过节有追求。过什么节，如何过得有滋有味，是针对青年群体的创意方向。

2. 整合观念、情感和活动（仪式）三要素。

节日这一文化符号具有观念、情感和活动（仪式）三要素。任何一个节日都有明晰的观念，固化体现正能量的观念是整合三要素的第一步。应坚持古为今用、洋为中用、推陈出新的原则，努力使节日具有弘扬社会主义核心价值观的主题，将适合嫁接国家层面价值观含义的与适合嫁接社会层面价值观含义的以及适合嫁接公民层面价值观含义的分而待之，分门别类地作出“固本”的创意。任何一个中国历史上产生的和国外的节日文化符号都有其产生的社会基础和思想资料的基础，也都有过自己的兴盛时代，但绝不是任何一个中国古代的或外国的节日文化符号都适合嫁接社会主义的核心价值观。“七夕”就是一个不宜展开为“情人节”的文化符号。原因有两点，一是它在爱情婚姻上反封建的主题已经基本完成；二是它有着既定的故事，而这个故事是个悲剧，与情人节的欢愉气氛大不协调。那些适合嫁接社会主义核心价值观的节日文化符号，需要积极地嫁接、改造而不能生吞活剥，更不能用负能量嫁接和改造。情人节20世纪80年代刚刚由西方输入时也被个别人曲解，认为它的主题应是“性自由”。其实，情人节的主题应是鲁迅所言“爱情需要时时更新、创造”之意。这是当今爱情婚姻问题上的普世价值观。当然，它和社会主义价值观是一致的。

整合三要素的第二步是规范情感的渠道。“过节”是一种文化活动。一切文化活动都离不开增益人类美好情感这一功能和目的。文化创意应对现实的自发的节日文化符号的展开施以引导。“无情感”的节日活动要引导。常听到社会成员在节日过完后抱怨节日“没意思”，这实际是抱怨节日过得无情感。导致无情感的常常是活动开展得要么老套、没新意，要么本身文化素质很低，不能增益人们之间的情感和对节日主题的情感上的皈依与价值上的认同。“非情感”的节日活动要制止。对于节日文化符号的情感展开常常走入两个偏向，一是以情感的名义而实际是迷信的诉求，如某些人用十分愚昧的封建迷信活动过清明节。二是以情感的名义而实际是欲望的宣泄。近几年某些高校学生过情人节和三八节，个别男生打出“睡你”之类的标语就是一种极度亵渎文明和人类情感的低级行为。

整合三要素的第三步是创新文化活动。没有以突出主题和增益情感为目标的活动，节日文化符号就不能现实地展开。换句话说，特定的节日就没有意义。活动（仪式）是节日文化符号三要素中可感的要素，也是文化创意的直接着力点。价值观（观念）的整合落实与情感的增益规范都要靠有形的活动而实现之。要将节日与身份相对位。

要引导适合乃至有义务和责任过特定节日的人们积极参与特定节日，例如，公民都应该积极参与中华人民共和国国庆节，中共党员必须积极参与中共诞生日纪念活动。要引导不应参与特定节日的人退出。无神论者特别是中共党员不应该参与“圣诞节”等西方节日，以上身份的参与者应主动退出，文化创意家应从文化建设的角度劝其退出。当然，以祝贺者的身份向特定节日的参与者祝贺不属此类。要移风易俗，创生文明的、现代的活动方式。在不损伤进而强化节日主题的原则下改造那些与当代文明相悖或难以为继的活动，是文化创意的重要课题。

2007年12月14日，国务院正式发布《关于更改〈全国年节及纪念日放假办法〉的决定》（第二次修订），规定自2008年1月1日起将清明、端午、中秋定为法定节假日。此项决定为这三个节日的文化建设创造了大好契机。

这里专以清明节为例探讨它的移风易俗和创新活动方式问题。清明节正值春光明媚、莺飞草长的时令。民俗专家考证，清明节始于周代，唐代以后逐渐与另一个古老的节日“寒食”节合并，其习俗也融入了两个节日的主题和内容，一为祭祀，二为踏青。祭祀是“向后看”，是慎终追远，踏青则是“向前看”，是感受生命生活的积极意义。被确定为法定节日以来，在主流媒体的大力提倡和社会精英的率先垂范下，清明节的活动方式朝着文明现代方面大大进步了。一些带有迷信色彩的活动和一些破坏环境的活动越来越少，代之以文明的祭祀与踏青活动。在节日习俗上破与立是相辅相成的，不破不立，要破字当头，敢于破旧。但“精神文明重在建设”，没有新的文化活动取代旧的，旧的就会复归。因此，破与立二者不可偏废，建设更带根本性。民间大量的自发的文化创意基于对文化符号的反思和展开，说明任一文化符号自身含有改造内容的可能性，节日文化符号更是如此。清明节祭祀的主题原本含有许多迷信的因子，故此节日旧时又称为鬼节、扫坟节等。随着时代的发展，逐渐扬弃了许多非人间化的因素，突出了心理上的“慎终追远”即情感皈依和个体经验继承方面。原有的踏青、郊游、荡秋千、插柳、斗鸡等具体活动，更是已被许多带有时代印痕的活动所代替。移风易俗不能满足于民间的自发力量，文化创意家应主动作为。清明节既洋溢着邀请青春作伴、展示生命活力的欢娱气氛，又回荡着对故人追思缅怀的伤感情调。清新明丽、万物勃发的仲春盛景偏又有悲伤的香火缭绕其间，对生命生活的热烈感怀正积淀着对生命短促、韶华易逝的无限怅惘。历史上将清明和寒食这两大节日的合并，有意无意间成就了一桩文化创意。看似矛盾、对立的两大主题实有相辅相成、辩证统一的一面。那么，如何结构这个节日的活动呢？迄今为止“清明节史”还未提供反映出两大主题关系的活动，两大主题活动仍是“两张皮”。唐人杜牧写道：“清明时节雨纷纷，路上行人欲断魂。借问酒家何处有？牧童遥指杏花村。”很少有人过问：诗人到杏花村后喝的是什么酒？是惜春、叹春的惆怅还是渴望建功立业的豪迈？是对逝者的痛悼还是对未来的企盼？这种矛盾的意旨，不正是创意有丰富意味的文化活动的很好的启发点吗？

其实，不独清明节，我国的端午、春节都存在着这种主题上的辩证统一性。它在端午和春节中的存在，也是我们对端午和春节进行活动创新的启发点。要通过文化创意，推动节日活动向着仪式化发展。

举行典礼的程序和形式称为仪式。节日活动仪式化的含义有三：第一，促使活动围绕着节日的主题展开。活动的氛围、参加人员、礼节和礼物都属于活动的内容，这些要素都需与节日主题相一致，游离于主题之外的活动内容应尽量剔除，与节日主题相悖的活动内容更不应保留。第二，促使活动庄重化。每个节日都需有庄重的情节包含在内，这对于调动人与人之间的情感和调动参与者对节日主题的向往具有重要的意义。祭祀和拜年等活动，必须强化亲历性。只有亲历，才能培植情感。信息化社会以来，节日中含有仪式特征的要素正逐渐简化、工具化和现代化，例如拜年采取发手机短信的方式。需要注意的是任何事情都有度，超过了度就会引起性质的变化。美国未来学家奈斯比特强调“相聚在一起的需要”，针对的就是现代社会中人与人交往上的简单化、工具化和现代化的趋势。“相聚在一起”是一个心理学原则，它的意涵是人与人的“心相通”，今人对先贤的“心向往”。要达到这一要求，需要有一定的仪式，无限地对仪式进行简化和极端的工具化是不可取的。第三，促使活动规范化。节日是劳动之外最体现人的社会性的物态化活动。节日中的仪式要素不能“十里不同俗”，这会影响节日的质量。既然是节日，就是一个在一定范围内的统一活动，活动不统一，尤其是活动中的仪式不统一，就会破坏节日的气氛。

（二）历史人物、事件与历史题材文艺作品中的人物、事件，是改革开放以来文化建设的重要的出发点。

两个以上地区抢同一个历史人物或事件，两个以上地区抢同一个历史题材文艺作品中的人物或事件，已经是司空见惯的文化现象。这可视为自发的文化创意。这种自发的文化符号的展开存在以下弊端：1. 由于展开的积极性大多来自地方政府，目的又大多为了打造本地区文化名片促进经济发展，致使展开中出现对其所附着的价值取向严重忽视的倾向，表现为只要是本地区的名人逸事不管是好人好事还是坏人坏事，也不管实有其人还是虚构的人物和事件，一律褒扬之。2. 历史名人逸事作为文化符号展开为文艺作品时，当地人难免对文化符号过分依赖，导致作品（产品）受众面窄化，难以取得可观的经济效益和较好的社会效果。3. 以影响力很小的本地区历史名人逸事为文化符号的群众性的创意已成积习，这种求同的思维习惯恰是对文化创意本性的否定，如不加大力度因势利导，势必导致大量人力、物力流向这类文化项目中去，从而对虚构文艺和创新性文化建设造成阻碍。

以历史人物和历史事件（含虚构的历史人物、历史事件）这一文化符号为创意点的文化创意应遵循以下原则：1. 尽量选取那些社会知名度高的文化符号为创意点，不要层层挖，不要形成省级选省级名人逸事，县级选县级名人逸事的局面。2. 如果以实有的历史人物和事件为文化符号进行创意（即将文化符号展开），应该“古为今用”，以是否有助于弘扬社会主义核心价值观而决定弃取。如果以这些文化符号为街道、工程、吉祥物等文化标识很强的事物命名，则更应慎重。3. 许多文艺作品取材于历史名著，从名著中某个虚构的人物出发进行演绎，这类创意是不可取的。首先，这种“狗尾续貂”式的创作法其创新性很弱，很难提供新的审美经验。其次，信息传输递减是一般规律，这种“二手货”的受众不会大。热衷于搞这种创意的人，视历史题材文艺作品中的某个虚构人物为自己的同乡，抱着弘扬家乡名气的想法搞创作。这是搞自娱自乐作品的态度，文艺作品要求社会的接受和经济上价值的实现，产业化的文艺作品的创意，尤其不能这样搞。

以知名度较小的历史人物和事件为创意点并非绝对出不了大作力作。凡是以文化符号为依托进行文化创意，其项目肯定对文化符号有依赖性：依赖文化符号的社会效应以求为文化产品打开销路，依赖文化符号的知名度等筹集生产资金，依赖文化符号的文化要素展开创作思路……不一而足。但文化符号不是文化创意本身，它只是文化项目创意的“丝之头”，只是一个思绪，一个由头，一个启发点。文化创意也不是文化产品本身，它只是方案、设计、策划。因此，过度地依赖文化符号，以为有一个好的信息依托便能搞出又叫好又叫座的文化产品来的想法，是错误的。辩证地看，以一个知名度较小的文化符号为依托进行文化创意，如果创意出新，创作（制作、生产）精心，也有可能创造精品。以知名度较小的历史人物和事件为依托进行艺术创意，则需要采取根本不依赖文化符号的态度。客观上利用，主观上放下包袱，有可能创作出文艺精品。文艺作品的创作手段是虚构，它能够通过题材、体裁和风格的设计突破历史人事的局限性。比起皇帝宰相，芈月并不是什么著名历史人物，但电视剧《芈月传》却获得了艺术和收视率的双丰收。这既归功于对文化符号的选择（芈月的历史素材具有演绎的空间），也归功于创制作过程。将历史人事作为文化符号展开为文艺作品与展开为其他文化形态所不一样的，就是这种文化产品对文化符号反烘托的可能性更大。

（三）将人类直接物化成果的文化符号展开为文化形态的文化建设虽然十分兴盛，但文化创意的质量不高。

要提高这方面的创意能力，需了解人类物化成果何以成为审美的对象和特殊的认知对象。人的物化劳动的直接目的是为了生存需要，但通过劳动，手段却超越了有限目的，工具超越了劳动成果。个人的、直接的物质享受（衣食住行用）是暂时的，而人类的本质力量的对象化事实却永远存在。也就是说，物化成果是展开了的人类的心理书卷，它因凝结着人类的知情意而显示出美，因记录着人类认知的改造物在的历程而成为特殊的认知对象。因此，当人的创造物退化掉其实用价值后，也就是当它不能满足人的直接享用的目的之后，它的文化价值就能显现出来，它的不同于满足实用目的的认知功能也才能显示出来。从主体一方看，当饥饿的人看到一桌美餐时是顾不上欣赏其美的一面的，当欲望与物在对接时，任何对象都会暗淡无光。一位植物学家走入森林，看到的应该是植物物种而非争奇斗艳。以上议论当然是科学的抽象，但没有这个抽象，我们就抓不住以人化物在为文化符号进行展开的创意钥匙。综上所述，可见“文化价值”才是我们要在人化物在中所刻意寻找和开发的价值。

那么，人化物在的文化价值在哪里呢?

1．人化物在的文化价值存在于它的形式中。人与失却使用价值的人化物在的关系是静态的非功利无概念的审美关系，这样的形式是美的外在形象。因此，我们原则上不反对以“修旧如旧”的原则修复长城的某段或其他文物。

2．人化物在的文化价值存在于它的失却实用价值的内容。这样的“内容”是科技史的内容，是人类生产力发展的历史尺度。科技史不是科技而是文化，是科技文化。除了科技史研究和个别的科研需要之外，科技史的“内容”是后人感受前人之伟大的感发点。

3．人化物在的文化价值存在于它的实用价值的衰退中。这种衰退原本表现为新科技对它的覆盖效果而非表现为它自身的性能衰退，但由于“覆盖”的“关系”是看不到的，它自身的衰退便充当了象征的作用。断壁残垣、斑驳青铜、只户片牖，无不透出人世沧桑，这种物的衰退恰能给予后人以精神的感召。因此，保留人化物在的沧桑感也是文化建设的重要方式之一。

4．人化物在的文化价值存在于今人与之互动中。静观是心理互动，超越心理互动的便是改造。人天生有一种改造对象的欲望，这种欲望的满足有时要以牺牲文物为代价，这个代价当然花费不起。但也能找到适当的办法使这种代价减至最低，甚至为零。央视报道过北京在长城的某段开“特区”专供人们“涂鸦”就达到了这一目的，解决了矛盾。但需要给“涂鸦”正名，这种创造需要尊重，历史上许多“涂鸦”行为成就了后世认为的不朽的文化。

要以动带静地开展主题文化活动。以人化物在为依托开展文化活动是改革开放以来采取最多的一种文化符号的展开方式。这类文化活动的主旨是“主题”，也就是说，不能让所升起的文化符号与人化物在不搭界泛泛展开。在“以动带静”开展文化活动方面，全国有不少好事例。张家口泥河湾遗址发掘之后（视遗址为人化物在，不但在先民创造之意义上，而且在后世的发现发掘上），开展了一系列丰富多彩的主题文化活动，扩大了泥河湾的影响，发展了文化产业。以人化物在为文化符号创意和展开文化形态也存在一个“层层挖”即各行政区域纷纷抓本地区文化遗物的问题。这方面社会动力强劲，“层层挖”的势头不见衰减，但如果分清行为的社会公益性和产业性，分类实施，就会有好的效果。

（四）以文学艺术的各个要素为文化符号展开为其他文化形态，是文化产业的重要创意方向。

改革开放以来，特别是1993年以来，这类社会行为方兴未艾。究其原因，主要有以下两点：

1．文学艺术的经典难再。1993年以后，社会信息化、文化产业化和经济全球化相携而至，致使文学艺术的各门类相继失却了轰动效应，文学艺术的各题材也相继失却了轰动效应。至互联网时代，作品的“网红”也只是“各领风骚三五天”了。新经典难以堆积，人们创意的抓手便自然转向了既有经典即文学艺术的既有符号。

2. 与文化上的互动兴起相联系，由文艺符号展开为互动性强的文化形态，其产业化较为容易和直接。以文艺符号中的某一要素为主题盖好房子吸引游客的产业模式是一般政府官员都能操作的工程，运作模式也十分简单。由于这方面的原因，这样的项目建成很多。这样的项目，因从著名文化符号特别是那些“家乡化”的文化符号展开，故立项较易，操作风险小；运作模式简单，产业化容易。文艺要素成为文化符号的，1993年之前依次是剧中人、书名剧名、演员、导演；1993年之后依次是演员、书名剧名、导演、剧中人。这种次序的变化说明，文学艺术的“形式”逐渐超越“内容”而成为与受众的首要对接点。这种变化是文化创意家们所应高度注意的，它影响着我们如何选择文化符号作为创意支点。还应高度注意从文学艺术形态展开为其他文化形态中的产业化设计。哪个地方需要投入，哪个地方有可能见效，都应该在创意方案中写清楚。要坚持以文化创意对工程设计的引领地位。

1993年以来，有不少以文学艺术为文化符号展开的文化工程失败了。探讨它们失败的原因发现，这些失败工程的决策者总是以文化符号直接与工程对接，物质工程先干了起来，干完后再投资广告向社会宣传。这是万万不可的。正确的操作路线图应该是：以社会互动带动工程施工，即按照总体文化创意逐步展开文化活动，按照文化活动对硬件的渐次需求逐步展开施工。例如，开辟长城“涂鸦区”的选址、整理及辅助设施的施工要与社会互动结合并同步进行，甚至有些“硬件”由互动的参与者来干。可将“请人来”与“允许来”结合起来。请来“涂鸦”的人知名度很高，主办方要花费，“允许来”的人要掏钱。要将“涂鸦”延伸，可将其所写刻成碑，将其手印刻在长城上。

总之，硬件要跟着软件走，将一种体裁的文学艺术作品改变成另一种体裁的作品可视为以文艺符号为展开的特例。

第二节 将中华传统文化引入生活和艺术

“中华传统文化”是以一个个具体的文化符号而存活于当代生活之中的。因此，“将中华传统文化引入生活和艺术”属“文化符号的展开”的特例。

一、中华传统文化的构成

文化是人类通由社会实践所创造的物质文明和精神文明的总和，特指精神文明。本书将“传统文化”界定为1915年五四新文化运动之前的文化形态。这是因为：1．五四新文化运动的发端和主要成就虽然在文学革命，但创造了一个全新的文化形态。以语言为第一要素的文学的改变，影响了其他所有艺术形式“抛弃内容，改造形式”的变革；艺术的变革，引发了整个文化形态的变革。2．以马克思列宁主义传入中国为标志的新层次的“西学东渐”开始，不但在政治理念方面，而且在思想方法、研究方法方面，对构建中国人的思维方式起到了决定性作用。胡适、冯友兰等人的中国思想史研究虽然未采用马克思列宁主义的方法，但已采用西方现代科学方法。一大批新的社会科学学科的出现，也对中国传统的“我注六经”的治学方法给予了极大的冲击，从而成为中国新文化的主要建构方式。3．1915年开始的五四新文化运动提出了“打倒孔家店”的口号，对以儒学为核心内容的传统文化的彻底反思由此发端。李大钊说：“掊击孔子，非掊击孔子本身，乃掊击孔子为历代君主所雕塑之偶像权威也，非剖击孔子，乃剖击专制政治之灵魂也。”（李大钊：《自然的伦理观与孔子》，《李大钊选集》，人民出版社1959年版，第80页）不管儒学原典是何等风貌，“打倒孔家店”口号的矛头，直指那个“存天理、灭人欲”的宋明理学。这个伟大的政治口号和文化旗帜对于破坏旧习俗，开启新风尚发挥了巨大作用。4．五四新文化运动是一个节点，一个重建社会基础的节点。文化革命的意义虽然是有限度的，并且它的完成赖于社会的生产方式即社会基础的根本变革，但是，它是中共建立、中华人民共和国成立以至20世纪70年代末改革开放等一系列重大社会变革的逻辑起点。自新文化运动至今的漫长岁月，其实都是文化破立的艰难征程。

中华民族传统文化是以汉民族为主体的多民族文化的融合体，包括新文化运动之前所有物态化活动的成果，即全部意识形态。

艺术是中华传统文化的核心构成。贾兰坡在《“北京人”的故居》一书中披露，山顶洞人“穿带都用赤铁矿染过。”（贾兰坡：《“北京人”的故居》，北京出版社1958年版，第41页）这当为先民审美意识的觉醒。从原始炽烈的巫术礼仪（包括着“艺术”）到甲骨、青铜上冷静的刻迹，从神话、传奇和传说到承载着沉重社会内容的戏剧、小说、诗歌，文学艺术展露着千古兴亡、斑斓世俗和百态人生，构成中华民族传统文化极为生动的一面。

在其形式方面，中华民族审美意识外化为千姿百态的艺术品种。创生、发展，走向极致，每一个艺术种类都形成过以自己为中心的文化，铸造了丰富的人类审美经验，体现出极具个性的美学规范和风格。

在其价值观方面，中华民族审美意识通由创造和接受的相互对接，不断累积着“高台教化”的实践理性，对于构筑中国人的理想信念、人伦情感和行为准则发挥了重大作用。“兴于诗，立于礼，成于乐”，从自然的人到文化的人，是艺术向着文化的展开历程；“志于道、据于德、依于仁、游于艺”，艺术创造是精神的无羁想像，艺术欣赏是精神的主动欲求。在艺术欣赏里，“德”便不再是枯燥的教条和狞厉的面孔，而是沁入心田的甘露和细雨。文化化人，赖于艺术。

汉字汉语是汉文学的第一要素，更是中华传统文化的重要符号，蕴藏着民族积习的全部密码。汉字汉语的流程，淌作一条文化大川。汉字看似一幅画，观则得其象，析则悟其意；汉语听像一首歌，咬字抒其怀，行腔励其志。一个华夏人，不管他走到哪里，不管他怎样感到自己是异邦人——举目无亲，远离祖国……他都可以以汉字汉语为名片找到自己的亲人和朋友。

中华民族的“德兴”见之于行动上，融化在血液中，铭刻在《论语》里。孔儒原典高举“仁”字大旗，化善行作主观欲求，变责任为个体担当，置做人于做事之前，固修身位治国之本。不但是条例、规范，而且是顶层设计、“可行性研究”和路线图，中华民族的传统价值观原本就预设了“与时俱进”更新内容的思想“机关”。于是，儒学大树便不断褪掉“灰色”而永葆青春。孔儒——汉儒——宋明理学，不断变幻着自身面貌的价值观念当然是文化传承，但不同于艺术的“高台教化”，它是价值观的理论形态。

新文化运动之前所有理性思维的成果，是传统文化的重要组成部分。

以仁学为基础的中国传统美学思想体系，“成于乐”和“游于艺”的艺术观，“兴”“观”“群”“怨”艺术功用说，文质统一的审美观，中庸的美学批评尺度，“智者乐水，仁者乐山”与“天地有大美而不言”相辅相成的自然美思想，影响了中国社会几千年。作为倡导，它们与生机勃勃的艺术（创作和接受）实践的互动，勾勒出一道中国传统文化行进的风景线。

几千年的艺术实践“提炼”出了中华民族的艺术美的独特形态。中西艺术美的形态有共性，亦有差异。例如，中国悲剧不同于西方悲剧。中国传统悲剧的特点常被诟病，认为不如西方悲剧那般撕肝裂胆。其实艺术的本质正是各美其美、百花齐放，不可能互代。是“文化”的不同铸就了不同的艺术（美的形态），抑或是艺术美形态的差异铸就了不同的文化？可能是相互作用使然。正剧、悲剧、喜剧、悲喜剧，优美、滑稽、崇高，其个性风貌是“一方水土”即特定的“内容”（社会存在的本体和本体意识）所决定的。“文明以止，化行天下。”产生和流布于华夏大地的美的形态，是中华民族审美积习和人生态度的凝聚，是中华传统文化的“结核体”，它会不断地释放出社会正能量，给予人间世以巨大的鼓励和慰藉。

民俗（民间的风俗习惯）是活着的“显文化”。它从远古走来，它向未来奔去。奔流中，它会不断地“遗传”和“变异”：既与时俱进又“万变不离其宗”。民俗不离开人的物质生活，但其本质是物质生活的“说法儿”，这“说法”紧扣“导向”（人们对生活的希冀），不离基础（物质生活），适时调整。孔子时代，周时定制“三年之丧”便受到了挑战，这个挑战来源于“社会存在的本体和本体意识”即社会生活——明显加快的生活节奏和交往的需要使居丧三年已难以遵守。孔子通过“以仁释礼”从理论上解决了这个问题。“汝心安否”？形式虽然十分重要，但比形式更重要的是文化活动的目的、仪式的目的。孔子“以仁释礼”的理论构建和“汝心安否”的诘问，恰恰给予今天探讨民俗的文化基因提供了启发。民俗是观念、仪式和情感的统一体。不同的节庆有不同的企盼，不同的仪规有不同的诉求，这就是各各不同的观念。“礼自外作”，“仪”更居外，礼仪为不同的企盼和诉求服务，当然更是百花齐放了。但“情感”的注入却是天经地义并且难以区分，或者说，区分喜庆的情感投入与悲痛的情感投入没有实际意义（在民俗本质的探讨上）。“情感”作为人的超生物性的存在的基础，是民俗的质的规定性，情感的挥发和满足是人类的最高层级的需求。观念先行，注入情感，谨行形式，当是民俗的有机构成。现实的民俗不是艺术，现实中消失的民俗有可能成为艺术。在异质文化的对比中，民俗的“这一项”有可能成为另一文化体系中的艺术。现实的艺术是民俗的文化风向标。在民俗与艺术的相互转换中，“文化”作为显行便凸显出来。

自新文化运动上溯到第一把石斧的诞生，在漫长历史进程中，中华民族创造了伟大的物质文明。创造物质财富的物化劳动是先民使用工具、制造工具的伟大社会实践，它与人类自身的产生一起，构成社会的基础（不同于创造意识形态和上层建筑的物态化活动）。黑格尔说：“手段是比外在的合目的性的有限目的更高的东西。……工具保存下来，而直接的享受却是暂时的，并会被遗忘的。人因自己的工具而具有支配外部自然界的力量，然而就自己的目的来说，他却是服从自然界的。”（转引自列宁《哲学笔记》，人民出版社1974年版，第202页）列宁对这段话评价为“黑格尔的历史唯物主义萌芽”。用历史唯物论的视角看，人类在为生存而进行的伟大实践中创造了远比这有限目的更为伟大的科技文明。作为观念形态，以物化为目的的古代科技思想和创造发明构成灿烂的科技文化；作为物的形态，古代遗迹、遗存和遗址构成今天智的启迪、志的激励和美的发端。今天只有极少数先民的物化成果仍具有实用价值（如都江堰），大部分已消失了。消失了实用功能的遗存、遗迹和遗址，也许更易唤起今人“发思古之幽情”，也许更易激发对先民伟力的敬的情感。这是科技向文化的回归。

二、引入就是创意

“将中华优秀传统文化引入生活和艺术”实际上就是一个在社会文化建设中和艺术创作中如何以文化遗产为启发点进行创意的问题。这个“创意方向”貌似向后看，实则向前看，是一个社会文化建设和艺术上的“推陈出新”问题。需要说明的是，讲“推陈出新”，当然重点不在对旧文化和旧艺术的改造，而是以创建新文化和新艺术为目标，将旧有审美经验作酵母“拿来”为我所用。

传统文化中有“托古改制”之说。“改制”需要“托古”，意识形态的创新也需要“托古”。新文化运动虽未“托古”，但巧借了“西学东渐”（西方现代思想和马列主义）。不管你愿意不愿意、主动还是被动，死人缠住活人是天经地义。当人们创造新文化、新艺术时，总会以既有思想资料为基础——或“古为今用”，或“洋为中用”。因此，所谓“引入”，就是一个变被动为主动、变无方向为有方向的创意过程。

学界常提“优秀传统文化”。其实，任何形态的传统文化的产生都有其生成的社会条件（合理性和现实性），都对历史的发展发挥过正能量。因此，中华传统文化的优秀或腐朽、精华或糟粕，不是它们身上各各贴就的标签，而只反映着后世在“用”上的选择。当然，总有一个对中华传统文化之具体形态的弃取标准或参照系。李泽厚说：“中国现代化的进程既要求根本改变经济政治文化的传统面貌，又仍然需要保存传统中有生命力的合理东西。没有后者，前者不可能成功；没有前者，后者即成为枷锁。”“如果硬要讲中西，似可说是‘西体中用’。所谓‘西体’就是现代化，就是马克思主义，它是社会存在的本体和本体意识。”（李泽厚：《中国古代思想史论》，人民出版社1986年版，第317页）“传统”作为精神遗产，要在现代化进程中有克服、有发扬地引入我们的精神世界，在制度中排除出去，在情感中保留下来。

社会意识与社会存在的关系是复杂的。1989年，当社会发生动荡时，邓小平提出“稳定压倒一切”；1992年春视察南方，邓小平又提出“发展是硬道理”；自1989年至1992年春视察南方，邓小平又多次强调“改革开放”。时刻把握社会稳定的程度、改革开放的力度和发展的速度这三者的关系，稳步而快速地推进经济社会的全面发展，应是对邓小平如上言论的全面而正确的理解。在新时代文化建设中如何对待传统文化是一个十分复杂的问题，但以现代化为参照系的确是必要的和正确的。文化对文化的承继不是一一对应的直接，而是创造主体在社会存在的本体和本体意识的催动下对既有文化的主动选取。如果说，创新中的文化脱不开继承，那么，继承中的文化也必然会创新。然而，新的未必是好的，新的未必是有用的。争取创新的正能量和有效性，便是文化创意和艺术创意的任务。

三、艺术的创意方向

（一）儒道互补。

大多传统艺术在其所体现的价值观方面是儒道互补的。《桃花扇》《红楼梦》和《三国演义》都是“出道入儒”即歌罢英雄叹空幻。艺术是社会人生的反映。如许多学者已述，中国历代知识分子的人生轨迹都是“达则兼济天下，穷则独善其身”。志道、据德、依仁、游于艺（儒家）和反伦理而超伦理（道家庄子），不但都是艺术创作中人生主题的开拓方向，也是艺术形式的创新方向。

（二）在中西对比中反思中国美学原则和中国艺术精神。

中国美学原则包括艺术观、对艺术社会功用的认识、对自然美的认识、艺术批评的标准和尺度等。儒、道及儒与道的互补互动构成中国美学原则的丰富内容。以戏曲为例。如果说“高台教化”“文以载道”构成了戏曲的社会功用和价值取向；那么，“象征”“道具和时空在演员身上”则构成了戏曲的形式和艺术规范。儒学对“内容艺术”产生了巨大影响，庄学则对形式艺术如书法和绘画产生了巨大影响。以中国美学原则为用引入中西艺术对接，应以艺术形态、艺术形式和艺术项目为对接点，而不应以概念对概念、以理性对理性、以口号对口号。改革开放以来，中西文化比较研究有很大收获，如中西悲剧的比较研究。在中西文化的比较中找出传统艺术项目中的长与短，即为艺术创意的重要方向。

（三）延伸或批判继承传统价值观。

传统价值观的“被延伸”和“被颠覆”都是必然的。延伸和颠覆是一个问题的两个视角：颠覆即为延伸，延伸必然颠覆。“富强、民主、文明、和谐、自由、平等、公正、法治、爱国、敬业、诚信、友善”——社会主义的核心价值观就是对中华民族传统价值观的延伸和批判继承。在艺术上，依托既有故事和人物的创新表现为改造形式（改变美的形态），如魏明伦的《潘金莲》之操做法。

（四）产生于远古的内容艺术（神话、传奇和传说）用于艺术创意。

“此情可待成追忆，只是当时已惘然。”产生这些内容艺术的社会条件已不复存在且不可复制，日益工业（广义）化的社会现实又不断淡化着它们的魅力使其空洞化和符号化。试想，如果将来乘航天飞机去一趟月球像今天乘飞机去一趟美国那样“随便”，“女娲补天”“嫦娥奔月”“吴刚伐树”还会唤起人们的情感吗？我们必须承认，它们已经不是现实的艺术，它们已经进入博物馆了。然而，“落红不是无情物，化作春泥仍护花”。不是它们有灵，而是有灵的今天必然会赋予它们以新的生命，其有效的方式就是艺术创意。它们之所以还是有生命的存在或曰它们存在的唯一价值，便是如“春泥”一样充当新艺术产生的元素。

如何利用传统艺术是当今艺术创意的一大课题。有人抱怨传统内容艺术日渐失宠，有人责备依托传统内容艺术的创新屡屡失败。抱怨和责备不具有建设性。赖于艺术上的接受方式和传播方式的创意，传统内容艺术的影响力就不会消失殆尽并会时现高潮，白先勇《牡丹亭》的“青春版”实验便是成功一例。赖于艺术创作上科学的创意，依托传统内容艺术的创新就会成功。要将艺术创意上的重点由“古体今用”改变为“今体古用”即“古为今用”，使古老的题材、故事和人物为指向未来而服务。科技是杀戮幻想的利刃，也是创造（新）幻想的善根。幻想（既有内容艺术）＋科技＋幻想（创新内容艺术）应该成为一个艺术创意的公式。

（五）探索既有艺术品种的成因用于新的艺术品种的创意。

1895年12月28日，法国的卢米埃尔兄弟在巴黎放映了第一部影片，“电影”诞生了。电影诞生后的相当长的一段时期内，它一直被当做“杂要”而未被认定为艺术。雨果·闵斯特堡（1863～1917）从视知觉的生理和心理的角度，指出了人与电影影像的运动感和深度感对接为艺术（反映现实又比现实更集中的形象感受）的可能性。鲁道夫·阿恩海姆（1904～1994）紧紧抓住电影影像与现实形象之间的根本差别，指出了电影将现实幻想化为艺术的可能性。贝拉·巴拉兹（1884～1949）从电影的观众效应（审美）和社会效应（文化）方面，指出了电影艺术与其他艺术特别是文学在文化类型上的差别。正是这种理性的追问和生机勃勃的创作实践一起创造了电影。在中华民族艺术史上，对初生艺术品种类似雨果·闵斯特堡们对电影的研究并不鲜见，后世的解读更是汗牛充栋。然而对艺术创意更有意义的是研究他们的研究方法和方向。将中华传统文化引入艺术，一个重要的课题就是创造新的艺术形式（品种）和审美经验（接受方式）。历史上每一个艺术品种，都有其创生发展的心理和生理依据，都有其对现实的独特的审美关系，都有其在接受过程中所展示的文化形态。并且，在以上所有要素的规定和制约下，形成自己独特的观演（阅读）格局。那么，要提出的问题便是，当如上条件以新的形态出现时，我们能否抓住进行艺术形式的创新？为了能够抓住它们，就需要向后看，需要将前人如何探讨问题的方法引入我们的艺术创意活动。

（六）高度注意既有艺术品种的“退出”。

与上节相联系，艺术品种的退出也是艺术创意的重要节点。艺术品种的创生与发展不是偶然的，从现实的艺术品种中退出也有其深刻的经济、社会、社会心理方面的原因。如同流星划破夜空，传统艺术品种的退出会释放大量的能量，这就是它的文化化或亚艺术化。一般地说，某个艺术品种达到精致化后，必然转向其反面，逐渐退出现实社会。当然，这个退出过程有的很漫长，其间也会有反复和“回光返照”，但总体趋势一旦尽现便无可挽回。有意义的是退出的过程，它会给予艺术创意以高质量的启发。研究传统艺术品种的创生以新文化运动为止点，研究传统艺术品种的退出却无止点。研究唐诗宋词等已经退出的艺术品种的退出固然重要，研究今天处在退出进程中的艺术品种和退出的过程更为重要，这当然是因为今人身临其境把握资料更为直接和更具权威性。

（七）对“退出”后的艺术品种的“钩沉”。

艺术品种的“退出”是“作为现实的艺术品种”的退出。它的美的质素还在，它的审美经验还在。因此，对既有艺术品种的“钩沉”便是文化创意的重要方向。这种钩沉是“古为今用”的特例，是将中华传统文化引入艺术的特例。

对退出后艺术品种“钩沉”的可能性在于：当某一艺术品种作为现实的艺术品种开启了“退出”的历史进程后，由于这一进程的长期性，尚有一部分人会长期作为它的受众。用文化产业的角度说，退出中的艺术品种还会有一定的市场份额。这就为其有限度的生存创造了条件。

这种钩沉当然是有限度的，也就是说，它不能完整地再现曾有过的辉煌。

这种钩沉是以形式重回现实，也就是说，是某个艺术品种充当了艺术创意的着力点。

从形态上讲，“传统文化”既有逻辑的，也有形象的；既表现为内容，也表现为形式；既是体系，也是片面理论；既是集合，也是细部。将中华传统文化引入艺术，实则以传统文化作为创意的启发点，是古为今用而不是相反。另外，所谓引入艺术，需要强调的是既要引入艺术创作，也要引入艺术欣赏。今天，面对日益工业（广义）化的社会，如何欣赏已成为时代课题，因此，艺术的欣赏特别是对传统艺术的欣赏需要创意。

四、将儒学引入当代生活

儒学是中华传统文化的核心形态。它是理性形式，但已渗透到艺术中；它是典籍文化，却早已融入生活之中。鉴于将传统文化引入艺术于前已述，这里只论及儒学与当代生活的关系。将既有思想遗产引入生活实质是依据当代社会的实践需求和日用之常将其改造性地利用，以助推当代的政治建设、经济建设、文化建设、社会建设和生态建设。这实际是一个既有思想遗产的当代化问题。学界虽然对思想遗产的“引入”绵延不断，但也受社会文化对引入活动的影响而呈现为波浪式特征。在所有中国思想遗产中，儒学比其他任何学说更具有“引入”的必要性和可能性。将儒学引入我们的生活，不是要搞什么“新儒学”，而是要以现代化为体，以社会存在的本体和本体意识为“体”，以儒学为“用”，以资实践需求和日用之常。

儒学是什么？这是讨论“将儒学引入我们的生活”必须回答的问题。实际上，迄今为止，我们对先贤学说的一切界定，都标志着我们的水平，都打上了时代的烙印，都有着当代社会实践需求和日用之常的影子。所谓“儒学”也只能是我们所认识到的儒学。也就是说，对“儒学”的界定，本身就是“述”中有“作”，是以将这一古老学说置于“用”的地位为前提的。为了“用”，为了“引入”，为了让儒学这一古老的学说为我们的现代化服务，我们需要完整地、准确地理解儒学。第一，要把儒学原典的思想体系标清楚。思想行程若一条大江，原典即为大江的开端，原典搞不清楚，流脉就难以搞清。从思想到思想，向来不是思想发展的路线，但常常被研究者错误地用作研究思想遗产的路线。只有把儒学原典的思想体系搞清楚，才能弄清每一个概念的流变，因为每一个概念的流变都与现实社会的政治、经济、文化的演变有关。第二，要努力把握我们时代所能把握的儒学思想的完整行程，从中抽取儒学在纵向发展中各学派的观点的共性，以发现其思想方法。第三，要将学说创立者的思想追求、主观愿望与其学说的客观效果区分开来，从历史事实是诸因素合力的高度而不是从具体的政治利害的角度看待儒学的价值，寻找为我所用的元素。第四，辩证地看待精华与“糟粕”。需要注意的是，当我们给思想遗产分贴标签时，是带着我们的主观视点的。也就是说，都是以我们的需求为参照系的。历史上产生过的任何思想形态，都有其产生的理由，都有过兴盛的阶段。因此，为了全面地、准确地理解儒学，就不应有“标签意识”。

那么，儒学是什么？

儒学是先秦时期即中国从早期奴隶制向发达奴隶制过渡期间孔子学派的学说。毫无疑问，“儒学”是一个文化形态而非只是言语的堆积。儒学本是日用之常，是孔子将民俗、礼仪提升为儒学，即将“实然”提升为“应然”，将亲属关系和历史传统提升为意识形态上的自觉主张。“儒学”是一个教育体系。正是孔子，创造了这个教育体系。而这个教育体系的创造，其文化价值不亚于学说本身。“儒学”集“述”“作”为一体，至今已有注家两千余。综上所述，可见孔子原典和行为是我们把握儒学的根本着力点。

学界公认，孔子学说的主要概念是“礼”和“仁”。但“礼”与“仁”并非相互无关，亦非平分秋色，而是有主有从。孔子时代，早期奴隶制正在向发达奴隶制激越地行进，作为氏族时代统治工具的“周礼”正在崩塌，伴随着怀疑与反对的时代浪潮，释礼为己所用风起云涌。这样的社会图景，先秦之后，又多次再现。当一个具体的学说完成它的行程之后（社会生产力发展、生产方式变化使然），必有新的思想体系取而代之。但这种取代不是一刀两断，而是在克服中有保留。之所以如此，是因为新的思想体系的确需要“托古”，只有渐变才能成功。面对日益激烈的阶级斗争，孔子幻想回到相对温和的周代，通过“释礼”，锻造完成这一夙愿的思想武器。孔子释礼原本是为了“崇礼”，为了“复礼”，反对政、刑从礼治中分化出来。为了释礼，孔子从古老的文字中选择了“仁”作为自己思想体系的核心，以“仁”释礼。如同意识形态继承上的所有现象一样，以“仁”释“礼”的结果却使“仁”高于礼，成了孔子学说中的核心范畴。

那么，“仁”又是什么？

李泽厚认为：“孔子的仁学思想似乎恰恰是这样一种整体模式。它由四个方面或因素组成，诸因素相互依存、渗透或制约，从而具有自我调节、相互转换和相对稳定的适应功能。”（李泽厚：《中国古代思想史论》，人民出版社1986年版，第16页）

这四个方面或因素是：

（一）血缘根基。孔子是从释礼护礼的角度来提出仁的。礼本来是以血缘为基础、以等级为特征的氏族统治体系。为了维护这一统治体系，孔子以“孝”“悌”作为仁的思想基础，从而沿续了礼以血缘为根基的逻辑起点；以“迩之事父，远之事君”作为仁的标准，以维护氏族家长传统的等级制度。将是否维护周礼和是否能够主动地克己复礼视为“仁”与“不仁”的分水岭，从而确立了孔子的道德标准。从思想史行程上看更有意义的是，孔子的这一主张和“仁”的观念的确立，对“礼”这种超出生物种属性质、起着社会阶构作用的血缘亲属关系和等级制度作明确的政治学的解释，使之摆脱特定氏族社会的历史限制，强调它具有普遍和长久的社会性的含义和作用。（参见李泽厚：《中国古代思想史论》，人民出版社1986年版，第18页）

（二）心理原则。孔子认为，礼、仪与仁都有关系，但都不是仁。社会的发展使礼从原始巫术礼仪中分化出来，成为统治规范和典章制度，至孔子时代，礼又面临着分化，对礼的本质作出解释成为时代课题。尽管释礼的目的也许大相径庭，孔子却与其他各派都将“礼”置于以人的自然欲求为基础的原则之上，“礼”便是对这种“人性”的疏导和规范。强调“人性善”和强调“人性恶”，反映着对疏导和规范方式的不同理解，如后世王阳明所言“无善无恶心之体”——人性是无所谓善恶的。有意义的是，孔子把这种外在的规范（礼、仪）“解说成人心的内在要求，把原来的僵硬的强制规定，提升为生活的自觉理念，把一种宗教性的东西变而为人情日常之常，从而使伦理规范与心理欲求融为一体。‘礼’由于取得了这种心理学的内在依据而人性化，因为上述心理原则正是具体化了的人性意识。”（同上书，第20页）人性不是兽性，有着自我约束的心理机制和自血缘所延展的社会约束的机制；人性也不是神性，它不排斥感性（七情六欲），不否弃生命。向恶是人容易做到的（民间所谓“从恶如崩”），向善也是人虽难以做到但也能够做到的（民间所谓“从善如登”）。《论语》中著名的孔子“汝心安否”的议论，精到地讲清了化“礼”为“仁”的可能性和必要性。“宰我问：‘三年之丧，期已久矣。君子三年不为礼，礼必坏；三年不为乐，乐必崩。旧谷既没，新谷既升，钻燧改火，期可已矣。’子曰：‘食夫稻，衣夫锦，于女安乎？’曰：‘安’。‘女安，则为之！夫君子之居丧，食旨不甘，闻乐不乐，居处不安，故不为也。今女安，则为之！’宰我出。子曰：‘予之不仁也！子生三年，然后免于父母之怀，夫三年之丧，天下之通丧也。予也有三年之爱于其父母乎！’”（《论语·阳货》）这仍然是以人的生命存在为基础（礼以人的自然欲求为基础）而立论的。守丧三年还是一年并不是问题的关键，关键是“汝心安否？”，即有无对父母养育的感恩之心。“人而不仁，如礼何？人而不仁，如乐何？”（《论语·八佾》）没有善良之心，礼乐都不过是摆设。正是心理原则的确立，使“仁”在孔子学说里高出了“礼”，手段高出了目的。

（三）人道主义和原始氏族体制中所具有的民主性的高扬。仁学思想在外在方面高扬了人道主义和原始氏族体制中所具有的民主性。孔子反对政刑从礼中分化出来（《论语》中多处有此类论述），主张维护氏族统治体系要依靠这个体制所留存的原始人道主义和原始民主。同时，在人与外在之物外在自然的关系上，孔子强调了人的价值（“伤人乎？不问马。”），对鬼神采取了一种不予实证归为信仰的态度，从而确立了物为人服务、神为人服务的实践理性。

（四）与外在的人道主义和民主性相对应并与之紧密联系制约，“仁”在内在方面突出了个体人格的主动性和独立性。孔子的“仁”既非常高远，又切实可行（“人远乎哉？我欲仁，斯仁至矣。”）；既是社会责任感又是主观能动性（“为仁由己，而由人乎哉？”）。孔子要求当时的整个氏族贵族阶级，把社会责任主动地担当起来（“克己复礼为仁”），发挥主观能动性和独立性，加强修身与学习，率先垂范改造社会，扭转“世风日下”“礼崩乐坏”的局面。

正是由于仁学体系的以上四大因素的相互依存、渗透或制约，致使这个体系具有了自我调节、相互转换和相对稳定的功能。同时，也正是由于仁学具有以上的特点，致使“孔子之后，儒分而八”，孔子仁学朝着不同的方向被大大地发展了。

要从儒学的第一形态的总体来把握儒学的思想体系。孔子时代奴隶制生产关系还未得到充分的发展，应该说，儒学的思想行程还未完成，孔子仁学不过是一个开端。孔、孟、荀、易、庸是这一完整思想行程中的主要成果，涵盖了儒学的世界观、人生观和方法论，构成了儒学的第一形态或第一阶段。换言之，孔学中的某些要义在孔子后仍在延续，孟、荀、易、庸诸学均具有与孔学相同的某些思想特征。这些特征便是：1．“孔、孟、荀的共同处是，充分注意了作为群体的人类社会的秩序规范（外）与作为个体人性的主观心理结构（内）相互适应这个重大问题，也即是所谓人性论问题。”（李泽厚：《中国古代思想史论》，人民出版社1986年版，第109页）《易传》则承接荀学，在批判吸收老子“道”的思想基础上创立了天人相通的世界观，《中庸》则承接孟学，在批判吸收老子“道”的思想基础上建立了同样的世界观。《易传》“天行健，君子以自强不息”赋予自然以人的品德色彩，《中庸》“天命之谓性，率性之谓道，修道之谓教”把“人性”提高到“天命”的高度。易与庸依然沿袭了孔孟荀重视人的修养和注意人性论问题的特征。2．孔、孟、荀、易、庸，都既是人生观又是世界观，在它们各自的体系中，二者是合而为一的。3．从孔孟到荀再到易庸，体现出一条将“实然”提升和转化为“应然”再由“应然”（人生观）与世界观相衔接的思想路线。这条路线从孔子的强调伦理的“知”（“知之为知之，不知为不知，是知也”）高于认识的知出发，一直到孟子的先验的性善论、荀子的“制天命而用之”、易学的“生生之谓易”和既情感又理性的“天”、中庸的先赋予宇宙以道德本体义后又将其作为人性自觉的来源与本质，可以说一脉相承，逐步拓展着人格、人性所达到的高度，一直到“与天地参”“天人合一”，将伦理提高到本体。完整地把握儒学的第一形态，我们就能看出思想行程与社会基础的关系，就能看出思想发展中继承与批判、继承与创新的关系，就能看出理论创新所依据的主客观条件。

要从两千多年以来儒学的后世各个形态来回望儒学。儒学的第一形态过后，两千多年中又产生过汉代董仲舒的“太极图说”、宋儒理学和近代的新儒学等儒学形态。这些儒学形态虽然与儒学的第一形态已相去甚远，但仍然具有第一形态的某些痕迹和特征。它们是我们理解儒学原典的重要的启发点。

儒学既是形而上之学，也是形而下之学。孔子仁学的血缘根基和等级特征，既有人类学基础（如直立行走带来的人类怀胎时间缩短而婴儿出生后能力差），又有社会学基础。孟子释仁为“亲亲仁也”，应该说是很准确、精到的。亲子关系及家庭关系是人的第一个命运共同体，以亲属关系为亲是人之常情、事之常理，进而拓展（仁者爱人）符合生活的逻辑。正是将这种“自然而然”的社会事实、这种超生物性的本体存在转化、提升为意识形态上的自觉主张，构成仁学的思想路线。生产力的发展不断冲淡着这种温情脉脉的亲情，正是儒学的强大影响，使得几千年来华人族群依然保持着坚实的亲情基础。儒学已经渗透到华人生活中的每一个因子中，成为他们的风俗、习惯，寓之于民歌民谣、戏曲格言、家教家风之中。儒学不是宗教，却有着不亚于任何宗教的劝善功能、励志功能和觅美功能，有着远超任何宗教的实践动能。形而下之学的儒学虽然没有完整的理论形态和缜密的思辨形式，但它常常以无可辩驳的口吻宣示着人生经验（如格言），常常以高台教化和潜移默化的形式循循善诱地指导着人生。孔学原典很少讲“什么是”，但不厌其烦地指导着人们“怎样做”，主张即便是十分高远的“仁”的境界，也是任何生命个体通过努力都能够达到的。所有这些特征，使它具有了十分坚实的日用性。

或赞赏或反对，或轻蔑或重视，儒学的巨大身影毕竟涵盖了代代民众的心灵时空，它已经是中国人生活中的重要内容。因此，所谓“将儒学引入当代生活”，强调和研究的是主动作为。

儒学原典被成功地引入生活（越出讲堂和书斋）始于汉代。汉代以后，儒学仍不时被各种社会力量引入生活，每次的引入依然伴随着对原典的改造、曲解。近代以降，儒学大多“供批判用”，例如五四运动的“打倒孔家店”，“文革”前期的“破四旧”和“文革”后期的“批林批孔”运动。这当然也是一种“引入”。

综上所述，可见作为理论形态的儒学与社会生活的关系大致分为以下几种情况。第一，它早已进入了社会生活，以民俗、礼仪和文艺的形式渗透在生活之中和人生观之中，后世的任何引入面对的都不是一块意识和观念的“白板”，而实质上是与社会意识形态的对接。第二，主动引入的行为是经常发生的。第三，每次的引入都伴随着改造。经过几个文化形态的变迁，儒学不但吸收了法、道、阴阳各家，还与禅宗、庄子之学形成了互补效应，几乎成了中国传统文化的代名词。后世儒学已与孔学原典相去甚远，它们分别是各个引入者的“儒学”，甚至只是社会存在的一个代码。第四，每次的引入其动力都是实践需求和日用需求。第五，引入的主体各异，政治力量、学术力量、经济力量不一而足。

改革开放以来，儒学的引入活动可说是一浪高过一浪。这次引入有如下特征：第一，李泽厚对孔学体系的揭示和儒学思想特征的揭示，不但具有重大的学术价值，而且为今后正确地“引入”创造了条件（即提供了儒学的体系）。第二，将孔子、儒学神化甚至迷信化，将儒学教条化。全国有不少“儒教”在活动，这些组织完全把儒学宗教化了。更有甚者，有人在高校里修了孔庙，引导学生烧香拜孔。这些做法，完全违背了儒学的基本精神，是对儒学的歪曲和亵渎。第三，将儒学娱乐化。全国各地开设了不少儒学训练班、体验班，将少年儿童隔离起来进行儒学的教育。试想，离开了亲情链条训练亲情，离开了现实生活训练爱心，怎么可能有好的效果呢？第四，自1993年以来，学界不少人追随商潮，积极参与了商业授课、商业演讲。第五，商界成了这次引儒的主角。这是历史上的罕见现象。“儒商”成了这一文化现象中一朵闪光的浪花。儒商名号的兴起，与个别国企领导人的腐败和个别民营企业家的“原罪”有关，反映了他们渴望道德包装和文化包装的不良动机。面对迈向现代化的社会的实践需求和黎民百姓的日用需求，面对儒学学术的弱化和各种乱象，有必要对引儒的科学方法作认真的探讨。

（一）完整地、准确地理解儒学的思想体系。

这是理解任何理论体系的正确的方法。所谓完整，一是指要从完整的思想行程单元中把握思想体系。儒学第一行程的发展跨越春秋战国，所以儒学思想体系应该是囊括这一时期所有儒学经典的有机构成。这是一个奴隶制生产方式的基本发展行程。社会意识是社会存在的反映，只有当特定生产方式完成了它的行程，这一生产方式下产生的意识形态才会有完整性。二是要从完整的文本中把握思想体系。一个人的思想，要把握他的全部言论；一个学说，要把握这个学说的全部著述和全部言论。同时，要对特定思想体系进行去伪存真、去粗取精的研究，以确定特定思想体系的结构。所谓准确，一是要从体系出发去理解这个体系的具体论断和具体表述，不要把不同条件的论断和具体表述对立起来。二是要按照“一切以时间、地点和条件为转移”的辩证法将思想体系的每一单元与它的背景联系起来研究，弄清其真实所指和提出的根据，从而进一步把握思想者的方法论。要力戒和消除当代“引儒”上存在的片面化、实用主义等种种弊端。

（二）深刻领会孔学重视“怎么做”的思想方法。

孔子原典常常从“怎么做”的角度回答问题，回避“什么是”的回答方法。据统计，“仁”字在《论语》中出现百次以上，每次的回答并不一样，这使得后世的解释仁者见仁，智者见智，分歧很大。其实，应该说这种求“什么是”的方法并不科学，不符合孔子的原意。孔子的回答，是“怎么做才符合仁”式的回答。“仁”是对一种思想境界、道德境界的抽象，难以回答“什么是仁”。“仁者爱仁”“克己复礼为仁”“刚毅木讷近仁”“仁者其言也韧”，等等，都是在回答怎样做才符合“仁”的要求和标准，而不是揭示“仁”的概念内涵。有人说，这是古人抽象能力不够所致；也有人说，这是中国古代哲学的普遍特点。这些都不重要，重要的是我们能从这种思想方法中获取什么教益。重视回答“怎么做”而回避“什么是”，利于人们凝神聚力解决当前难题，以避免清谈误事；利于人们避免好高骛远不顾条件超前实施不该当下实施之事；利于将顶层设计融于路线的具体环节之中，以减小实施的社会阻力；利于激励人们奋斗，让人在完成目标任务的同时获得成就感。有些问题例如“什么是仁”不宜用“什么是”来回答，因为它是一个“动态概念”，是一个人生和人类修养的终极目标。

回答“怎样做”有时可以用“什么不是”的方式进行。“什么不是”是一个特称否定判断，它似乎与“什么是”同一类型，其实大不一样。“什么不是”中“什么”这个特称，指的是当下看得见摸得着的具体事物和具体事实，这样的回答其行动意义很强，它是“怎么做”的另一种表述。当人们对某一概念有了固化思维而正在沿着错误道路快跑之时，为了解放他们的思想打破思维定势就需要这种方式。邓小平在启动改革开放时，就曾多次讲“什么不是社会主义”，例如“贫穷不是社会主义”“发展太慢也不是社会主义”，等等。那时候，如果直面回答“什么是社会主义”不但会在理论上陷入无休止的争论，政治上也是有风险的。但是，如果我们仅从政治智慧上理解邓小平，就远远不够了。

（三）提炼出“以礼辅仁”的思想路线。

孔、孟、荀、易、庸均未讲过“以礼辅仁”，但这条思想路线是儒学中既有的。依荀子之说，礼起源于人对物品的分享，是按照等差分配物品的规矩。荀子说：“礼起于何也？曰：人生而有欲，欲而不得，则不能无求，求而无度量分界，则不能不争。争则乱，乱则穷。先王恶其乱也，故制礼义以分之，以养人之欲，给人之求。使欲必不穷于物，物必不屈于欲，两者相持而长，是礼之所起也。”（《荀子·礼论》）相信荀子的这种对礼的起源的历史解释经得住人类学的考验。礼的内容都是什么呢？从《礼记》中，从《论语》中，我们看到了许多关于礼的描述。礼是分阶段的。分述起来，礼的初始意义便是原始的巫术礼仪。周礼则是晚期氏族统治体系的进一步规范化和系统化，它虽然还保存着一定程度的原始的人民性和民主性，但在总体上已成为少数贵族的典章、制度、仪节。孔子时代，“礼崩乐坏”，恢复周礼已完全不可能，孔子以仁释礼并号召“克己复礼”效果不佳，“刑”与“政”正在强化并迅速取代着“礼”的作用。荀子时代，“礼”则完全回落为“仪”。“凡礼：事生，饰欢也；送死，饰哀也；祭祀，饰敬也；师旅，饰威也。是百王之所同，古今之所一也，未有知其所由来者也。”（《荀子·礼论》）这已是荀子时代礼的特征了。另一方面，荀子通过对礼的历史解释（“礼起于何也？……”），为礼向法、刑、政的过渡开辟道路。

从原始巫术礼仪到荀子时代的礼，一条演变分化之线清晰可见：原始巫术礼仪这种各种规矩、规范和习惯无所不包的文化形态，已随生产方式的变化而演变、分化为艺术、伦理、政治和刑法。至今日，更是演变、分化为艺术、宗教、伦理及上层建筑的各个门类。孔子“以仁释礼”，主张通过自我修养使带有强制性的典章制度化而为人的主观欲求，将本是现实政治体制的礼化而为意识形态的伦常道德精神；荀子则“礼”“法”并提，强调阐释“礼”作为典章制度的方面。他的出发点虽然已变为整体统治立场，但仍重视礼的基础作用，重视人的修养，寄希望通过“礼”“法”而遏制人性中恶的一面。显而易见，如果把“仁”理解为人的内在心理，理解为人的道德精神，礼便从“仪”“乐”和典章制度这两个方向对“仁”发挥着辅助的作用。一方面，“仿佛是向过去回归”——礼的艺术、伦理及亚文化的种种因素，对人的精神文明发挥着潜移默化的教化作用，它直指做人的最高目标。另一方面，礼的典章制度方面则对人的行为发挥着强制性的作用，它是做人的底线。从教育感化和严刑峻法两个方向规范人性，塑造有理想、有道德、有文化、守纪律的现代人，就是“以礼辅仁”的现代含义。

（四）效法赋予“应然”以“实然”之品性的教育方法。

“实然”就是存在，这个存在在儒学不是马克思主义的社会存在，而是血缘亲情链条中的存在。按照儒学的体系，生命个体是父母的儿女，儿女的父母，亲戚的亲戚，是这个血缘亲情链条中的一环，父母与儿女、兄弟姐妹之间是一个命运共同体，儿女出生后的第一个命运共同体就是这个由血缘所决定且无可选择的组合。超生物性的爱首先产生于这个命运共同体成员之间。那种“人同此心，心同此理”的“孝”和“悌”就来源于这个儒学意义上的“存在”（“实然”）。“应然”就是“应该如此”，是人的主观愿望，亦即“善”的心理学意义。正因为社会的发展必然会使任何一个生命个体都会遇到情与理的矛盾（如“父母在，不远游”不可坚守，如“守丧三年”不可坚守，如管仲虽然不能“死君难”却能“一匡天下”），正因为常常有“大逆不道”的人出现，才有必要将顺理成章的事（“实然”）提升和转换为意识形态上的“应然”即道德，提升和转换为一种主张。大多数人本来正是这样做的，但因为谋生的需要（孔学没有注意到这一点）让人越来越难以机械地执行旧规了。“旧规”的本质是什么（在孔子时代的时代课题便是“礼”的本质是什么）？是情（典章制度只是礼的工具性的一面，其本质和功能在于情即敬的心理塑造）。因此，只要固守住“情”，便是固守住了“礼”。虽然说“父母在，不远游”，但只要“有方”（游必有方）必要的远游也可以；忠孝不能两全，但可移孝作忠（此为后世之阐发）。将“实然”提升和转化为“应然”，正是孔子儒学产生的思想路线。孔子“复礼”不成，却完成了一项伟大的思想建设（也许，“知其不可而为之”正是为了文化建树）。与将“实然”转化和提升至“应然”同样具有重大意义的，是仁学思想体系赋予“应然”以“实然”的行动感召力。

“应然”不是“实然”，赋予其以“实然”内涵，则使整个仁学具有了行动的感召力。这从“仁”的以下含义中可以看出：第一个含义是说，人人都是这样做的，你也应该或必须这样做；第二个含义是说，你是可以做到的；第三个含义是说，“孝”“悌”“爱人”等是既高远又切实可行的人生目标、做人的准则，自己永远不能满足，而社会对社会成员的要求是：人的能力有大有小，但只要有一颗爱心，做了力所能及的事，就是一个合格的人。后世儒学无论是自内而外（如孟子）还是自外而内（如荀子）以及建立世界观的《易传》，创立理学的朱学，均未离开这条思想路线。然而，如同“以仁释礼”一样，赋予“应然”以“实然”的行动感召力也是儒学的一条“暗线”，即我们所认识到解读到的儒学的思想路线。这样的思想路线，极大地彰显了行动的意义，它和儒学的整体特性——实践理性紧密联系在一起，后世受其影响者众多，如孙中山的“知难行易”之说、邓小平的“不争论”之说。

（五）把握做人高于做事的本体意识。

所谓“做人”即人的主体意识的实现，在儒学里，它包括互相联系的三个要素：第一，“伤人乎，不问马”“天道远，人道迩”“敬鬼神而远之”“万物皆备于我”等儒学名句中所表达的人道主义，即在与外物（包括人以外的生物）的对比和与鬼神的对比中突出和高扬人的地位，将信仰规范在人的精神需求的范畴之内。第二，将学习做人（修身）与学习做事联系起来，而将后者置于前者的统摄之下。孔子将“修身”置于做事之上是不争之论（“吾日三省吾身”“仁者爱人”）；孟子言“性善”，强调人性善的道德理论的先验性，从而把“做人”提高到目的论的绝对高度；荀子将“修身”引向更为宽泛的利用外物改造外物方面，从整体人类与自然之天对接的高度高扬起人类的价值（“天地之参”），从而为解决“人性恶”开拓了历史的根本的道路，将“做人”与“谋利”的矛盾的解决由修身引导到和满足在积极进取的人生观的确立之上。这仍然是置做人于做事之上，与孔孟殊途同归又高于孔孟。第三，沟通人生观与世界观。孔学张扬个体人格的主动性和独立性，仍然是讲人际关系；孟学由内而外，将先验的向善心理视为社会秩序、规范的根源。治理社会要依靠这种“不忍人之心”向“仁政”的转化；荀学重视“人性”和外在自然的改造，通过“劝学”和倡导有所作为，高举起整体族类的伟大旗帜，沟通了个人与族类、（通过秩序、规范）族类与自然的必然的历史的关系，将人生观与世界观统一了起来。易学（《易传》）与荀学有直接的关系。荀学限制和规范人性之恶和天人相分制天命而用之的伟大思想直接被改造为易学“天行健，君子以自强不息”的积极昂扬的人生观和“一阴一阳之谓道”的世界观形而上之学。世界观、历史观和人生观在易学达到了统一。这个统一又是以人生观为主导的，它是历史的理性，又充满着生命意识——赋予了自然以积极向上的生命、生活的品性。《中庸》则从孟学出发，将儒学的修身这一“立命”之学提升至“天命”的高度（“天命之谓性，率性之谓道，修道之谓教”），同样将人生观与世界观统一了起来。

综上所述，可见儒学的发展有一个清晰的脉络，这就是由“人道”而“天道”（孔子：“天道远，人道迩”），进而将人道（人生观）与天道（世界观）统一起来。而无论是修身也好，改造自然也好，也不管着眼于个体人格的完善也好，还是着眼于族类的长存也好，都是为了人的全面发展。这个发展当然包括了限制进而根本解决物质需求上患寡又患不均的问题，解决和满足“人欲”问题，但根本上还是为了个体人格的完善，为了族类的长存（在人类历史进程中，个体生命的牺牲正是为了族类的长存，这种牺牲恰恰高扬了个体人性）。因此，从根本上说，儒学的整体思想是将“做人”置于做事之上而以做人统摄做事的。这样的思想行程和本体论色彩未必反映真实的历史行程，但它又确实具有积极的人生意义。特别是面对日益物化的世界，儒学的这一思想行程更显出正面的实践意义。人必须首先努力成为一个合理的劳动者，进而朝着“大写的人”奋力迈进。进入后工业化社会，“恶”已经成为社会前进的巨大破坏力，将利益驱动不失时机地转为正义驱动，发挥善在现代化建设中的巨大力量，已成为时代课题。

所谓“将儒学引入当代生活”，不是发思古之幽情，建立什么“新儒学”，不是寻求新的神助，将儒学奉为神明，不是为了道德作秀，精神媚雅，更不是为了拿来吓人，而是将儒学用于现代化建设的实践，用于处在这一伟大进程中每个生命个体全面发展的精神需求。

（一）抓实抓小，将社会主义核心价值观落到实处。

社会主义的核心价值观既体现着社会主义现代化建设的实践需求，又承继着中华优秀传统文化特别是儒学的精华。要将这一核心价值观化而为每一个社会成员、国家和社会的自觉追求，就要抓实抓小。抓实是目的论，抓小是方法论。个人层面的目标需要每一个社会成员切实践履、亲身实行。要从动机与效果统一的角度评价人的作为，既肯定每一个人力所能及的每一件好事，又注意引导社会成员从他人和自己的善行中获得道德上的成就感和愉快，使偶发的也许是“行不由衷”的善行成为常态化的精神上的自觉追求。一个人做点好事并不难，难的是一辈子做好事，一辈子有益于人民，这才是最难最难的。国家层面的目标和社会层面的目标的实现也要靠全体公民的身体力行。同时，各项改革的推进也是这些目标实现的关键。

在社会主义核心价值观国家和社会目标的实现上，所谓抓实的含义就是加大改革的力度，以促进国家富强和公平正义、和谐民主的进程。抓小就是从小处抓起。对于有害于社会公德的事，再小也要遏止，从严处理，社会成员更不应该以恶小而为之。对于社会善举，无论多小也要肯定，社会成员更不应因善小而不为。20世纪80年代有一些著名的口号，如“从我做起，从现在做起”“岗位学雷锋，行业树新风”等，在当时起到了非常好的社会效果。这些口号体现了道德建设抓实抓小的思想，用于今天的社会主义核心价值观的建设，并不过时。

将道德建设抓实抓小，既是儒学的基本倡导，又应和着中国现代化实践的精神需求。首先，在公民层面上，爱国应该成为每一个公民的情感追求。文化创意的任务是寻求“国家”中的文化要素与国民的最大契合点，扩大国家的感召力，激发中华儿女热爱中华、振兴中华的责任感。敬业是践行社会主义核心价值观的具体体现。只有人人敬业，现代化事业才能成功。然而，资本、劳动力、知识、技术和管理等不同性质的劳动所带来的收入上的悬殊，付出与报酬巨大的不对等，传统观念对择业的影响，都阻碍着人们铸牢敬业的观念。

20世纪90年代中期的歌曲《祝你平安》对于劝慰人们敬业爱职起

到了很大的作用，对比20世纪80年代“岗位学雷锋，行业树新风”，我们不难看到二者社会背景的不同和所针对的社会心理的不同。《祝你平安》并未给予人们以解决如上问题的灵丹妙药，因为只有等待发展，才能从根本上解决如上问题。但是，它满足了社会成员的精神文化需求，因此可说是一剂劝人敬业的良药。

面对今天电信诈骗频发、腐败一时难以遏制的状况，倡导诚信的重要性恐怕是不言而喻的了。诚信的重要性也不是今天才凸显出来，看一看现代汉语中诸如“诚恳”“诚实”“忠诚”等以“诚”字组成的词便知：“诚信”的危机一直存在。塑造“诚信”使人重建诚信需要三种外力：第一当然是要消除不诚不信的社会基础，这是最根本的。第二是要强化对不诚信的惩戒机制。但是，惩戒也不是万能的。孔子说：“道之以政，齐之以刑，民免而无耻；道之以德，齐之以礼，有耻且格。”（《论语·为政》）这大概也是格言“法不责众”长期流行的原因。第三是教育。要使社会成员坚守诚信，不诚不信者重拾诚信，必须依以上三条“三管齐下”综合施工。其中教育方面即通过文化创意使诚信有效地深入人心，化而为受教育者的主观欲求。孟子、荀子、《中庸》都讲“诚”。《中庸》是从孟学的内在心理的角度讲诚的，同时，它也融合了荀学的见解，基本观点是赋予自然之天以人情化、道德化的性质，它虽是“天道”，却又是“人道”，有倒转至人心与人心互感的功能。应该说，儒学讲诚，还是以人的内在修养为实现的根本环节的。儒学对诚的基本立意对后世语言与思想一体的“诚文化”的流变有着基础的意义。因此，诚信教育的文化创意要抛弃原典并无多少道理的烦琐论证和准宗教因素，紧紧把握诚的本体意义和达到诚的根本环节。把握住诚的本体意义，才会使立诚者认识到诚信不但关乎社会亦关乎个人，最终有利于个体人格的成长和人的全面发展。

把握自我修养就会在教育实践中将重心放置在人的自我觉悟上，这是诚的实现的根本环节。当然，这又是一个发展全面教育的问题。

社会许多诚信教育之所以无效或成效甚微，就在于就诚信说诚信，就道德说道德，而没有将人的诚信教育超越“思想教育”而扩展到整个心理疏导，即知情意整个心理结构的塑造。社会主义核心价值观中的“友善”至关重要。“友善”的最高标准是“助人为乐”，最低标准是不以恶意、恶行对待他人。文化创意应遵循“取乎其上”的原则从助人养成助人之乐的心理习惯入手发力，从少年儿童抓起，从具体事情抓起（如“孔融七岁能让梨”等），给予奔向现代化的人们守诚立诚以内在的动力。

（二）吸收儒学精华，重构亲情伦理。

重构亲情伦理的必要性在于：第一，生产方式的变化使亲情产生和存在的家庭命运共同体松散化。亲情伦理本产生和存在于家庭，现代生产方式改变了人们的生活方式，家庭的变化尤为巨大。家庭变化本是亲情伦理变化的晴雨表。现代化进程中的中国家庭变化具有史无前例的特征，即家庭成员之间的彼此经济责任逐渐被社会公益所代替。这使得原有的表达亲情的民俗和方式也随之改变，亲情逐渐淡化。第二，中国特殊的“一孩化”政策的副作用于21世纪10年代初显，传统的尽孝方式受到了严峻的挑战，需要新的伦理观为新的尽孝方式开拓前途。第三，现代化的生产方式和生活方式使丧葬仪俗和慎终追远方式受到了激烈的冲击，需要重建新的伦理以适应这一新的形势。第四，依法治国的迅速推进使情与理的矛盾日渐突出，其中包括亲情伦理与法治的矛盾。需要重建社会主义法治观念统摄下的亲情伦理观念。第五，如何巩固亲情并以此平衡现代化的副作用成为历史性课题。建设面向现代化、面向人的全面发展、抵御各种异化的新的伦理观成为现代化建设的题中应有之义，不可忽视的一环。

重建亲情伦理需要吸收儒学精华进行文化创意。要使这个创意有效化，必须弄清儒学中孝、悌亲情伦理的本质含义，进行如冯友兰所说的“抽象继承”。照猫画虎式地因袭孔子时代的亲情表达方式是十分错误的。之所以在当代仍有刻意复古者，在于不了解孝悌的本质。

孔子原典以孝悌为核心的亲情伦理观可概括为：第一，亲情伦理根植于父母兄弟这个生命生活的第一共同体上，它是这个共同体成员的第一社会责任的体现；第二，能担重责者应从亲情出发扩展自己的担当，将这种担当辐射至社会；第三，亲情伦理是基于第一责任上的主观能动性，本质上是一种伦理情感。第四，仪式是重要的。不但对逝去的亲人的缅怀要有庄严的仪式，对活着的亲人的孝悌也要有一定的仪式，或具有仪式感的方式。仪式的重要在于它是培植感情的有效方式，离开了这一目的的仪式只是“作秀”，是没有意义的。以上的要素可概括为：亲情伦理是依托血缘的命运共同体而生成的，但它一旦生成便具有超生物性的特质和功能，升腾、转化为情本体从而对人类的存在和发展特别是顺利跨越工业化社会发挥重要的作用。

明乎此，重建亲情伦理的文化创意就需沿着以下方向展开：第一，在亲情中确定自我，以抗衡物化所带来的焦虑、失望、茫然等心理疾病。第二，适应现代化生产方式和生活方式，创新孝悌方式、丧葬方式和追悼方式，以巩固亲情、恪守伦理。第三，将巩固亲情、恪守伦理提升至个人完善的高度认识中、践行中。这一点也极为重要。一般谈孝悌，总是突出孝悌对象的需要。其实，在生命共同体逐渐松散的现代社会，孝悌更是孝悌行为者的精神需求。第四，重视文艺对于培植亲情伦理的重要作用。如今，那首广泛流传的《常回家看看》已成经典。这首歌曲之所以广受欢迎，在于它唱出了“孝”的情感本质：“刷刷筷子洗洗碗”之所以重要，不在于事功，而在于结情。传统戏曲、曲艺曾经是孝悌教育的有效形式，但如今因观众的锐减和剧情与当代人的隔膜其“高台教化”作用已大大降低，需要寻找新的艺术形式讲好新的故事。第五，要以民俗的内核为出发点，创新不失此内核的与现代化相适应的民俗形式，以巩固亲情。民俗是亲情伦理的载体。在现代化生产方式和生活方式的条件下，民俗不可能保持原生态。这就需要提取既有民俗的合理内核，将民俗形式的创新和推广作为文化创意的重要方向、巩固亲情伦理的有效方式。

反其意而用之，在儒学的映衬下强化对科学和民主理念的重要性的认识。儒学里没有现代科学和民主理念，这两大理念是新文化运动引来的，中国共产党“实事求是”的思想路线拓展了“科学”的内涵，“群众路线”则拓展了“民主”的内涵。经由邓小平理论，科学技术被理解为第一生产力，从而被注入了现代化的元素；经由“文革”的深刻教训和社会主义法治三十余年的实践，民主被注入了法制的元素。可以说，今日中国，民主与法治比历史上任何时期都更加现实化。回望新文化运动，我们对它提出“打倒孔家店”的政治口号不禁肃然起敬。当然，五四要打倒的那个“孔子”，实则是专制主义、禁欲主义和封建等级制度以及它们的理论护卫宋儒理学。宋儒理学本是引儒（孔学）的产物，应和了当时政治的需要。历史上引儒发生过无数次，儒学本已现实地存在于我们的生活中，从国家政治到百姓的日用之常，几乎无处不见它的踪影。因此，“将儒学引入我们的生活”的任务便有两个相互联系的侧面：一是引入或强化儒学中能够助推我们社会实践和日用之常的要素；二是批判已存在于我们头脑中社会机制中以及生活中有碍于我们前进的要素。在建设社会主义科学和民主观念和建设社会主义法治国家方面，需要批判儒学中的消极要素。

在“批判”这一意义的“引儒”方式上，应把握以下几点。

1. 从社会实践的精神需求看，对儒学的批判重点有必要从离我们较近的形态向上延伸，由宋儒理学向孔学原典延伸。“饿死事小，失节事大”“存天理，灭人欲”等宋儒著名口号，其实在我们的现实生活中已无太大市场，这主要是因为社会存在中早已消除了它的基础。而贵经验不重创新、重资历不重能力、裙带之风、“不患寡而患不均”“何必曰利”“子为父隐”“为民做主”等，正在拖住我们现代化的步伐。特别是在社会主义科学观、民主观和法治观的建设上，儒学母体的深层次结构深埋着破坏现代化的巨大力量，不冲击和荡涤当代人头脑中的这些东西，就难以迈开现代化的步伐。以“民主”为例。也几乎所有学者都认为孔学中有民主性思考，但这种思想要历史地看。孔子讲“民重君轻”其目的还在于形成“君爱民，民拥君”的政治局面，以防止“礼坏乐崩”，巩固礼治。这种原始氏族体制中所具有的民主性后发展为中国封建制时代的“为民做主”的清官统治，经由长期的教化，“当官不为民做主，不如回家卖红薯”逐渐成为封建官僚的为官理念和老百姓判断好官的标准。这种理念与社会主义民主观、法治观相去甚远。在中国这样一个没有资产阶级民主阶段的国度里，由“为民做主”的清官政治民主观念直接过渡到社会主义的民主法治观念，意识形态领域批判儒学的任务就显得十分繁重。有家电视台开办过《当家人说》栏目，各县委书记纷纷登场，以“当家人”的口吻和姿态指指点点；有的干部张口就是“我是××地区的父母官”；更有甚者，大多数公务员将“当官不为民做主，不如回家卖红薯”作为自己为政的最高标准和“政德”。如果说，宋儒思想的糟粕是阻碍现代化的“硬阻力”的话，儒学母体的深层结构则是阻碍现代化的“软阻力”，是更难清除的。

2．“将儒学引入当代生活”的所有工作实际是同一个思想方法，即“批判继承”，既不能生吞活剥地全盘照收甚至奉孔儒为圭臬代替我们的新创，也不能将婴儿与脏水一起泼掉，懒于寻找或不善于寻找我们所需要的营养。对于儒学，冯友兰主张“抽象继承”，有一定的道理，李泽厚主张“在制度、思维中排除”，“在心理上、情感上有选择地保留它、肯定它”，也有一定道理。冯、李之论，其实都属批判继承。批判继承法以我们的实践需求为中心，以儒学为用；在此前提下，实行对儒学原典以“具体问题具体分析”之法决定弃取。批判继承法十分重视改造和转换的方式；批判继承法十分注重“引入”正能量的有效性。

3．深刻理解“批判”这一特殊的“引儒”方式。第一，在某些实践的精神需求上例如在建设社会主义民主、科学和法治上，确实需要“破”字当头，需要批判。以批判为主只适合某些特定领域，在另一些领域，也许需要以借鉴为主。第二，在重视从社会存在上根除其存在的基础之前提下，注意意识形态上的破立相平。破不等于立，失去了立的目的，破就毫无意义也难以达到真正的“破”。

（三）以“乐”感人抵制物化。

儒学在人生观念和生活信仰上追求“乐”或“乐感”。学界有人将此特点与西方大讲“原罪”“赎罪”的“罪感文化”对比，认为儒学属于“乐感”文化。这种文化形态的特征是用理性引导和规范情感、欲望和意志，指导实践，从亲情中，从艰苦生活中，从奋斗中，从一粥一饭中获得快乐，从而没必要、“想不起”，也用不着追求西方人所追求的灵魂不朽。也不独儒学，禅宗、老庄和墨家，也都有乐感文化的某些特征。正是这种多家互补、相互渗透并与百姓的生活积习融为一体的文化形态，塑造着一代又一代中国人的心灵，成为他们的生活状态。换句话说，“乐感文化”已是一种本体存在，它也许与息事宁人、阿Q精神、思辨力差、因循守旧等紧密联系，但在助人抵御物化方面，似乎有着不可替代的作用。因此，在迈向现代化的进程中，施以文化创意，制造充满“乐感文化”底蕴的文化产品以满足人们的需求，将成为今后一个较长历史阶段文化建设的重要任务。

第一，引导各种民俗性准宗教与社会主义相适应。中国有许多宗教，中国的宗教却没有至高无上的宗教精神。中国人有信妈祖的，有信孔子的，有信赵公元帅的，也有信关公的。一看这各路神灵的“专业”便知，信奉他们，不过是为了给自己祈福，为了自己的现实功利和快乐生活。对这些文化现象的包容、引导乃至给予文化创意上的助力，是社会主义文化建设的一项重要课题。

第二，对待生死也是乐感文化中的重要内容。中国人习惯以生的价值论定死的意义。司马迁说，人固有一死，或重于泰山，或轻于鸿毛。既然死生有命（经验告诉人们没有不死的生命个体），就要重视生命即重视生命的意义（道德），就要重视生活的质量（无论穷过富过都要认真地过），就要爱惜自己的生命（贵生重我、不做无谓的牺牲、不赞成无意义的自杀，讲究为什么而死）。“死生”于是存在于人际关系之中。“有的人死了，但他还活着；有的人活着，但他已经死了。”中国人悼念死者时所说“永远活在人民心中”“千古完人”等，就充满着生与死的辩证法。一个人死了，当得知他的后代已长大成人后，人们的哀痛之心会稍有缓释。这就是一种将生与死、个体生命死亡与族类的长存联系在一起的生命意识。正因为意识到个体生命是血亲中的一环，是整个族类中的一环，对生的留恋就常常与事业的未竟和责任的遗留联系在一起。仁人志士临被剥夺生命时常常说很欣慰，很多人对此不解，其实，这是有心理学依据的。围绕生与死紧扣中国乐感文化传统进行文化创意有很多文章可做。举例说，随着社会分工的细密化和丧葬事业的社会化，“送终”之事也越来越“现代化”了。这种现代化未必完全符合死者生前之愿。台湾有一家专门为人料理后事的机构，它的服务项目就是帮助人“寿终正寝”“死在亲人怀中”，可以说，这家机构的主事者是深谙中国乐感文化中的生死观的。

第三，尊伦理而超伦理从中获得乐感。“尊伦理”的意思就是“发乎情止乎礼”“非礼勿动，非礼勿听”，就是按照道德要求做人处事。达到按规矩做人做事，个人需要持续努力。人类面对自然界，需要认识规律利用规律，目的为了改造世界。生命个体面对人群，需要学习做人即学习伦理，目的是为了适应社会。同时，社会需要对个人施以教育。但不管是个人努力还是社会施教，儒学强调的是经验的积累和传授，强调的是实践，而不是形而上的思辨和“口是心非”的表白。这其中便有学习之乐，有做了好事的那种不同于美感的乐。而且，做好事越是自觉，这种乐感就越强烈。随着年龄的增长，学习的积累，教育效果的显现，人的行为就会愈加自觉，逾矩犯规之事会越来越少，故孔子有言：“三十而立，四十而不惑……七十而从心所欲，不逾矩。”“不逾矩”亦即超伦理、不需要外在的规范、制约，更用不着任何制裁。然而，在遵从伦理学习做人接受教育的整个过程中是苦乐交织的，于是，如何使人在这一过程中更多地感受到乐，如何使教育的方式方法更能有道德上的获得感进而超越这种获得感，便是文化创意的重大课题。

第四，儒道互补，在建功立业和超然世外中获取快乐。“天行健，君子以自强不息”——《易传》的这句话已成励志名言。积极进取建功立业是儒家的人生观的核心，但更有意义的也许是：如何在事功中找到快乐或者说艰苦奋斗乐在其中如何成为可能。唐代王翰《凉州词》：“葡萄美酒夜光杯，欲饮琵琶马上催。醉卧沙场君莫笑，古来征战几人回。”极写人生之豪迈，长抒事功之豪情，是儒学积极进取人生观的生动写照。将自己的人生目标与社会潮流结合起来努力奋斗，就会在这一过程中张扬自己，获得事业的崇高感。因此，奋斗中的“乐”是可能的乐。儒学主张，仁人君子应自觉地乐于奋斗接受道德的感召。乐于奋斗与获取奋斗之乐，是儒学积极进取人生观的两个相互联系的侧面。然而，奋斗中会有曲折，有失败。因此，积极进取和超然世外一直是中国士大夫知识分子人生道路的两条相互交叉的轨迹。超然世外是庄子道家的核心理念，它的特征是摆脱人际关系、摆脱伦理链条来寻求个体的价值。然而，理念毕竟是理念，人很难按照庄学所倡而生活，这也是庄学为什么未能居于中国传统文化之主导地位的原因。一旦以儒学的补充的角色出现，庄学的价值特别是在人生观和美学观上的巨大价值便光芒四射。人生观上的儒道互补的意义在于“超然世外”绝不是任何意义上的失意和消极，而是以退为进的韬晦，是为一跃而后退。细察近代政治家的“下野”“引退”等，无一不是策略性隐退而随时重返斗争的一线。但“在乎山水之间”“淡泊以明志”又常常因没有时机而成为不情愿的人生状态。也正是这种情况下，庄学很自然地会成为这一人群的精神需求。儒道互补又不仅仅表现在人生的命运交替上，它还是生活中的常态。到远方去旅游，在允许“乱刻乱画”的地方刻刻画画，不啻是生活中的儒道互补，当然也是文化创意的一大方向。

第五，苦中有乐。儒学原典有许多为人熟知的论述。“一箪食，一瓢饮，在陋巷，人不堪其忧，回也不改其乐。贤哉，回也！”（《论语·雍也》）“饭疏食饮水，曲肱而枕之，乐亦在其中矣。”

（《论语·述而》）孔子所高度称赞的，是安贫乐道，是苦中作乐，是乐于吃苦，这与“不怕吃苦”有很大区别，二者不是同样的心理状态。怎样才会有这样的心理状态呢？首先，要有远大的志向。这志向倒也并非只是事功，还有超越事功的成分。正是在这一点上，儒与道（庄子）在义理上有相通之处。其次，“食不厌精，脍不厌细”，在操持饮食中创造美，在一粥一饭中体味美。

（四）重建情感性心理，促进现代人的全面发展。

孔学“以仁释礼”，揭示了人的情感性心理的本体存在。儒学的伦理学和世界观均以心理的情感原则为基础。两千多年来，儒学的心理的情感原则对于铸造汉民族的心理起到了重大作用。改革开放以来，生产方式的激烈变化已基本瓦解了儒学长期存在的自然经济的社会基础，社会正由工业化大步迈向信息化。在技术高度发达、生活节奏日渐紧张、法治愈加强化的社会里，如何保持住人间的诗意、生命和情思，已经成为重大社会课题。重建情感性心理，对于抵御现代化进程中人的各种物化和工具化，对于促进人的全面发展，有着重要的意义。情感性心理的铸成始于血缘关系，因而是孔学的逻辑起点；情感性心理含诸多元素，不限于亲情。重建人的情感性心理，是人的全面发展的需要。所谓全面发展，是指在社会分工愈加细密、科技迅速发展的社会条件下保持人的“知、情、意”结构要素的协调与平衡，保持人与人关系的和谐和社会的和谐。孔子说：“有朋自远方来，不亦悦乎？”在信息闭塞、交通不便的古代社会，有朋远来，或议政，或论学，或饮酒谈天，是件极令人高兴的事。交朋是事业的需要，更是“人性”的需要，即人的情感需要。反观今日社会，交通高度发达，信息高度发达，但人与人的心理距离似更远了。社会信息化给生产力插上了翅膀，也给人的生活带来了史无前例的便利，但也正如《大趋势》一书所认为，高技术更需要情感与之相平衡，人与人“相聚在一起”比任何时候都更为必要。重建情感性心理，就要通过文化创意，创造有着劝善功能和审美功能的文化产品（动态的和静态的）以满足生活在现代化中的人们的情感的需要。这是

"重建"的本质，也是方法。

第三节　移风易俗

与"中华传统文化"中的典籍文化形态不同，习俗或民俗属于非典籍文化。在一定意义上说，习俗或民俗（以下简称俗）是传统文化的载体，移风易俗是将传统文化创造性转化用以满足社会成员实践需求（日用之常）的重要方式，因而也是文化产业创意的重要方向。

一、俗的基本特征

说文解字向来是中国学问的独特方式。俗是什么？《说文解字》："俗，习也。从人，谷声。"《史记·乐书》："移风易俗，天下皆宁。"张守节正义："上行谓之风，下习谓之俗。"查阅《现代汉语词典》（2012年第6版），还没有收入"生活方式"这个词，古人所说的"习"，用现代汉语表达，就是生活方式。

那么，在现代生活中，俗表现出什么样的特征呢？

（一）俗有群体性。首先，俗是一个民族或一个特定群体规范化的生活或在长期的社会实践和生活中形成的生活规范，不是个别人的率先垂范。其次，这种规范化的生活或生活规范涉及人与人的关系，人（群体）与神的关系，人（群体）与天（自然）的关系；也就是说，俗与礼、俗与仪（包括艺术）紧密相联。

（二）俗有民间性。俗是民间习惯而非官场规范，故现代有"民俗"之说，有"民俗学"行世。在现代，俗的民间性即所谓"下习"并不表现为阶级的低下，而只是与官场规范和其他职场规范相对的生活方式的标识。虽然如此，民间性却依然是俗的显著特征之一，官场规范及其他职场规范，无疑都具有脱离民俗的"离心力"。正因为这种"离心力"随生产方式变化而日渐增强，俗的民间性这一特征也愈加凸显。如此看来，俗的民间性正是一种有别于职场规范的生活方式，或者说，是生活方式中那些有别于职场规范的因素。

（三）俗有相对稳定性和变异性。特定的民俗一旦形成便具有相对稳定性。它虽然有时会随社会形态的更新和其他政治因素的作用而发生“立竿见影”的突变，但也会出现“春风吹又生”的复活。影响民俗变异的还有迁徙、天灾、社区重组、都市化等等社会学因素，但追根溯源，是生产方式的变更即生产力的发展和生产关系的变化。文化建设对于民俗的稳定和变异有巨大作用，但这一作用相对于生产方式的作用而言只是第二性的，它只能对民俗的发展因势利导（当然此点也很重要）。稳定性与变异性是辩证的统一。特定的民俗在社会发展中会丢掉一些元素而融进一些新的元素，它在这种移风易俗中获得永生。俗的相对稳定性是保存民族和社区的文化基因所需要的，移风易俗则对生产力的发展有着重要的意义。我们需要做的是，如何在日益工业化中保持住人间的诗意、生命和情思，而同时又为现代化开疆拓土。

（四）俗有横向延展性。俗的相对稳定性和变异性说的是它的纵向发展，即历史延革。俗的横向延展性说的是特定民俗对同时代其他区域和族群的影响力。本书不同意某些学者将前者归为时间类演变而把后者归为空间类演变的“时空二分法”，认为这样的划分把复杂的问题简单化了。前者虽总体呈现为时间上的代代相继，但其中也不乏空间上的相互渗透和转化；后者虽总体上呈现为异俗的相互渗透和转化，但其中也经历着时间的迁延。古老的年俗在历史沿革中充满着不同地域不同族群的相互影响相互演变。改革开放以来，许多民俗呈现出先是“西风东渐”后是“东风西渐”的特征。曾几何时，西方的“情人节”“圣诞节”等来势迅猛，近几年来，中国的许多民俗在海外的影响与日俱增，2017年更是出现了海外春节热。然而，从时间的延续上考察特定民俗的稳定性与变异性，从空间的迁移上考察特定民俗的延展性无疑是正确的。也就是说，俗的纵向发展与横向延展是不同的。前者是在“固本”基础上的变异，后者则留下了“扎根”的艰巨课题。

（五）俗有地域性。此点已是民俗学界之共识，本书不再赘述。

（六）俗有民族性。此点亦为民俗学界之共识，本书不再赘述。

（七）俗有阶级性。此点国内民俗学家少有论及，但俗的阶级性是显而易见的。建构和解构民俗的根本力量是生产方式的存在和发展，因此，俗的群体性、地域性和民族性均由此而导出，俗的阶级性也由此而导出。阶级是人们在一定的社会生产体系中，由于所处的地位不同和对生产资料关系的不同而分成的集团。在同一历史尺度的特定生产方式中，不同阶级有共同的“民俗”，也有属于本阶级的民俗。即便是各阶级共同的民俗，其形式和内容也会打上阶级的烙印。俗的阶级性自有阶级以来一直存在（“上行谓之风，下习谓之俗”），历史上的所谓统治阶级的“周礼”，便来源于老百姓的“俗”。自古至今，在物质生活的许多“讲究”和“说法儿”上，在许多亚艺术（旧时所谓“乐”）的使用（如《论语》所载“八佾舞于庭”）上，俗的阶级性清晰可见。俗的阶级性常常被共通性（如地域性、群体性）所掩盖，是因为不同阶级之间的“俗”有着强烈的可类比性。例如，清代皇室东西两陵与同时代老百姓的“荒冢”以及彼此的丧仪虽然大相径庭，但都表达了后人对逝者的尊重。

（八）俗有约定性。俗是生活文化，不是典籍文化、文本文化，没有文本权威，但它又是有着很强的约定性的。它的约定性表现在：第一，特定民俗有的从远古走来，有的虽不古老也已积习有年，是特定区域或特定民族的生活方式；第二，俗有相当强的制约力。俗虽然不是“律令”，但作为意识形态，它具有如马尔都塞所说的那种“意识形态询唤力”，每个人都会在某种特定意识形态的询唤下自觉地遵守它，这种遵守的自觉程度已经到了不需要律令的程度，到了“习惯”即下意识的程度。第三，俗虽然不是“律令”，没有强制力，但有史以来愈演愈烈的文化建设不仅使许多形态的“俗”文本化，而且逐步加强着它的间接的制约力。现代文化学者挖掘出的有关俗的许多“说法儿”不断引导着人们效法，例如卷帙浩繁的“三套集成”；国家的某些法令也对某些特定民俗的巩固起到了间接的作用，例如对某些民族节日的法定化。

二、俗的当代存在形态

俗的如上特征都是为了科研之需而从一个个具体的“俗态”中抽象出来的，人们所说的“俗”或当代已成惯称的“民俗”究竟以什么样的形态而存在呢？在语言层面上，“俗”在当代被“民俗”所代替这一事实，说明当代已完成了俗与礼的分化，俗的存在形态已完全民间化，与官场规范、职场规范完全区分开来了。因此，不但俗的当代存在形态更加清晰易辨，而且，它的变化轨迹也更加清晰易辨了，这直接导致了现代民俗学的产生。

民俗的当代存在形态是对民俗分类的基点。英国班恩（C.S.Burne）和一些中国学者对民俗分类提出过看法。他们的意见，有很大参考价值，为我们进一步研究提供了借鉴。对当代民俗的分类必须遵循以下原则：第一，必须深刻认识到，所谓对民俗的分类其实质是对当代民俗的存在形态的分类。只有这样，对民俗的研究才能深入下去，否则就会变成民俗事象的资料的罗列。第二，对民俗的分类必须体现生产方式是特定民俗产生、存在和发展变化的支配力量这一原则。依照这一原则，不同时代对民俗的分类亦即对民俗存在形态的分类是有差别的，同一时代不同民俗之间是有逻辑联系的。第三，必须突出不同民俗事象之间的逻辑性和整个分类框架的系统性。

按照以上原则，可以将当代民俗的存在形态划分为以下诸类：第一，物质生产和交换中的民俗。在现代生产方式的冲击下，民俗在物质生产和交换中的存在只与某些农牧渔业和手工业有关。例如东北挖参的某些民俗，中原集市牲口交易的某些民俗。第二，物质生活中的民俗。物质生活领域是民俗积淀最丰厚的领域，在衣食住行等方面，许多古老民俗一直顽强地存在着，虽然有的已部分地改变了原生态。第三，社会生活中的民俗。这一项与当代的“礼仪”多有重合，因为它涉及了人与人的关系、团体与团体的关系。社会生活作为当代民俗的重要存在形态，又可分为诸多子形态：以空间形式为表现的，有社区、村镇、校园等；以社会组织形式为表现的，有家族、夫妻及其他新社会组织等；以时令形式为表现的，有节日、节令等；（中国的二十四节令旧时都是节日，随着时代的发展，一部分节令已失去了节日的内涵，但立春、清明、立冬等仍保留着“节日”即社会性礼仪性的遗存）以人生礼俗为表现的，有生日、成年、婚礼、丧礼等。将人生礼俗的存在形态归为社会生活，是因为它们都包含着“敬人”即礼这一核心内容。那些表面看来是仅与生命个体有关的礼节，实则体现着人与人之间、个体与群体之间的关系，这个“关系”才是此类民俗的实质。第四，亚艺术态。没有达到完整艺术形态的文化形态称之为亚艺术态，如某些初级曲艺、口头文学、劳动号子、民间歌舞、礼神仪式、游戏、社火、民间竞技等。亚艺术态不仅是当代民俗的存在形态，也是当代民俗变化的晴雨表。需要指出的是，以上各形态之间的区别仅具有相对的意义，互相之间当然是有交叉的。例如，划分到社会生活类的民俗的存在形态当然也有物质生活的因素和成分，反之亦然。

三、移风易俗是实践需求

那么，是什么力量决定着民俗形态的存在和发展呢?

形成既定民俗并决定其发展变化的最根本的力量是社会的生产方式，这是历史唯物论最基本的观点。但是，如同一切意识形态一旦产生便具有相对稳定性一样，民俗观念也具有相对于生产方式的稳定性，具有不随生产方式变化而变化的力量。民俗形态的现实存在，是生产方式这一根本性力量与民俗观念这一补充性力量共同作用的结果。因此，生产力的发展和社会的进步必然引起民俗的改变；另一方面，移风易俗必须以促进生产力发展和社会进步为依皈，同时又要保留乃至重建未来社会和人的全面发展所需要的精神内核。这一至关重要的精神内核就是基于远古的伦理情感，用一个字来概括，就是“敬”。移风易俗的原则用一句话概括是：风可移，俗可易，“敬”的内核不可变。

破除迷信是移风易俗的一大主题。我们经常讲“封建迷信”，这是因为迷信确实是经由封建社会统治阶级进行过强化工作的。要通过文化创意，扬弃其迷狂之说，进行唯物论转化，例如对待风水说即可取此态度。要以民俗的社会生活存在形态为重要着力点，在强化“敬”这一精神内核之目标下，观念（主题）、仪式、情感三位一体地重建婚礼、丧礼等民俗的现代形式。要努力推动具有正能量的“下俗”上行，通过立法使之成“礼”并规范其“仪”，使之为传布社会主义核心价值观而服务，例如将清明节、端午节定为法定节日。要有区别地对待“西俗东渐”，原则是“洋为中用”和顺应先进文化的前进方向。要积极推进“国风外渐”，把中国优秀民俗介绍到海外去，尤其要保持海外华人社区的华俗化。

“固俗”是移风易俗的特殊形式，也是现代化进程中文化建设的一大难题。固俗的意义，一是为了保留某些特定文化的原生态，以期从中获取远古的文化密码和抵御现代病的药方；二是为了增进生命个体的情感生活。由于俗与其存在形态不可分割，保留某些特定民俗的努力势必影响特定人群生活的现代化，增进人的情感生活又会与人作为现代社会中“劳动者”这个第一定位相矛盾，所以“固俗”要用“等待法”。等待法建立在生活方式的发展变化必然遵循“否定之否定”规律之上。举例说，过惯都市生活的人也许愿意去过乡村（民俗圈闭）生活——由走马观花到下马看花到扎根落户最后进入“非伦理”的“亲情链条”。而在这一过程中，那些生活在“民俗圈闭”中的人，也会将原来移居都市改为到都市旅游，而在民俗圈闭里生活下来。这需要“顺其自然”，不可进行权力干预，要等待“物极”之反。当然，固俗还有更宽广的含义，这就是在民俗的一切载体上重建新民俗时必须坚持以一个内核为目的、三位一体（观念、仪式和情感）统筹建设的方针。

将民俗提升为亚艺术是文化创意的重要方向。（将民俗提升、转化为艺术非本节主旨）民俗的亚艺术化即今日之“民俗表演”。需要指出的是，表演而成的“民俗”已不是民俗，因为此等“民俗”已脱离开真正人生和伦理亲情的实在链条（与情感不能“培养”的道理一样）；民俗表演也绝不是艺术，因为它仍然是生活的描摹。民俗表演既不是民俗也不是艺术，它的意义在于唤起我们的记忆，这种记忆对于生活在后工业化社会中的生命个体意义重大：唤起温情、唤起爱怜、唤起正义。总之，它是依托民俗进行社会主义精神文明建设的重要抓手。

将艺术“还原”于民俗是文化创意的重要方向。这里的“艺术”专指民间艺术，即民歌、谚语、民间故事、民间歌谣、说唱等。“物是人非”，真正“还原于”民俗是不可能的，这只是一个以民俗为启发点、为“抓手”的文化创意的方向。民间艺术中有许多民俗的记载和能够窥见民俗的地方，例如物质生活诸要素和人生礼数的诸要素（庆生、婚礼、丧礼等）。将这一意识形态的东西转化为物质形态（如复制陶瓷、复制某种食品）进而复制成民俗形态，能够满足现代人的情感之需。

现代社会中，由于“俗”越来越条文化而成了“民俗”，由于“礼”失去了典章制度的含义并与“仪”合为一体，民俗与礼仪二者的合分呈现出新的态势：除了职场礼仪（包括政治、外交）外，其他礼仪已与民俗融为同一个文化形态。对于绝大多数社会成员而言，民俗已不再是“一般生活方式”或“生活方式一般”，而转化为“特殊生活方式”或“生活方式特殊”。也就是说，特定民俗对于相当广泛的社会成员而言已是一种完整的文化需求。旅游业中的“民俗旅游”与此意甚合。

移风易俗是一大产业。例如，进入“三权分离”改革的华北平原的墓园建设就是一个移风易俗的大课题，也极易成为一个大产业。原来的农村墓园是一个文化园。“三权分离”后，以家族而分建的墓园由于周边耕地已大部分属于他姓承包者，致使逝者已不能在原墓地安葬。怎样既满足安葬逝者和后人祭祀之需又不占他姓耕地，是华北平原一个迫切需要解决的社会问题，同时也是一个移风易俗的机遇、一个创生文化产业的机遇。

大众的文化创意（非专业化、职业化和社会实现率较高的文化创意）大多是实践需求与他们“经常碰到的”文化因子相结合的产物。文化符号、以符号形式进入大众视野的传统文化（主要是儒学）以及民俗，是大众习惯摄取的文化因子。因此，如何引导大众创意发展为文化产业创意，如何摄取这三大文化因子为生产具有两个效益的文化产品服务，是文化产业创意学的重要任务。

第六章　创意方向：社会效益与经济效益的统一

各种文化活动和文化成果在社会上产生的非经济性效果称为社会效果，反映某一特定文化活动和特定文化成果对经济社会发展的精神作用。经济活动和文化产业中劳动和物质耗费与劳动成果之间的对比称为经济效益，反映社会生产各个环节人力、物力、财力的利用效果。发展社会主义文化产业的目的，是满足社会成员日益增长的精神需求，促进文化与经济的融合发展。因此，争取良好的社会效果（简称社会效益）与良好的经济效益（简称经济效益）的统一，是促进文化产业健康发展的重要任务。

良好的社会效果与良好的经济效益有矛盾的一面，也有相辅相成的一面。因此，追求二者的有机统一已成重要的创意方向。

第一节　良好的社会效果的实现

实现良好的社会效果是社会主义文化产品创作和生产的目的。没有创作和生产，当然谈不上文化产品良好的社会效果的实现，但是，创作的繁荣和生产的发展不等于良好社会效果的实现。文化艺术不是为了创作而创作，文化产业不是为了生产而生产，而是为了满足社会成员日益增长的精神需求。

早在20世纪60年代，接受美学就提出了接受的重要性问题。接受美学认为文学艺术从创作到欣赏的过程由“作者到作品的创作过程”和“作品被读者接受的过程”两者所构成，这是一个“动力过程”。（参见汉斯·罗伯特·尧斯《文学史作为文学科学的挑战》一文和瑙曼等集体编著的《作品、文学史与读者》一书）接受美学“认为在信息技术发达的现代，文艺美学研究应该打破封闭性的研究方法，重视研究文艺作品的信息的反馈系统，不能再满足于只是说明作家为什么写，写了什么、怎样表现的，而不去研究不同时代、地点、社会经济政治地位、思想观点、美学趣味的读者怎样接受文艺作品信息及其反馈的过程、内容和规律”。（王世德主编：《美学辞典》，知识出版社1986年版，第450页）接受美学学派创立人生活在信息技术早萌的德国，“信息反馈规律”无疑给予了他们以很大的启发。不仅如此，从接受美学理论中还可以清晰地看到文学艺术的“接受”在文学艺术的整个“动力系统”中的地位极大地上升了。

如果说，“信息反馈规律”对于接受美学学派的方法论发生了重要影响；那么，社会的信息化则对于这一学派的观点（内容）发生了重要影响。看一看20世纪80年代至90年代中国电视技术所造成的作者与读者的互动和21世纪以来互联网所造成的作者与读者的互动，便能体会这一学派创始人是多么有先见之明了。文学艺术接受效果的重要性不仅仅基于对文化产品创作生产目的的一般推论，而是社会的发展使然，即社会信息化、文化产业化和经济全球化的交互作用。

在当代中国，接受在这一“动力系统”中的重要性大大提高了，这是因为：

一、非经接受而产生的文学的文化态和艺术的文化态空前繁盛。经由互联网和自媒体，发表和演出已成大众化，网络写作和书画艺术是其中的佼佼者。文学艺术的这种亚艺术化对于社会公平和精神文明提升的作用虽然不可低估，但它的接受力度很小。这同时意味着文学艺术的美学价值降低和社会功能的缺失。然而，文学艺术作为经由实践人的类本质的对象化的重要内容，作为人的物态化活动是与人类共生共存的，文学艺术“固本”即保持美学价值和社会功能便自然会成为时代课题。这一时代课题的解决既表现为客观必然性，也表现为主观能动性。也就是说，文艺运动一定会出现反拨，保持美学价值和社会功能的努力重心一定会由创作生产向着接受，也就是向着社会实现转变。在新的经典难以出现的情况下，既有经典通过在意识中再造历史的行程还原情境而得以实现其美学价值和社会功能。2012年以来出现的诵读热及其对当代题材文学作品的下意识的躲避，都说明了这一点。

二、与文学艺术失却轰动效应的社会事实相一致，评奖授家已成为全社会推动文艺繁荣的重要手段。人们将文艺的繁荣归结为创作的繁荣，又把创作的繁荣归结为评奖授家，文学艺术从创作到欣赏的动力系统就失却了动力。长此以往，文艺的意识形态将出现作者名、作品名、演员名的列阵，而没有情节、人物和故事的居所，势必造成文艺的空洞的符号化。而这种空洞的符号化又与既有经典的符号化大有不同，它会因为从未被人接受而迅速从集体记忆中抹去。

三、当代中国正朝着法治国家迈进。社会矛盾虽然复杂，但解决的途径已经法治化。反腐败、消除贫困和消除两极分化已经从情绪化表达转向扎扎实实的努力。在主流意识形态中，践行社会主义核心价值观和建设和谐社会已经成为主旋律。这一现实必然反映到文艺的“内容”中来，它会使得一切文艺作品都具备了情感的消解功能，从而降低了社会效应。作品之所以营造不出崇高感，是因为崇高不只存在于理想中而已经成为社会成员的职业精神；作品之所以营造不出悲剧意识，是因为悲剧产生的社会基础正在通过法治逐步消除。2016年，电视剧《人民的名义》热播一时，但论其社会效应，还无法与历史上《新星》的热播相提并论。从这一对比明显可见，积存于社会成员中的英雄情结正在弱化。由文学艺术的外部规律（社会信息化、文化产业化、经济全球化和国家法治化）所决定的文学艺术内容自身接受功能的弱化更带有根本性，它从反面昭示了接受对于文艺生命的重要性，应该成为我们重建文艺从创作到欣赏这一“动力系统”的重要航标。

接受是文学艺术社会效果的核心环节，但不是全部构成。文学艺术作品在被接受之前和不被接受之情况下，一切与特定作品的创作、生产和传播有关的文化活动，作者与读者的互动，都会产生社会效果。但是，文学艺术因被接受而产生社会效果，是文学艺术的本质要求，表明其创作欣赏这一动力系统功能的存在，构成其他社会效果产生的基础。

文学艺术是文化的核心形态，但不是唯一的形态。文学艺术作品的信息反馈系统分为接受前（含未被接受）和接受后两个子系统，分别形成两种文化形态。也就是说，文学艺术与其文化形态之间存在着动态的反馈关系。两种不同的文化形态的社会效果有着本质的差别。与文学艺术无直接关联的其他文化形态中的创造者与接受者也是一个信息的反馈系统，也存在着社会效果的有无、大小和是否正能量的问题。

社会效益的有无、大小是文化产业区别于其他业态的第一标志。文化产业是生产精神产品的产业，担负的是“以文化人”的使命。文化产品生产虽然也有物质生产的元素，但生产的目的是满足社会成员的精神需求，是追求尽可能大和尽可能好的社会效果。完全没有社会效果的文化产品生产并不鲜见。不能播出的电视剧，一个拷贝也卖不出去的电影，许多自费出版的图书，基本上没有什么社会效果。社会效益的大小（力度）虽然很难量化，但也并非无迹可寻。一般地说，未经接受而生成的文学艺术的文化形态，较之由接受而引发的文化形态，其社会影响力要小得多。经过接受而生成的文学艺术的文化形态，其社会效益较之非由文学艺术而生成的文化形态要强烈。特殊历史时期，政治理念所生成的文化形态最强烈、最集中。

对社会效益进行量化也许很难，有时也无必要。在文化产业化背景下，亟须消除社会效果认定的种种幻象。消除了这些幻象，即便不进行量化，对文化产品社会效果的认定也不会出现大的偏差。第一，公益资金的支出数额不等于社会效益，它只是创造社会效益的必要条件。例如，建造图书馆、博物馆的数量，不说明这些公益设施产生的社会效果的大小。公款购书下发，不等于这些书有人读。第二，文化产业的经济效益好，不等于社会效益大。文化产品的购买行为有着十分复杂的社会心理，特别是在物化严重的现代。《论语·阳货》载："子之武城，闻弦歌之声。夫子莞尔而笑，曰：'割鸡焉用牛刀？'子游对曰：'昔者偃也闻诸夫子曰："君子学道则爱人，小人学道则易使也。"'子曰：'二三子！偃之言是也，前言戏之耳。'"其实孔子并非开玩笑，割鸡本不必用牛刀，小官何需大作，对小民何需大作。这里有蔑视小官、小民的意思。剔除这层意思，转换一个角度，孔子之言不无道理。同理，购买力的提高使社会成员的文化消费出现"超前"情况，这个"超前"不是指购买力达不到勉强为之，而是指难以欣赏而只能装潢门面。当然，从社会工作角度而言，这种"割鸡用牛刀"的现象不宜简单地否定，而应采用孔子妥协的办法，毕竟"超前"一些并无大害。但考察社会效益则不能因使用了牛刀便断定杀掉了鸡，这是两回事。

社会效果的好坏是衡量文化产业健康与否的第一标准。一般地说，精神产品在受众的接受中，反映先进文化的前进方向，助推先进社会生产力的发展，代表最广大社会成员的根本利益，就是收到了良好的社会效果。然而，判断特定文化产品社会效果的好坏却是十分复杂的事情。之所以复杂，在于精神产品作用于受众存在着动机与效果的矛盾、不同解读的矛盾、历史主义与伦理主义的矛盾以及儒道两种人生观的矛盾。

辩证唯物论认为，动机与效果是辩证的统一，二者统一于效果。毛泽东《在延安文艺座谈会上的讲话》中谈到文艺批评的政治标准时说："按照政治标准来说，一切利于抗日和团结的，鼓励群众同心同德的，反对倒退、促成进步的东西，便都是好的；而一切不利于抗日和团结的，鼓动群众离心离德的，反对进步、拉着人们倒退的东西，便都是坏的。这里所说的好坏，究竟是看动机（主观愿望），还是看效果（社会实践）呢？唯心论者是强调动机否认效果的，机械唯物论者是强调效果否认动机的，我们和这两者相反，我们是辩证唯物主义的动机和效果的统一论者。为大众的动机和被大众欢迎的效果，是分不开的，必须使二者统一起来。为个人的和狭隘集团的动机是不好的，有为大众的动机但无被大众欢迎、对大众有益的效果，也是不好的。检验一个作家的主观愿望即其动机是否正确，是否善良，不是看他的宣言，而是看他的行为（主要是作品）在社会大众中产生的效果。社会实践及其效果是检验主观愿望和动机的标准。"（《毛泽东选集》第三卷，人民出版社1991年版，第868页）

毛泽东的论述是深刻和精到的，他的主旨是号召革命的文艺家自觉地与新的群众的时代相结合，将"好心"变成好的结果，这在当时有极为重要的意义。当时在延安，的确有一些社会效果不能算好，但其作者未必不是好心的作品发表，如丁玲的《三八节有感》。显而易见，在民族救亡两军对垒的血拼时机，发表这种挑自己营垒毛病的作品其客观效果是弊大于利的，采取内部意见交换的形式更为适宜。也许用"好心""坏心"概括创作者的主观动机有些简单化，因为有些创作者的创作动机并非十分清楚。总而言之，主观愿望与行为的客观效果不一致乃至截然相反的状况在文艺史上并不鲜见。

造成以上情况，除了发表的范围、时机方面的原因之外，还有一个作家采用再现的表达方式的原因——这种表达方式有时会使作品的接受效果从作家的主观愿望"转向"。这方面，最著名的例子当属巴尔扎克的政治同情心与他的《人间喜剧》之接受效果的矛盾。

恩格斯在《致玛·哈克奈斯》的信中详尽地分析了这一矛盾："……我所指的现实主义甚至可以不顾作者的见解而表露出来。让我举一个例子。巴尔扎克，我认为他是比过去、现在和未来的一切左拉都要伟大得多的现实主义大师，他在《人间喜剧》里给我们提供了一部法国'社会'，特别是巴黎上流社会的无比精彩的现实主义历史，他用编年史的方式几乎逐年地把上升的资产阶级在1816年～1848年这一时期对贵族社会日甚一日的冲击描写出来，这一贵族社会在1815年以后又重整旗鼓，并尽力重新恢复旧日法国生活方式的标准。他描写了这个在他看来是模范社会的最后残余怎样在庸俗的、满身铜臭的暴发户的逼供之下逐渐屈服，或者被这种暴发户所腐蚀；他描写了贵妇人（她们在婚姻上的不忠只不过是维护自己的一种方式，这和她们在婚姻上听人摆布的情况是完全相适应的）怎样让位给为了金钱或衣着而给自己丈夫戴绿帽子的资产阶级妇女。围绕着这幅中心图画，他汇编了一副完整的法国社会的历史……不错，巴尔扎克在政治上是一个正统派；他的伟大作品是对上流社会无可阻挡的衰落的一曲无尽的挽歌；他对注定要灭亡的那个阶级给予了全部的同情。但是，尽管如此，当他让他所深切同情的那些贵族男女行动起来的时候，他的嘲笑空前尖锐，他的讽刺空前辛辣。而他经常毫不掩饰地赞赏的唯一的一批人，却正是他政治上的死对头，圣玛丽修道院的共和党英雄们，这些人在那时（1830～1836）的确是人民群众的代表。这样，巴尔扎克就不得不违背自己的阶级同情和政治偏见；他看到了他心爱的贵族们灭亡的必然性，把他们描写成不配有更好命运的人；他在当时唯一能找到未来的真正的人的地方看到了这样的人，——这一切我认为是现实主义的最伟大的胜利之一，是老巴尔扎克最大的特点之一。”（《马克思恩格斯文集》第十卷，人民出版社2009年版，第570～571页）巴尔扎克的阶级同情和政治见解明显与《人间喜剧》所呈现出的阶级倾向性、政治倾向性存在着矛盾，这种矛盾在托尔斯泰、曹雪芹等文学大家那里都存在，当代表新生力量的典型人物和典型环境充分显现的历史时期和历史关头尤其如此。恩格斯所说的“不得不违反”自己的阶级同情和政治偏见，指的就是这种矛盾，并不意味着作者改变了自己的世界观和历史观。正因为如此，恩格斯才称这种现象是“现实主义的最伟大的胜利之一”。

越是有才华的现实主义作家，越是“习惯于”从生活中汲取营养营造自己的作品，这样的作品及其接受效果有时是“事与愿违”的。毫无疑问，如果作品是叙事艺术和再现艺术，加之用现实主义的创作方法，创作者跟着生活本质走的可能性就会大大增加，也就是说，作品的接受效果特别是政治倾向性就未必与创作者的初衷相一致。现实主义的再现手法是与采用的文体叙事艺术相对应的。一般地说，它不允许作者站出来说话，作者的抒情和评论也必须借人物之口。在叙事作品（如小说）里，人们把作者口气和作者身影出现的地方称为败笔。由于作者的思想、感情、愿望，经常会与客观现实发生矛盾，因此，在叙事作品里便常常出现作者跳到前台的情况，即便是像《红楼梦》这样的举世公认的名著也不例外。但大多数情况下，作者是能够“忍住”自己的，否则作品就无法完成了。

以现实主义的再现手法写叙事作品，就是塑造“典型环境中的典型人物”，“典型人物”与“典型环境”形成相互依存又相互制约的关系：人物的行动必须在规定情境中展开，在环绕着他周围的所有关系中展开；规定情境即诸多关系确定和塑造着特定的行动着的人物。因此，作家“管不了人物行动”或“控制不了事件发展”的情况时常出现。这正是作家的思想、感情和愿望与客观现实之矛盾在创作过程中的体现。作家可以依照事物发展的逻辑透出自己的特定情怀：或兴高采烈，或感伤悲观，都是叙事艺术、再现艺术所允许的，如巴尔扎克、《红楼梦》《桃花扇》。然而，这样的主观情调由于依托着事物的发展规律而自然流露，因而在被人们解读时便会走向多解多义。

作者的动机（主观愿望）与作品的社会效果的关系分为两种。一种是以自己的好恶直接感染读者，在这种情况下，动机与效果是统一的（接受者有多向或多义解读是另一话题，另当别论）；另一种是作家自身的思想、感情、愿望同客观现实之间存在的矛盾，这种矛盾显现在作家的不同作品的对比中，当作家成为名作家其作品成为名作时，这种矛盾就会传导给读者，接受效果因之也充满着矛盾（在同一位作家的同一部作品中显示出这种矛盾是罕见的）。伟大诗人、思想家歌德的不同作品所体现出的价值观（包括他的议论，在此处也可归入“表现”手法的作品）之间的矛盾就被社会看得清楚至极。

恩格斯在《卡尔·格律恩〈从人的观点论歌德〉》一文中指出：“歌德在自己的作品中，对当时的德国社会的态度是带有两重性的。有时他对它是敌视的，如在《伊菲姬尼亚》里和在意大利旅行的整个期间，他讨厌它，企图躲避它；他像葛兹、普罗米修斯和浮士德一样的反对它，向它投以靡非斯特非勒司的辛辣的嘲笑。有时又相反，如在《温和的讽刺诗》诗集里的大部分诗篇中和在许多散文作品中，他亲近它，‘迁就’它，在《化装游行》里他称赞它，特别是在所有谈到法国革命的著作里，他甚至保护它，帮助它抵抗那向它冲来的历史浪潮。问题不仅仅在于，歌德承认德国生活中的某些方面而反对他所敌视的另一些方面。这常常不过是他的各种情绪的表现而已；在他心中经常进行着天才诗人和法兰克福市议员的谨慎的儿子、可敬的德玛的枢密顾问之间的斗争；前者厌恶周围环境的鄙俗气，而后者不得不对这种鄙俗气妥协，迁就。因此，歌德有时非常伟大，有时极为渺小；有时是叛逆的、爱嘲笑的、鄙视世界的天才，有时则是谨小慎微、事事知足、胸襟狭隘的庸人。”（《马克思恩格斯全集》第4卷，人民出版社1958年版，第254页）从这段话中可以归纳出这样几点：第一，恩格斯对歌德世界观中的矛盾性的概括是从歌德的作品中得出的（而非从歌德的其他行为引申而得），这说明在歌德这里动机与效果是一致的。第二，这一概括是从歌德的不同作品的对比中得出的。第三，恩格斯所列歌德作品主要采用的是表现手法。

研究动机与效果的复杂关系之所以重要，在于现实生活中以社会效果推断主观愿望和以主观愿望推断客观效果的事情经常出现。在艺术创作中，古今中外作家艺术家都存在一个难以解决的巨大的矛盾：如何使作品的社会效果尽量强烈而作者的政治倾向性尽量隐蔽的问题。恩格斯在《致玛·哈克奈斯》的信中说道：“我绝不是责备您没有写出一部直截了当的社会主义的小说，一部像我们德国人所说的

‘倾向性小说’，来鼓吹作者的社会观点和政治观点。我绝不是这个意思。作者的见解越隐蔽，对艺术作品来说就越好。”（《马克思恩格斯文集》第十卷，人民出版社2009年版，第570页）他进而以巴尔扎克为例指出，“我所指的现实主义甚至可以违背作者的见解而表露出来。”不加分析地将再现手法置于表现手法之上是错误的，因为一部蹩脚的再现手法的作品绝不会比一部优秀的表现手法的感染力强。但是，的确“作者的见解越隐蔽，对艺术作品来说就越好”，也就是说，现实主义以再现手法配之以相适合的体裁更宜于反映社会生活的本质规律，使其中的理想更植根于坚实的“情境”（合理性）之上。

一般认为，写出现实主义的大作品需要有强烈人民性的情怀和历史唯物主义的世界观，这没有错，问题是文艺创作是一个十分复杂的心理过程，当具有了这种情怀和历史唯物主义世界观的创作主体进入创作过程后，其笔下的作品又有概念化倾向的可能性。因此，从意识形态运动的宏观角度着眼，解决良好的主观动机与良好的社会效果的统一问题，不但需要在同一主体中争取，也要促进文艺批评的精进，使之与创作共同构成意识形态运动的“车之两轮，鸟之双翼”。在信息化社会已然到达的今天，文艺评论应延前为创意。这里的“创意”之意，不是去干涉作家艺术家的“写什么和怎样写”（文艺评论没有这一权威），而是起参与构思的作用。

同一部作品会因不同的解读而使其社会效果大不一样，同一部作品在同一历史时期会因接受主体的不同而导致不同的接受效果，即所谓“仁者见仁，智者见智”，越是优秀的作品，越易出现这种状况。一部《红楼梦》，道学家看到淫，革命家看到阶级斗争，美食家看到各种美食。当然，我们不但应当看到审美个体的差异性，也要看到共同性，差异性在社会思潮相对弱的社会状态下更突出一些，共同性在社会思潮相对强的社会状态下更突出一些，特别是专论社会效果的“好”与“坏”时更是这样。同一部作品在不同的历史时期会因时代精神的差异致使其接受效果大有区别。在这方面，改革开放以来有两个突出的例子，一个是李剑的杂文《歌德与缺德》，一个是王蒙的长篇小说《这边风景》，两部作品如果分别变换一下发表和出版时机，其接受效果则完全改观。反映特定时代内容的同一部作品，同时代受众的解读与后世受众的解读大有差别，例如《白毛女》第一次出品时人们的解读和今人的解读有着不同的社会效果。

争取尽可能强烈的正能量的社会效果是文化创意特别是文化产业创意的重要任务。除了“以销定产”式地搞好内容创意之外，第一次“上市”时机的把握也十分重要。

对待同一文化产品，不同受众常常有历史主义和伦理主义两种不同的态度。历史主义的观点就是生产力的观点，它强调生产力发展作为历史前进根本动力的进步性和合理性，强调历史前进作为道德上总体的“善”，而将人们通常视为“恶”的因素，也放在历史进程中作具体的分析。伦理主义的观点哀挽历史前进中人性受到的摧残和个体生命从精神到肉体的牺牲，强调、抨击、控诉、抑制阶级行为和个体行为的恶行，具有合理性和人民性。对待文化产品的这两种截然不同的态度，源于历史总是在历史主义和伦理主义二律背反中行进这一根本规律。恩格斯在谈到资本主义对机器的采用时说：“由于文明时代的基础是一个阶级对另一个阶级的剥削，所以他的全部发展都是在经常的矛盾中进行的。生产的每一进步，同时也就是被压迫阶级即大多数人的生活状况的一个退步……”（《家庭、私有制和国家的起源》，《马克思恩格斯选集》第四卷，人民出版社1972年版，第173～174页）这种矛盾不但资本主义社会有，它贯穿于资本主义之前的一切阶级社会，而族类的长存与个体的牺牲，自然的人化与人的片面化，心理的自由与失重……这些伴随实践发展的矛盾则与人类共始终。

这种二律背反，也反映在作品文本中。讴歌长城伟大的诗篇与孟姜女控诉的哭声并存（同一事件的不同文本有着不同的态度），《诗经》中的《采薇》篇存有歌颂宣王北伐和“莫知我哀”的矛盾，杜甫的《新婚别》、郭沫若的《蔡文姬》……（同一文本中存在不同态度），都存有这一矛盾。由于这种固有矛盾，使得我们今天关于文艺作品“评论的评论”变得十分艰难：什么样的文本会有一个无争议的“好”或“坏”截然二分的接受效果呢？历史题材相对好说，因为它的内容已与人们的当下利害相去甚远，现实题材则有一个“及时”的问题。也就是说，历史前进中历史主义与伦理主义的二律背反并不是在时空上“两两对立”的，在历史的特定坐标上，它常常表现为此扬彼抑、此抑彼扬。在历史前进中的某一时空坐标上，特定文化产品，特别是特定文艺作品扣住了人们的心弦，反映着历史前进到这一时空坐标上的时代主题和时代精神，对社会前进（包括需要稳定时的社会稳定）有促进作用，它的社会效果就是好的。待时过境迁，作为“历史的”文化产品或文艺作品，他的解读效果则另当别论了。

儒与道（庄子）既矛盾对立又有强烈的互补性。二者在逻辑上都留有与对方交际的“接口”。“孔子世界观中的怀疑论因素和积极的人生态度，一方面终于发展为荀子、《易传》的乐观进取的无神论，另方面则演化为庄周的泛神论。孔子对氏族成员个体人格的尊重，一方面发展为孟子的伟大人格理想，另方面也演化为庄周的遗世绝俗的独立人格理想。表面看来，儒道是离异对立的，一个入世，一个出世；一个乐观进取，一个消极退避；但实际上它们刚好相互补充而协调。不但‘兼济天下’与‘独善其身’经常是后世士大夫的互补人生路途，而且悲歌慷慨与愤世嫉俗，‘身在江湖’而‘心存魏阙’，也成为中国历代知识分子的常规心理及其艺术理念。但是，儒道又毕竟是离异的……前者强调艺术的人工制作和外在功利，后者突出的是自然，即美和艺术的独立。”（李泽厚：《美学三书·美的历程》，安徽文艺出版社1999年版，第59页）几千年来，儒道在世界观和人生观上的矛盾和互补，铸造着汉民族文化—心理结构，从日用之常到文学艺术以及政治文化都留下了它的巨大的身影。《三国演义》的“出道入儒”、《阿Q正传》的“精神胜利法”、苏东坡《前赤壁赋》变与不变的辩证观点……数不清的文艺作品或总体基调或人物情怀都包含着这二者的对立和互补（统一）。而一代又一代的受众，也都是装着这样的对立互补的“前理解”（新批评用语）来解构文艺作品的。至于具体作品的具体的接受效果，则因人（接受个体）、因时、因作品而异，具体作品的社会效果，则要看社会思潮的具体走向也就是个性心理的最大公约数。

本章多以文学艺术为例谈社会效果（社会效益）的实现，但其他文化产品也存在一个社会效果（社会效益）的实现问题，如政治文化和广告语等。社会效果（社会效益）的实现是一切文化产品创造（生产）的目的。自社会分工为文化产品创造者和接受者之后，一切文化产品的创造从本质上说都是为他人或称为社会所创造、所利用的。即便到了每个生命个体都成为“全面的人”的未来理想社会，文化产品的创造（生产）也具有为他人为社会的意义。虽然当代因互联网的应用致使“人人都是艺术家”超前实现了，但这并非理想的建筑在高水平基础上的“人人都是艺术家”。“文学艺术热闹”“文化热闹”“互动”代替不了审美主客体的心理对接，接受永远是文化心理动力系统中不可或缺的一环，这一点与文化的产业化和非产业化并无关系。

传播力度不等于接受效果。1995年后，随着互联网的接入，中国渐次进入信息化社会。媒介空间大发展，追求大播放量、“推送”成了媒体人和一切文化产品创造者所追求的目标。需要指出的是，传播力度只是实现文化产品社会效果的必要条件，不等于接受效果本身。但由于“接受效果”很难考察，加之其他一些复杂的利益因素，致使出现了接受力度代替社会效果的幻象。长期以来，这个幻象就像皇帝的新衣无人揭露，渐渐成了社会极大程度的共识。这是十分危险的“集体无意识”。尖锐地提出“传播力度”不等于接受效果，有利于提高文化精品的有效接受，减轻文化产品的生产过剩和文化垃圾的堆积，降低文化产业的经营风险，进而提升全民族精神文明的水平。

第二节 良好的经济效益的实现

“效益”是投入与产出的对比，因此，“经济效益”只谈好坏，不谈有无。

社会主义文化产业的经营目标，是在弘扬社会主义核心价值观的前提下，尽最大可能赢利（取得良好的经济效益）。

取得良好的经济效益，需要创意领先。文化产业的创意必须考虑赚钱，这是天经地义。这个“考虑”就是“干什么”“怎样干”“何时干”“何时卖”“怎样卖”等一系列“以销定产”的创意和策划。当然，社会公益不在此议。文化产业的创意不是“率性而为”，想干什么就干什么，有钱不能任性。自1993年中国进入文化的产业化以来，许多带着从事物质产业所赚资金和经验的民间资本持有者因“任性”失败了。有权不能任性。多年来，我们在文化产业之外的意义上（如呼唤民主）反对过“长官意志”，后经一些“长官”的反弹（“哪个长官没有意志？”）而偃旗息鼓了。在文化产业创意上反对“长官意志”，并非求得长官丧失“意志”，而是要求“长官”将自己的意志进行一番自我推理和专家论证。有“知”不能任性。“文化产业必须创意领先”含有对个人创意的重视，但其实质说的是经过“以销定产”论证的“创意”，不是个人的“主意”“念头”“点子”。我们鼓励人人争当文化创意家，但并非任何人的新点子、新方法都能用于产业化操作，“主意”“念头”“点子”只是花朵，是“大胆假设”，它还需要“小心求证”，它还不是果实。随着文化产业化的推进，将有一批文化创意家从文化的“项目操作者”中分化出来，文化创意家就是那些“自我意识”很强的人。这样的人，具备自我批评、自我论证的品质。

有钱不能“作秀”。1993年以来，全国每年注册的文化公司汗牛充栋，但文化公司的注销亦如落英缤纷，这说明了什么？说明进入文化产业的势头非常大，但成功者如凤毛麟角。长期以来，在中国意识形态中弥漫着一股“干文化”意味着“有文化”的瘴气，很多人干文化就是为了向社会证明自己有文化。与搞文化产业的许多人不同，他们从一开始就不图赚钱，而是想用“花不着的资金”（不是“资本”）去争得社会对其“有文化”的认同，因为他们“不差钱儿”，缺的就是文化。用钱作秀，对于文化产业的健康发展是有很大害处的。害处之一，是这种作秀不会给作秀者以文化提升而只能是增长虚荣，这将有害于这些人的人生。害处之二，是造成文化泡沫、文化垃圾的堆积——不被接受则浪费人、财、物。害处之三，是有害于宏观经济运行。由于文化产品生产伴随着人、财、物的投入，因此生产文化垃圾对宏观经济的运行自然会有负能量。害处之四，是有害于文化产业的运行。如果说，这种文化作秀还有一点“好处”的话，那就是为许多人提供了就业岗位，但其害处也就在这里：如果没有这种岗位，这些人会砥砺意志，到真正的文化产业中去谋职；有了这种岗位并且长期在这类岗位上供职，则有可能使他们造成对文化产业的错觉，耽误了他们学习真正技能的机会。

任性使用资本、权力和自己的“主意”，任性地花钱作秀，都不是“实现文化产业以创意领先”的科学含义。

文化产业是文化产品的“生产”，从总体上说，任何业态和项目都会有创意（策划），形式上看也都是创意在发挥着引领作用，只是可以说，这些“创意”有些是科学的，有些是不科学的。因此，实现文化创意对文化产业的引领，第一位的任务就是如何使文化创意科学化。文化产业的文化创意，必须渗入社会主义核心价值观，追求良好的社会效果并且要善于将这一追求作为实现良好经济效益的创意方向。要善于将良好的社会效果与良好的经济效益统一起来，统一于创意之中。文化产业的文化创意，必须进行“以销定产”的超前策划，必须追求良好的经济效益。必须树立在文化产业化背景下没有良好的经济效益也就不会有良好的社会效果的指导思想，而不能一味地将二者对立起来，更不能以没有良好的经济效益作为必然有良好社会效果的反证。

文化产业的文化创意必须专业化、职业化。文化创意工作必须摆脱资本的负面制约和权力的负面制约，只有建立文化创意家队伍才能摆脱这些制约。文化创意其思维形式类似物质产业的科研和发明，需要特殊的创新能力，只有少数人才具备这种能力。文化创意能力需要天资，也需要后天的培养和训练。因此，建设文化创意学、文学艺术创意学和文化产业创意学是全社会急需的任务，建设文化创意学的各类培训体系也是全社会急需的任务。党政部门抓文化产业必须先抓文化产业的创意，抓文化产业的创意必须先抓创意人才的培养。要采取措施推动文化创意工作从一般文化产业项目工作中分化出来，独立出来，推动文化创意人才从一般文化产业项目从业者中独立出来实现专业化和职业化。文化产业的文化创意与资本的结合必须是社会化的结合，也就是说，必须推动文化创意的社会化实现。创意与资本的结合是文化产业的关键问题。

如前文已述，文化产业中没有文化创意缺席的生产，只是有些文化创意本质上属于资本的附庸，是资本持有者的率性而为。文化创意与资本结合方式的社会化其好处在于抑制资本的负面作用的发作，实现科学的文化创意对文化产业的科学的引领，但难度也是相当大的。难度之一，部分资本持有者“有钱便任性”，任性到不在乎钱的地步。他们甚至盲目地认为赔了钱却提升了自己的文化形象。针对这种情况，文化创意家要争取社会对自己创意成果的寻购、寻租，因为二者结合的主要动力在文化创意家那里。难度之二，文化创意成果是未结果实的花朵，一方面，能否取得良好的社会效果和良好的经济效益在产品未卖之前总是个假说，这类假说又都是创新性的，因此，让人接受难，有偿使用更是难上加难。另一方面，有价值的创意成果是创意人“十月怀胎，一朝分娩”的产物，没有长时期修养是创不出的，无偿使用既不现实，也不利于文化产业的健康发展。难度之三，文化创意成果一旦出手，知识产权便难以保护，因此，存在着交易难。社会做不了的事情，政府就应该管。因此，政府在文化创意的社会化实现上也就是在文化创意与资本的结合上应该大有作为，也是能够大有作为的。要建立健全促进文化创意与资本结合的有效机制；要通过培养人才促进文化创意的繁荣发展；要抑制资本负面作用的发挥，节制权力的滥用；要通过调整“宣传文化事业资金”和“文化产业启动资金”的使用方向，大力支持文化创意事业，支持文化创意成果向现实文化生产力的转化，支持文化创意成果的中试和孵化。

取得良好的经济效益，需要对文化产业的本质特征有一个深刻的了解。文化产业的本质特征有三点：第一，文化产业是生产（例如制作影视剧）和经营（例如搞长城遗址观光）精神产品亦即文化产品的产业。就人的需求而言，虽然有的产品同时具有精神需求和实用性需求，但特指人的精神需求的满足。当然，这只是逻辑上的区分，在实际生活中特别是在现代生活中有时很难区分，但尽管如此，这种区分在理论研究上在文化产业的操作上和在国民经济统计学上，都具有重要的意义。第二，文化产业是把文化产品作为商品进行生产、交换并争取利润的产业，既不是公益事业，也不是以自娱自乐为目的的创作、生产和经营。第三，“文化产业”是现代市场经济体系中的概念，在经济学意义上，它具有现代物质产业所具有的某些特征，例如追求统一市场和全球化、追求劳动生产率、纳入国民经济运行体系，等等。

深刻了解文化产业的本质特征对于取得良好的经济效益有着极为重要的意义：第一，避免重复统计等统计工作的混乱。只有避免了这种混乱，才能将文化产业的真正效益统计出来，为国家宏观经济运行的操作提供坚实的依据。第二，对于党政部门科学地“抓”文化产业具有极为重要的意义。有的党政部门由于不懂得文化产业是生产文化（精神）产品的产业，以至于常常用抓物质生产的方法抓文化产业，不断闹出许多笑话，还浪费了大量的人力、财力和物力，制造了许多文化垃圾。这样的抓法，不但争取不到良好的经济效益，还会阻滞文化产业的发展。对于任何事物来说，只有懂得它“是什么”（本质特征），才能知道“如何做”（干什么、怎样干）。

文化产业的从业者不了解其本质特征，要取得良好的经济效益是不可能的。文化产业的本质特征是从具体业态、具体项目中抽象出来的，既要了解文化产业的总体的本质特征这一共性，也要了解所从事具体业态、具体项目的特殊性。一些业态的文化产业特征不易一目了然，例如旅游业。旅游业之所以归属于文化产业，是因为它本质上是满足人们精神需要的，但因为旅游业伴随着大体量的吃住行等消费运行，所以常常给人以错觉。很多人开发旅游业失误了，就在于他们用搞物质产业的方式搞旅游业。一些业态取得经济效益的方式较为特殊，例如动漫业。动漫业取得经济效益要靠衍生业，这一点是和其他许多文产业态所不同的。只有牢牢掌握动漫业也是生产精神产品这一文产共性本质特征，同时又牢牢掌握它的盈利模式，才能制定出科学的开发动漫产品的方案，争取良好的经济效益。一些业态介于精神产品生产和物质产品生产之间，例如某些工艺品和手工艺品的生产。从事这类实业，需要的当然不是哲学美学上的辨析，而是同时抓住两个卖点，去争取良好的经济效益。文化产品虽然不是物，但创造文化产品的活动是物态化活动，文化产品出售时附着着物的价值。因此，文化产业从业者必须高度注意此点，善于从产业链的连结中寻找商机，争取良好的经济效益。

取得良好的经济效益，需要良好的文化企业的管理。文化企业的管理与物质企业的管理有共性，本书不谈。二者有很大的差异，这是需要从业者所专门研究的。第一，文化企业的管理发挥个人首创性的课题更为突出。文化产品生产的创造创新既在项目之前、项目之外，也在项目之中，这就决定它是一个动态的过程。参加创作者（生产者）既是整个生产过程的“齿轮和螺丝钉”，也是某个专业、某个侧面的专家和创意中心。任何文化产品、艺术品都需要风格整合，但同时需要发挥个体成员的首创精神，如何处理好二者关系，是较之物质生产部门更为突出的课题。第二，文化企业的管理兼有文化产品生产管理和物质产品生产管理的双重特征。文化产品的生产，既是脑力劳动也是物态化的劳动（活动），这决定了文化企业管理的复杂性。第三，文化产品的生产经营，既追求良好的社会效果，又追求良好的经济效益，如何整合二者，是文化企业管理独有的课题。第四，文化企业常常被人想象为物质生产企业，如工厂、车间、工程，这是完全错误的。文化产品的生产有时就在头脑里，仅是一种心理活动，这决定了“文化企业”有时就是个体劳动，而生产的组织形式可能是一个影视剧组，可能是一个演出班子，可能是一个编辑部，可能是一个公司……总之，它是依据文化产品生产的需要而组织起来的。这种特殊的管理对象决定着管理方式的特殊性。

以上所列四个特征，都是由文化产业的本质特征所决定的。之所以只谈文化企业管理的特殊性也就是它与物质生产管理的不同点，而不谈具体的管理方式，也是因为它具有灵活性这一特点。具体的管理方式，要因业态、项目、案例、人事而异，没有统一的模式，强行构想出一套模式并不适用。

自1993年以来，中国渐次进入文化产业化，文化企业的管理也由计划经济体系进入市场经济体系。与改革开放以来物质生产部门的发展一样，文化生产部门的发展也是沿着两条线进行的。一条线是原有的国家事业单位如剧团、出版社等改企的进程，另一条线是体制外力量的成长。第一条线的改革实际并未终结，有的正在经历由事业单位向企业的转型，有的形式上转型完成了，但还未挣断与机关、事业单位相连的脐带。因此这一部分的企业管理还处在中间态；第二条线由于扎根于市场经济之中，故其管理一直在进行着以市场为导向的管理改革，目前的任务是如何进一步完善的问题。除此之外，还有一个特例，就是虽在体制外但并未按搞文化产业要求而运行的文化机构。这些机构的问题已超出文化企业管理的议题，故不展开论述。文化企业管理的方式的变革与国家的宏观改革息息相关。就拿影视业态的发展来说吧。20世纪90年代初，中国就开始了由“导演中心制”向“制片人制”的转型，但直到国家“制播分离”宏观改革完成，“制片人制”才真正确立。可以预期，随着国家宏观改革的推进，特别是“确立市场主体”内容的落实，文化企业管理将进一步科学化、完善化。

文化产业良好经济效益的实现有诸多方式，用好既有方式并开拓新的实现方式是文化产业创意的重要方向。

投入产出型是良好经济效益实现的基本方式。所谓“投入”，既是指资本的投入，也是指人的劳动的投入。显然，此种方式是以出售产品赚取利润的方式，中间有一个生产（创作、制作）的环节。“投入产出”是一个链条，例如，一个作家投入了自己的智力写成一本书，对于这个作家来说，向出版社讨得稿费（或版税）便完成了第一步的产出，赚取了收入，进而如果卖改编版权，还可以取得第二步的收入（在经济学意义上，作家创作不属于投入产出，这里只是为了研究文化产业的方便）。对于出版社来说，要花钱买稿子，付印刷费、编校费、设计费等，图书出售后才能从市场赢得利润。投入产出型的良好经济效益的实现方式需要有一个以市场为导向的前期创意策划，需要进行质量管理和成本控制，需要选择上市时机，需要多种方式并举进行营销，需要进行宣传。之所以把这一方式列为实现良好经济效益的基本方式，是因为社会主义文化产业的目的是满足社会成员日益增长的文化需求，而提供质优的内容产品是实现这一目的对社会的第一要求。同样是这一方式，各个业态又有着不同的具体操作，有的在甲节点上挣钱，有的在乙节点上挣钱。较为特殊的就是动漫产业，其挣钱的可能性在衍生产业这一环节上。同样是这一方式，各个项目又有着不同的具体操作，有的利用甲型营销方式，有的利用乙型营销方式。一个大型的综合性投入产出方式，常常有多层盈利模式，例如，湖南卫视的栏目《超级女声》，就有冠名赞助、手机短信收入、开发衍生产品收入、硬广告和软广告费收入、超女组团演出门票收入等多种盈利模式。

加工型是不少体制外文化企业实现良好经济效益的重要方式。这一方式是利用别人的资本生产文化产品，由投资方收购产品，投资方一般是内容产品的需求方。央视电影频道曾长期开展这一业务。这一方式的操作，通常将他人投资的一部分留下来，只把另一部分投入生产，俗称“吃成本”。同时，一般还要拉赞助并展开一些附加的盈利环节，例如，给央视拍摄电视电影，就有人利用片头、片尾拉赞助并附加培训演员。不少动漫从业者自己并不生产整体的动漫片，而是给生产动漫片的进行机上加工。加工型文化企业经营方式的好处在于风险小，利于企业的初期发展，但要不失时机地进行转型。

广告业初兴时其经营模式是“空手套白狼”，即依靠规模化经营吃差价，2000年后加大了为广告出资人进行广告创意和创作盈利的成分。广告的创意和创作其实也是一个由出产文化产品到出产艺术品的逻辑接口，这种生意做长了，定会“染指”文学艺术的创作和生产，许多人由广告商变成了艺术品的制作者和营销者。广告业本是“中介”，中介向两极转化的可能性很大，自身增质、增量的可能性也很大。初入文化产业者，不妨先搞广告业；初入广告业者，不妨先干一些中介的生意。中介的实质是出卖劳务，不用投入资本，故而风险很小。

承接党政机关购买的服务。随着“大社会、小政府”改革的推进，党政机关购买社会服务的力度会越来越大，承接党政机关购买服务将成为一条获取良好经济效益的重要渠道。要承接这种服务，必须创意领先。党政运作必然会有规范，例如采用社会招投标等方式，进行社会竞争，然后择优“录取”，因此谁的创意好方案好，谁就会被“录取”。要承接这种服务，必须以社会主义核心价值观指导创意。要承接这种服务，必须追求良好的社会效果，善于将良好的经济效益与良好的社会效益统一起来。

取得良好的经济效益，除了需要选好盈利模式之外，还需要选好产业类型。我国现有文化产业类型有广告业、报刊业、广播电视电影业、旅游业、动漫业、演出业、教育培训业、游戏产业、互联网营运业、内容（文学艺术）产业等，要依据自身条件选好产业类型。所谓

"自身条件"，包括资金、市场、劳动力类型，也包括"老板"对各行业的熟悉程度，后者比前者更重要。

取得良好的经济效益，开拓新的文化产业业态不失为上上之策。2000年后，我国部分社区和两亿以上人口已进入后工业社会，人们的需求已越过马斯洛"五层次说"中的较低层次。因此，在物质需求与精神需求的结合部，将是文化产业新业态的拓展空间。"文化创意与设计服务业"的提法尽管不科学，但其所指是存在的。它可以在统计学上列入文化产业，也可以列入物质产业，因为它正是从二者的结合部所开发出的业态。服装业、旅游业、建筑业、餐饮业……所有与生活相近的物质产业都可以率先"文化化""个性化"；所有内容产业都可以向物质产业延伸。

争取良好的经济效益是文化产业之圭臬，所忌者是不择手段（参见本书有关章节），因此，将良好的社会效益与良好的经济效益统一起来，既是社会主义文化产业发展的目的，也是文化产业创意的原则和总方向。

第三节　争取社会效益与经济效益的统一是文化产业创意的重要方向

良好的社会效果（社会效益）与良好的经济效益有矛盾对立的一面。二者对立的主要原因，在于文化产品的接受主体分化为俗雅两个群体。

在中国文化产业发展史上（1993年以后），有过俗雅尖锐对立的阶段，发生在1993年～2012年之间。此阶段，又分为两个区间，第一区间是1993年～1998年，即纸介文化阶段。以痞子蔡发表网络小说《第一次的亲密接触》为标志，中国网络文化开始兴起，1998年～2012年进入了网络文化的顶峰时期。在俗雅尖锐对立的整个时期，低俗（劝善元素和审美元素极少）文化产品和庸俗（追求感官刺激）文化产品充斥市场、销量巨大，而雅文化产品虽供应量不小，但市场反应冷淡。那时节，经营俗文化产品经济效益极佳，但经济效益越好，则社会效果越差——负能量越大。

造成这一尖锐对立的主要原因，在于文化产品的接受主体分化为雅俗两个群体而以俗群体为大；就接受个体而言，固有雅俗两个层次。其他原因有：1. 政府的监管一时没有跟上，前期表现为出版监管不力和文化市场监管不力，后期表现为网络空间监管不力。2. 对社会成员而言，精神文明的提升是一个过程。1993年以降，中国社会信息化进程开始，好坏信息纷至沓来，人们一时良莠不分，好奇心重。3. 劝善元素少和审美元素少（即娱乐性强）的文化产品任何时候都需要，它可以“使劳动者得到休息”。娱乐性强的文化产品，因社会的相对稳定蜂拥而至，在特定历史时期一时需求量超大有其必然性。良好的社会效果与良好的经济效益的尖锐对立，其实质是良好的社会效果服从于良好的经济效益，这是与社会主义文化产业发展的目的背道而驰的。2012年后造成良好的社会效果与良好的经济效益尖锐对立的条件发生了重大变化，广大受众欣赏水平显著提高，政府对文化市场监管力度大大加强。这就为创造社会效益与经济效益相统一的文化产品创造了条件。但这不意味着二者不会发生矛盾了，只是说解决这一矛盾有了更多的方法和社会助力。

二者的统一，要统一于良好的社会效果（社会效益）。要把社会主义核心价值观注入文化产品之中。社会主义核心价值观代表先进生产力的发展要求，代表先进文化的前进方向，代表最广大人民的根本利益。只有凝结着社会主义核心价值观的文化产品，才有产生社会效益的可能性。鉴于文化产品创造特别是文学艺术创作存在着动机与效果的矛盾，为了确保创造生机，确保在生产（创作）环节为争取良好的社会效果打下基础，必须强化编辑环节和文艺评论环节。强化这两个环节是为了杜绝不良文化产品，特别是不良文艺作品的生产传播。

良好的文化产品和文艺作品的产出、传播、堆积以及评奖授家，都不等于良好社会效果的实现。社会效益的实现只意味着社会成员对优秀文化产品和文艺作品的有效接受。有效接受的力度越大，社会效益越好。优秀文化产品和文艺作品的产出，只是它的前提和基础；评奖授家，只是优秀文化产品和文艺作品催生的一种手段，用作对文化繁荣的评价标准则谬之千里。越是优秀的文化产品和优秀的文艺作品，越需要加大它的传播力度，追求它的接受效果。优秀文化产品的经济效益是它的接受效果的重要指标，也就是说，只有肯掏钱买的人，才是主动接受的人。

所谓社会效益与经济效益统一于良好的社会效果，绝不是提倡采取“宁要良好的社会效果，也不要良好的经济效益”的态度。这样的态度，是争取不到良好的社会效果的。恰恰相反，生产（创作）出优秀的文化产品之后，必须敢于让它接受市场的考验，千方百计地进行优秀文化产品的推荐和销售。被创作者生产者和专家认定为优秀文化产品和优秀文艺作品却没有销路，要进行以下反思：1. 文化产品是否真正体现了社会主义核心价值观。2. 是如何体现的。无论是文学艺术作品还是一般文化产品，都要求有较强的感染力。因此，如何体现社会主义核心价值观，实际是重要的文化创意方向。3. 文化产品和文学艺术作品的出品时机是否得当。4. 开拓销路的工作做得是否到位。

社会效益与经济效益统一于良好的社会效果是由发展社会主义文化产业的目的所决定的。发展社会主义文化产业的目的，在于满足社会成员日益增长的精神需要并在摄入精神营养的过程中提升精神文明的水平。这意味着，文化产品的生产不是为生产而生产，不是为了堆积文化产品，而是争取优秀文化产品的尽最大可能的被接受。所谓“当社会效益与经济效益发生矛盾时，经济效益要服从社会效益”不是不要经济效益，而是要在保证良好社会效果的前提下去争取经济效益，因为在文化产品健康的前提下，争取良好的经济效益也就是争取良好的社会效益。虽然文化产业也要进入国民经济统计，但文化产业的目的不是为了追求物化产值，这一点必须有一个清楚的认识。将物值统计进文化产业的产值是经济学所需要的，但不能淹没文化的价值；用“文化＋”的思路推动物质产业的发展不失为进入后工业社会，特别是改革供给侧所需要的，但不是抓文化产业的思路。

在现实生活中，有良好的社会效果而没有良好的经济效益或有后者而无前者的情况很常见，这就需要根据具体情况抓主要矛盾的主要方面，促进二者的双丰收。

一般地说，真正取得了良好社会效益的文化产品和文学艺术作品，其经济效益也是好的。偶遇特殊情况，要向市场和公益资金两个购买方寻购。

在大多情况下，人们所说的“良好的社会效果”是潜在的：或在文化产品层面上，或仅在创意层面上。也就是说，“具有良好的社会效果”只是一种估计，一种专家群的估计或产品（作品）生产者（创作者）的估计。由于这种估计产生的原因复杂，故需接受社会的检验。

取得了良好经济效益但具有庸俗倾向的文化产品的创作生产者要进行调整。庸俗文化产品具有广阔的市场，说明存在着一个庞大的庸俗文化的消费群。广大文化产品的创造者、生产者，要以争当人类灵魂工程师为从业目标和人生目标，担负起以优秀文化引导人的重任，积极地以提供格调健康的作品和加强互动等方式引导既有受众和潜在受众，争取既达到有效引导又不失去既有市场的目的。2012年以来，因传统作家上网、受众欣赏水平逐渐提高、多媒体融合、国家网络监管体制逐渐完善等多种原因，网络文学进入了自我更新和提升的历史阶段。在这种背景下，不少网络写手加大了自我调整力度，产生了良好的效果。网络文化界的这一调整，值得其他文化业态效法。

在同一历史时期，良好的社会效益与良好的经济效益相统一的课题因文化产业业态的不同而不同。例如，2012年后，网络文学发展的主要课题是如何以优秀的作品和各种互动方式引导受众，而纸介文学发展的主要课题则是更新评价体系（由评奖授家到追求有更多的受众）、开拓市场。在同一历史时期，不同业态处在不同的历史发展阶段，有的处在黄金发展时期，有的已处在从现实艺术或文化品种退出的历史关头。通常情况下，前者的主要课题是进一步提升每一件文化产品的质量特别是正能量，后者的主要课题则是开拓市场。由于这种不同是由于业态的不同所带来的，因此要牢牢抓住不同业态的本质特征，研究出带有业态共性的良好社会效益与良好经济效益相统一的具体办法来施之于上。这种共性的研究，对于党政部门助推文化产业发展的措施选择，对于文化产业投资人的择业具有重要的意义。

同一业态在不同的历史发展阶段，其良好的社会效益与良好的经济效益的统一有着不同的课题。自徽班进京至毛泽东在延安发出《致杨绍萱、齐燕铭的信》（即《看了〈逼上梁山〉写给延安平剧院的信》，1944年1月9日）这一节点，京剧处于以弘扬清官政治这一内容引领良好的经济效益的阶段，自毛泽东此信发出至“样板戏”出现之前，京剧进入以弘扬人民性为主导引领良好的经济效益的阶段。毛泽东在这封信中说：“历史是人民创造的，但在旧戏舞台上（在一切离开人民的旧文学旧艺术上），人民却成了渣滓，由老爷太太少爷小姐们统治着舞台，这种历史的颠倒，现在由你们再颠倒过来，恢复了历史的面目，从此旧剧开了新生面，所以值得庆贺……你们这个开端将是旧剧革命的划时期的开端……”（《毛泽东书信选集》，人民出版社1983年版，第222～223页）京剧《逼上梁山》这种由人物的改变到内容的改变，极大地弘扬了人民性，适应了五四后新的时代和新的群众，因此，在新的基础上实现了京剧这一“旧剧”良好的社会效益和良好的经济效益的统一。

然而，像《逼上梁山》这类主题的戏其人民性毕竟有着局限性，因为它十分缺乏启蒙精神。随着时代的发展，它必然会将市场让位于新的主题。承载着无产阶级革命内容的现代京剧“样板戏”之所以获得了巨大成功，就在于它在形式和内容上都进行了大力度的改革。当然，在当时的时代背景和计划经济条件下，“样板戏”不以追求良好的经济效益为目标，但从它的社会效果的强度看，是肯定能获得良好的经济效益的。文艺总是和利害相关的，或者与物质的利害相关，或者与精神的（伦理、政治、宗教等）利害相关。京剧不同历史阶段主题的改变，都是适应受众价值观变化的改变，也就是通过创新作品增强社会效果来获得经济效益，达到二者的统一。京剧每次大的创新，都是内容与形式的整体创新即以新的形式适应新的内容，这种创新今天仍会有良好的社会效果与良好的经济效益。当然，1993年以后，人们的生活方式变了，京剧创新的社会效益与经济效益也难以与这一古老剧种的辉煌时期相比。今天，京剧从整体上说已属于非现实的艺术品种了，这是多种原因造成的。其他艺术形式、其他文化产业业态也都有一个由兴到衰的过程。在这一过程中，每一种艺术形式和每一种业态，不仅要随着时代改变内容，也要革新形式；不仅要创新作品，也要根据新作开拓市场。也就是说，在每个特定阶段上，“良好的社会效果”的含义是有区别的，它与良好的经济效益的统一的方式也是有区别的。

要承认某些艺术品种和文化遗产已构不成产业业态，它的社会效果也是潜在的。对于这样的艺术品种和文化遗产，要在适度开发中进行保护，以争取良好的社会效果。公益资金要在这种保护和适度开发中起保底作用。

有一些产业业态比较特殊，统计学上常常把它们统计在文化产业内，例如图书馆、博物馆、乐器制造、印刷厂、摄像机照相机生产等。把这些产业统计为文化产业弊端很大，一是造成逻辑上的混乱，二是造成重复统计。因此，有必要加以澄清。建设图书馆、博物馆，生产摄像机、照相机、乐器等，都属于物质产业，绝对不能把它们的产值统计在文化产业的产值之内。当然，它们的功能，是充当人们进行物态化活动的载体，是创造文化产品的物质载体，但不是美学上所讲的物质手段。乐器不是声音，图书馆不是语词和色彩，摄像机、照相机不是光影。所谓争取社会效益与经济效益的统一，指的是精神产品的生产中的行为，决非指在这些特殊物质产品的生产中去求得。当然，这些特殊物质产品及功用不同于一般物质产品，其经济效益也在一定程度上折射出一定的社会效果，但与“争取精神产品良好的社会效果与良好的经济效益的统一”这一问题不在同一语境之内。

争取社会效益与经济效益的统一是文化创意的重要方向。要树立在社会主义市场经济条件下社会效益与经济效益一定能够统一的坚强信念，善于将二者的结合作为文化产业创新发展的重要途径。

要以二者双丰收的追求选好资本进入的业态即尽量选择朝阳业态。要以辩证的观点看待业态。有些业态从总体上虽然已成文化遗产，但只要“钩沉”方法得当，也能托起少量项目，例如白先勇的“青春版”《牡丹亭》。

要牢固树立“投入产出型”是社会主义文化产业核心产业形态的观念。只有不断推出新的文化产品，才能保障精神食粮的有效供给，社会效益与经济效益的有机统一才有有效平台。

要把社会效益与经济效益的统一落实到具体项目上。在创意阶段，要排除掉二者皆失的项目，排除掉二者只得其一的项目，而以二者相结合的出发点去创新项目。这样，就把“二者相统一”由检验文化产业具体结果的标准而转化成了创意的重要方向，最大程度上避免可能的人、财、物的损失。1993年以来，有两种文化形态需要以良好的社会效益与良好的经济效益之统一的方向进行创意，以求得它们的健康发展。第一种是产前、产中、产后未经接受的文化形态（以下简称“前文化态”）。在一部文化产品（一个文化产业项目）产前、产中和产后，都会有与这部文化产品的生产和接受有关的文化形态产生，例如，一部电影在拍摄前、拍摄中和拍摄后会有新闻发布会、开机仪式、演员与观众见面等活动。1993年之后，这一文化形态日渐兴盛，其自身又衍生出不少子项目，有些子项目也具有投入产出性质，例如海选演员、演员培训等。在有衍生文化项目的前提下，其实主项目已演变成一个文化符号，整个产业模式类似于本书中所讲的“文化符号的展开”。这种“前文化态”既含有对中心项目投资的元素，又含有对子项目投资的元素。它的创意原则，是在保证中心项目良好社会效益和良好经济效益之前提下，尽最大可能使“前文化态”也具有良好的社会效益和良好的经济效益。这一创意原则要在中心项目之创意阶段落实。第二种文化形态是“自产自销型”。它的特征是基本没有接受效果，甚至完全没有接受效果。“自产自销型”的实例很多，以图书销售为最。谁也不能否认我们已经进入了一个人人发表、人人出书的时代，人们给这一文化现象也称为“自费出书”。有的人自费出书可以通过各种社会关系把书卖出去，获得一定的经济回报。这种方式卖出的书，有的扎了堆，有的被购书者送了人，总之是难以进入有效接受环节。这对于文化产品的创造（生产）者其实是很大的损失，是求荣取辱。更多的出书人没有任何经济收益。对于这一情况，需要以良好的社会效果与良好的经济效益作为创意方向加之于作品的构思阶段。

社会的相对稳定、经济的发展、文化创意社会实现的推进和互联网的应用，会使以上两种文化形态愈加发达。因此，将来有可能改变的不是这两种文化形态，而是我们对“良好的社会效果”和“良好的经济效益”的认定方式，也就是说，这是一种两者特殊的统一方式，是未来文化形态某种元素的超前表现。

第七章　内容产业的形成与文化产业的新课题

“内容”（Content）指的是媒体所承载的信息，有人将其戏称为“流过那条粗管子——光纤宽带电缆的所有节目”。欧盟的“Info2000计划”中对内容产业的定义是：那些制造、开发、包装和销售信息产品及其服务的企业，其中包括印刷品（报刊、书籍）、电子出版物（联机数据库、音像制品服务、以传真及光盘为基础的服务及电子游戏）、音像传播（电视、录像、广播、电影院）以及游戏、课程等软件。1997年，美国制定了“北美产业分类标准NAICS”，其中设立了一个新的二级产业——信息业，这个信息业是一个包含出版业、电影、录音业、广播传播业、信息服务和数据处理服务业的产业群，即“内容产业”（Content Industry）。对比一下即可发现，欧盟与美国关于“内容产业”的定义是基本一致的。欧盟与美国在自己发展的特定阶段提出和设定“内容产业”都不是偶然的，其机理值得深入研究，因为它是文化产业创意的一个新的出发点。

第一节　内容产业的本质特征和形成机理

“内容产业”译介到中国后一度炒得很热，但结果也与其他一些超前引进的概念一样，形成了一团团的“意识形态泡沫”。之所以出现这样的结果，有以下两方面的原因：

一、由于译介与研究脱节（译介者功在学术，不能苛求译介者一身二任），我国学界对于西方发达国家文化理论、经济理论的引入存在着“生吞活剥”的现象，表现在不注意研究西方特定理论形成的社会机理，不注意研究我国文化、经济和社会发展的阶段，不注意西方理论“落地”的可能性和具体方式。这样一来，译介过来的东西就只能在概念上甚至只能在语言上说来争去，对社会的发展并无任何助力。“内容产业”的译介，就属于这种情况。“内容产业”在意识层面热炒的2000年前后，我国经济还在高速增长而未进入“新常态”，贫困人口很多，恩格尔系数很大，文化产业整体形态布局还未形成（以各业态确定市场主体为标志），这与欧美的情况存在很大差异。这种“意识形态泡沫”有很大坏处，它会极大影响学人特别是年轻学人对实际问题的注意力。

二、不少人从经济学角度研究文化产业，这当然是需要的。但是，对于研究文化产业而言，仅此一种角度是不够的，不能淹没文化产业的特点，不能忘记文化产业发展的目的是满足社会成员的精神需要这一根本（不是为了满足社会成员的物质需要），不能把文化产业的发展对物质生产的促进作用视为前者的目的。如果把发展文化产业仅仅视为GDP增长的一个新出路，用这一指导思想作用于文化产业各业态，势必造成见豪华不见艺术、有物质无文化的恶果，这样的恶果我们已经从一些电视晚会，从文艺业态中极不合理的明星出场价中屡见不鲜。

批评“内容产业”译介入华后的文化乱象并非否定译介的功绩，分析“意识形态泡沫”形成的原因不是为了进行文化争论，而是要找出欧美“内容产业”提出的社会基础，以此对照我国进入信息化社会的实践需求，从而为文化产业的创意寻找着力之点。

欧洲与美国提出“内容产业”依据的是两个地区当时大致相同的社会背景，其特点是：一、内容即信息的需求越来越大，恩格尔系数大大下降，制造和经营信息成为新经济的主导产业，与电脑通信相结合的新型媒体业在GDP中的占比逐步提升。二、以因特网为龙头的新型信息产业对GDP的拉动即对物质产业的拉动越来越大。举例说，截止到1998年，电影《泰坦尼克号》的票房收入已达18亿美元，这些钱有一部分付给了几十台Aipha服务器和近百位电脑操作者的数千小时的工作。三、文化产业各业态的市场主体地位已确立。四、“互联网＋”“＋互联网”——文化产品制造业与传媒业的产业融合成为新经济的一大景观。“新千年”到来之前，美国时代华纳公司与世界最大网络服务商“美国在线”宣布合组，从而拉开了文化产品制造业与传媒业合并的序幕。五、与以上各点相联系，特定内容与其物质载体的关系发生重大变化。长期以来，内容的存在高度依赖某个具体的载体。人们常说“我在看电视”，从来没有人说“我在看内容”，因为内容是和电视荧屏及电视传播手段联系在一起的。内容的转移很困难，要把一篇文字转移到另一张纸上，以前只能靠手抄，后来可以打字、照相、扫描或复印，内容在不同物质载体间转移就更复杂了。今天，由于内容可以通过数字化转变成电子信号串，方便迅速地在不同载体间、不同的空间范围内流动、显示和被人们利用，信息的数字化使内容对载体的依赖度大大降低。

2017年，当中国经济进入新常态的数年后，文化、经济和社会的发展已具备了欧美当年提出“内容产业”时的基本特征。我国的改革虽然是渐进式的，但自2010年启动“三网融合”后，至2017年，以互联网为龙头的“融媒体”已经形成，文化产业各业态的市场主体地位基本确立。尽管存在着发展上的极大的不平衡，但某些社区，例如珠江三角地区、长江三角地区、京津地区等，信息化程度已经非常高，恩格尔系数逐年下降，文化产业特别是旅游业对国民经济发展的带动作用越来越大。这一切，为“内容产业”的“落地”提供了可能性。就是说，用当年译介过来的“内容产业”这一概念开启文化产业发展新思路的时机已经到来。

“内容产业”新理念的形成开启了“内容”研究的新天地。“内容产业”的提法依赖“内容”的新变化。如前已述，内容之物质载体的自由转换是“内容产业”提出的基础，但提出和译介这一概念者也许没有想到，这种自由转换实际是文学艺术这一特定内容的重大改变。这一现象值得高度注意，在于文学艺术是“内容产业”所指“内容”的最重要内容。马克思说：“颜色和大理石的物质特性不是在绘画和雕刻的领域之外。”（《一八五七年至一八五八年的经济学手稿》，引自《马克思恩格斯论艺术》，人民文学出版社1960年版，第113页）“物质材料对于造型艺术的实际意义，不仅表现在一般物质体现的工具作用（例如文学作品也需要纸张），而且物质材料在对造型形象起媒介作用的同时，材料本身固有的特性也直接构成形象的感性形式，成为直观因素的一个组成部分。”（王朝闻：《美学概论》，人民出版社1981年版，第258页）这里是说，某些空间艺术，例如雕塑自身带着特定的质感和空间形式。当这些艺术“内容”自由地转换为光影之后，它的质感也就消失了，空间形式也发生了变化。舞台艺术和电影艺术的“内容”更是与它们各自特定的“观演格局”分不开的，这两种艺术“平面化”以后，实际上其“内容”已经改变。至于文学，由于它的心理感受形式的特殊性，可以说在其物质载体被转换后，其“内容”并无变化。然而，这仅仅是就文本谈文本，如果把纸介文学转换为网络文学科学地视为两种文化形态的转变，就会极易发现，“看书”与“在网络上读文字”是完全不同的两种生活方式，而关于文学接受上生活方式的改变，则绝对是“内容”的自由流转带来的。虽然，这种自由流转“内容”未变，心理感受方式未变，但因为从创作到接受这一文学的“动力系统”发生了调整，受众的“文学生活”发生了根本的变化。综上所述，可见“内容”的自由流转并非可以“自由”。

“内容产业”的提法在2017年能够“落地”，在于“内容产业”确实已现雏形，表现在：第一，以互联网为龙头的融媒体在技术、体制和机制各方面的建设的完成，标志着“内容”这一现代信息服务业的生产要素市场形成；第二，内容＋互联网已经成为重要的文化产业业态；第三，以互联网为直接劳动资料的文化产品生产业态已经兴起，如“微电影”“48小时直播”等；第四，互联网知识产权保护的法规建设迅速推进；第五，以互联网为依托，各种文化产品生产的产业链已经形成，如网络小说＋游戏、网络小说＋动漫、网络小说＋影视，等等；第六，类似若干年前美国时代华纳娱乐公司与网络服务商美国在线合并的产业重组屡见不鲜，这种标志着产销一条龙的产业重组是产业成熟的一个显著特征。与此同时，政策环境推动着内容产业的形成。2015年的政府工作报告，首次提出了“互联网＋”行动计划，同年7月，国务院下发《关于积极推进“互联网＋”行动的指导意见》，12月，工业和信息化部出台了2015年～2018年的“互联网＋”具体行动计划。这一行动计划，旨在推动互联网、云计算、大数据、物联网等与现代制造业相结合，促进电子商务、工业互联网和互联网金融健康发展，然而，它所创造的宏观政策环境，也同时为内容产业的全面发展开疆拓土。在这种产业发展态势和政策环境下，不失时机地提出“内容产业”的概念，必然不会再像“意识形态泡沫”那样浮在水面，而只会有助于内容产业的健康发展。

“内容产业”的概念，强调的是不同内容的共性，这些共性是：一、数字化。从心理感受方式、用途、服务对象和社会功能社会效果看，报纸、刊物、图书、音像、一部分教育资料等各有区别，但一经数字化后，它们都不过是由0、1组成的信号串而已，没有什么本质上的区别；换个角度说，是数字化抹杀了它们之间的区别。数字化使它们各自脱离了原本的固有物质载体，而将它们置于同一个载体之下——互联网。这一共性的“技术性强调”本身就是文化产业的一个重要的创意方向：所有的文化制成品均可数字化（上网）；数字化后的各种文化产品均可相互转换；数字化文化产品均可“还原”；依托互联网，构建各种产业链。二、数字化内容依托的是同一个物质载体——互联网，互联网代替了各种内容原有不同物质载体的功能：一般物质体现的工具作用、形象内容的媒介作用、形象的直接的感性形式。同时，互联网还赋予了这些内容原本各自物质载体所不具备的功能即互联网功能。内容一旦具备了互联网功能，内容所依托的文化形态便发生了质变。例如，网络文学较之纸介文学，其创作者与受众的互动性大大加强，这当然反过来会改变文本。注意、强调和肯定不同内容依托互联网后的这一共性，将“内容”与互联网用产业行为“加”起来，有助于研究新情况，解决新问题，推动新兴艺术形式的产生和发展，推动新的业态的形成。

“内容产业”这一概念的“落地”，意味着结合我国以互联网为龙头的信息服务业的发展实际，形成一种清晰、科学的理念，以便形成社会共识，助推这一产业的健康发展。毫无疑问，发展内容产业的第一要义就是增加内容的产出，但问题又不能这样简单化。自1995年互联网向社会公众开放接入服务后的两年多时间中，由于使用网络的人很少，所以公众和网站的经营者并没有想到它还可以用作媒体。但是，计算机信息网络在媒体方面的功能一旦开发出来，便迅速发展，至2000年，新闻媒体网站和门户网站已成规模，“互联网媒体”正式确立。从传媒的角度看，互联网属于以新闻传播和信息服务相结合为主要功能的文化产业，为公众提供精神文化产品和生产生活工作学习所需要的信息产品。这一划分实际是历史形成和工作范围的划分，不是对其功能在逻辑上的划分，因为从逻辑上说，两种功能没有区别，都是信息服务。因此可以说，互联网业是“互联网信息服务业”。它不是一般的信息服务业，而是带有互联网功能的信息服务业。自接入服务以来，“互联网＋内容”“内容＋互联网”（两者的区别在于行为的主体有别）一直是互联网经营的主旋律。然而，直到“三网融合”之后，这种内容与互联网功能的结合仍分为两种方式：一种是“打包”进入互联网，“网络报刊”“网络电视”等概念就是这种结合方式留下的历史遗迹。这种结合似乎将互联网当作一个大卖场，有的和盘托出出售，有的只是将其视作广告发布所。另一种是随互联网产生而产生、以互联网全部功能为依托制造和出售内容的结合方式，例如“微电影”“48小时直播”“慕课”“网络文学”等。将“内容产业”作为一种全新理念并以此审视“互联网＋内容”“内容＋互联网”的种种事实，提出促进这一业态健康发展的对策，是“落地”的含义。

译介域外新词，目的不是为了制造几团语言泡沫供人们争来论去。明乎此，当社会、经济和文化的发展呈现出类似于这些新词当时所依托的社会背景的总体特征时，就应不失时机地构建新理论，以回应需求。

构建“内容产业”的理论体系必须把内容产业定性为文化产业。内容产业所生产和经营的是文化产品即精神产品而非物质产品，消费方式是满足社会成员的精神需求而非物质需求，即便是出售消费品的广告语，它给予人的第一效应也是入脑入心而非物质满足。有了这个定性，就能把文化产业的生产目的确定为内容产业理论体系的逻辑起点，促进内容产业健康发展的一系列方针政策才能够制定出来，内容产业创意的方向才能够探索出来。当然，作为精神产品生产，内容产业属于人类的物态化活动，必然“牵动”物质生产，也就是说，它对于社会物质生产的促进是客观的。但是，切不可本末倒置，将物质生产的目的视为内容产业生产的目的。从宏观经济的角度研究内容产业是必要的，但这种视角不能代替以其文化产业的归属而进行的定性研究，不是构建内容产业理论体系所需要的。不需要就是有害。害处之一，是误导人们以抓与内容生产相关的物质生产代替抓内容生产即精神产品生产。改革开放历史上，这样的例子不胜枚举，抓动漫产业的硬件购置就很突出，教训也很深刻。害处之二，是阻滞文化创意对内容产业的引领。各个内容产业业态，同一业态的生产、销售、接受（消费）各环节，都必须以文化创意为引领。这实际是一个各类文化创意社会化实现的问题。如果将宏观经济学的视角代替文化产业的视角来看待内容产业，如果用物质生产的目的代替文化产品生产的目的来构建内容产业的理论体系，就会在意识形态上“覆盖”和“淹没”文化创意，在实际操作中阻滞文化创意的社会化实现。害处之三，是妨碍“内容产业”的落地，导致这一概念继续以“意识形态泡沫”游荡于语词界面。融媒体实现、经济进入新常态之后，“内容产业”的落地条件已经具备。然而，如果不将其置于文化产业发展的理论体系之中而错置于其他体系之中，如果不研究它的文化意义和它存在的基础，这一概念就会空洞化。

必须把“接受”作为内容产业理论体系的重要环节。“三网融合”之前，电视产业一直把“收视率”作为追求的目标，“三网融合”之后，这个目标改成了“播放量”。追求收视率就是追求接受效果，只是需要进一步将“收视率”的考核科学化。追求播放量实际是在追求生产量和传播力度，但是，生产量和传播力度只不过是收视率提高的必要条件，本身不代表收视率的提高。追求播放量是三网融合之后电视产业竞争的焦点，尽管从业人员追逐这一焦点的主观愿望仍然是追逐收视率，但这个焦点却掩盖了收视率。

在文学界，1993年以后，从业人员所追逐的目标一直是泾渭分明的两个，一个是评奖授家，一个是受众的广大，这种状况也一度被人们称之为“雅俗分野”。随着互联网的发展，以纸介为载体的“雅文学”经由“传统作家上网传播正能量”、报刊纷纷上网等载体的变化，依然没有改变评奖授家的评价体系；以纸介为载体的“俗文学”自1998年以后移师网上，改头换面为“网络文学”，依然以追求受众也就是追求经济效益为圭臬。

在各种法规和其他因素的作用下，融媒体实现以后，两类文学都在汲取对方优点的前提下发生着巨大变化。纸介文学的改变有三个方面：一是作家们纷纷上网，试图通过加强传播力度来提高接受效果，此举效果不大；二是少数作家转向迎合受众，此举效果也很小；三是固守评奖授家的评价体系，以此作为自己生存的手段。网络文学的变化也有三个方面：一是成名的网络作家纷纷“下网”，利用纸媒扩大自己的领地；二是成名的网络作家开始追求评奖授家，在夺得可观的经济效益后进而追求另一社会力量的认可；三是在相关法规和社会舆论的制约下调整作品的格调和导向，追求良好的社会效果。综上所述，可见在融媒体实现之后，追求良好的接受效果仍然是文学界的重要课题：把评奖授家作为文学工作的目标显然不正确，满足低俗而又广大的受众面其社会效果虽强但并非正能量。需要探讨的问题是，收视率、生产量、播放量、传播力度、评奖授家、媚俗换取接受等，哪一个标准在内容产业兴起之后进一步强化，哪一个标准弱化。应该说它们有的从不同程度和不同角度反映着精神产品的接受力度，有的从能量的正负反映着精神产品的接受效果。

构建促进内容产业健康发展的理论体系，必须引进“良好的社会效果”这一指标性概念，把它作为发展社会主义内容产业的第一考量。有了这样一个十分重要的理论环节，对于消除以下三大弊端具有重要意义：第一，公益资金只管支出不问社会效果的弊端，包括以评奖授家甚至以生产量代替接受效果的弊端。第二，以物质生产GDP融入文化产业产值的弊端。这一弊端，不仅会造成统计上的混乱，更会造成文化产业理论体系的逻辑混乱。第三，文化产品生产过剩的弊端。“物质产品生产过剩”是一个反映供给量大于消费量的概念，并不意味着提供的物质产品质次；同理，“文化产品生产过剩”也是一个反映供给量大于消费量的概念，也并不意味着提供的文化产品质次。造成文化产品生产过剩的原因除了增量过大之外，还有存量——波普尔的“世界三”（即意识形态的堆积）愈加庞大、现代人社会闲暇时间减少以及由互联网所导致的“人人都是艺术家”超前实现等原因。文化产品的生产过剩也和物质产品的生产过剩一样，会带来人财物的巨大浪费。除此之外，次质文化产品生产“过盛”，虽然不属于“生产过剩”的理论范畴，但它也是造成“世界三”堆积的重要原因。次质文化产品生产“过盛”所带来的危害，就不仅仅是人财物的巨大浪费了。由于这种“过盛”建立在超前出现的“人人都是艺术家”的基础之上，创作者不免水平低下。因此，他们在创作中所得到的“心理愉悦”较之欣赏优秀文化产品所获得的心理愉快其质量不可相提并论，后者更有利于精神文明的提升。对于这些创作者而言，欣赏别人（优秀作品）比欣赏自己其意义更加重要，主要精力用于创作了，就挤掉了欣赏和提高的时间。同时，大量的次质（非思想意义）文化产品充斥于市，必然影响受众对优秀文化产品的选择。内容产业理论体系中的“良好的社会效果”，指的不是“自娱自乐”，而是文化产品的社会实现，是文化产品被社会所接受的正能量和大力度。

构建内容产业的理论体系，要坚持历史从哪里开始，逻辑就应该从哪里开始的原则，也就是说，要坚持以历史唯物论为指导。只有这样，我们才能找到它发生的原因、发展的动力以及发展的方向，从而为文化产业的健康发展指明路途。内容产业的产生，从时间节点上说，不是这个概念译介过来并争来论去的20世纪90年代末，而是21世纪10年代开启之后。融媒体实现和中国经济发展进入新常态是内容产业得以成立或值得提出的重要契机。

构建内容产业的理论体系，必须注入辩证思维。所谓辩证思维，就是用全面的、普遍联系和发展变化的观点看问题。所谓注入辩证思维，不是把内容产业理论写成哲学讲义，也不是用辩证唯物论的条条框框来套活生生的产业形态，而是以辩证思维指导分析问题。要借助辩证思维，找出内容产业区别于其他文化产业业态的本质特征，要分析这一业态的特殊性，从而揭示它的发展方向。

第二节　内容产业的创意方向

内容产业的创意方向，指的是内容产业成为独具特征的文化产业业态之后的发展方向，由于这个方向带有预测性，因此称之为创意方向；或言之，指的是作为业态发展的方向性创意。

内容产业的提出，强化了内容产业是生产内容、销售内容的产业这一理念。那么，什么是内容产业成为一种文化产业业态之后的“内容”呢？“内容”是精神产品，与受众的各种心理感受方式对接，因此最有代表性典型性的内容就是文学艺术。文学艺术调动受众的知情意三大心理结构，是文化的核心形态。除此之外，一切精神产品都属于内容；换个角度说，列入内容产业之内容的都是精神产品。例如，商业广告和所有的教育软件都是精神产品，因为他们均属意识形态。

强化内容生产的理念就是强调在文化产品生产实际中，内容生产对于物质载体的统摄作用。文学艺术作品的生产要依据文艺创作的规律进行，物质载体、物质手段以及向媒体传播手段的延伸均需依据文艺创作的需要与否而决定弃取。应用类文化产品的生产要依据各自不同的规范来进行，例如，广告业要遵守广告业的有关法规，技术出售等依照技术销售的有关法规来进行，等等。前文强调了文化产品生产过剩给内容产业带来的危害，但从另一方面看内容产业的第一要义恰恰就是生产，即新产品的供给。“世界三”，无论怎样堆积如山，新产品的供给永远是需要的。仅从文学艺术作品来说，巴尔扎克、莎士比亚和曹雪芹的作品无论如何伟大，也不过是特定时代、特定民族的“心史”，无法替代后世社会生活的写照。至于应用类文化产品的生产，则更不能以旧代新了。内容产业不是“文化＋物质产业”，而是“文化创意＋文化产业”，不是“文化搭台、经济唱戏”，而是文化产品的生产、销售和消费。

内容产业成为文化产业重要业态之后，其内部会产生许多新的业态，一些既有业态也将改变形态。

依托艺术的物质载体与传播工具合一这一互联网的特点开发新的艺术形式，是内容产业发展的重要方向之一。这里的“新的艺术形式”并非指新的艺术品种，也就是说，它在感受方式上并没有新的突破，艺术品种的创新到电影就终止了。艺术的物质载体与传播工具的合一为艺术形式的创新创造了条件，也就是说，是互联网的互动性功能实现了创作与接受的同时空，实现了创作与接受的互动和反馈。互联网产业之前的媒体并非完全没有这种功能，只是说，互联网将它发挥到了极致。

在这方面，1998年以来最成功的就是网络小说，可以说网络小说是发起最早，发展最完备的内容产业。从纸介文学到网络文学（小说），不仅仅是物质载体的改变，也是作家和受众文化生活方式的改变，是一个文化形态的创生。结合网络小说和带有音频、视频的艺术形式的创生来考察，我们发现，所谓依托互联网的特点开发新的艺术形式，就是既有艺术形式＋互联网，就是对既有艺术形式进行互联网机制的改造。网络小说及更宽泛的网络文学是这样，带音频、视频的其他艺术形式也是这样。因此，可以说，这种内容的创新其思路或创意方向是“反弹琵琶”，即从内容到外在形式起笔来做内容的文章。但是，从内容与形式的统一来看，内容也确实变了。至2017年底，这种艺术形式的创新方兴未艾，前途广阔。将同时空性和纪实性相结合便是一个很好的创意方向。同时空性是将创作主体和接受主体的互动发挥到极致，纪实性是将文本的艺术性与信息系统结合在一起，这种结合的目的是将受众的心理感受强化到极致即获得强烈的接受效果。

加强文化产品的数据库建设，创造“前店后库”的文化产品营销模式。这一创意方向与前一创意方向不同，前者的要义在于艺术的互联网化，后者只是将互联网作为传播的工具。一位内容产业的研究者以电影为例指出，这个行业的生存取决于在同一时间、同一地点（传统电影技术要求如此）、一个不大的范围（一般不会坐火车飞机来看电影）内有足够多的观众。旧影片难得在传统电影院出现，就因为不符合这种运营模式。而网络上曾有一条消息，说国外有些厂商很精明，趁现在价格很低的时候购进大量老影片，买下这些影片的播放权。这样就能在网上播放那些老片子。一个城市在某一时间要看这部老片子的可能只有三五个人，但如不限于同一时间和地点，全国就会有很多人要看，全世界就会有更多人看。假如收费的话，只要极低的价格，甚至不收费播放少量广告就可以维持成本，一旦通信条件改善，放映老映片一定可以成为产业。这个例子也表明，由于信息技术使运营模式发生变化，一些前所未有的服务将会诞生，甚至可能成为产业。

符合这一产业模式的当然不止电影，所有的艺术产品都可以进入这一产业模式。在这一模式中，“前店”即网络购销机制与“后库”即作品数据库是两个关键要素。网络购销机制包括知识产权保护。不能有效地保护知识产权，这个产业模式是建立不起来的，一时开张了，也会很快垮下去。作品数据库就像一个琳琅满目的集市，能够满足受众的多元需求。没有一定规模的贮存，这个产业就兴盛不起来。“前店后库”的产业模式看似简单，但形成产业并不容易。首先，贮存和积累需要商业战略的忍耐期，这一期间只有投入而没有产出，或者产出很少。其次，这一产业模式并不是坐等顾客上门的模式，其营销方式大有讲究。在信息化社会里，“视而不见”“充耳不闻”是一个规律。信息产品的营销者必须不断制造夺人目光、振聋发聩的信息，才能吸引受众。最后，这一产业模式是正向思维的产物，随着互联网技术的发展，很容易被人想到。因需要商业上的战略忍耐，真正干的，可能要从想干的人数上大打折扣，但尽管如此，投资这一产业的人不会太少。因此，竞争必然激烈。战略忍耐所需要的心理承受力和资金以及营销模式的文化创意，必然会成为竞争的两大焦点。

与内容数字化背道而驰，让艺术回归原生态，是内容产业成为文化产业重要业态之后的一大产业开发方向。在内容产业的技术条件下，内容（Content）就成了“流过那条粗管子”——光纤宽带电缆的所有节目。欧盟“Info2000计划”中把内容产业的主体定义为“那些制造、开发、包装和销售信息产品及其服务的产业”，印刷品内容（报纸、书籍、杂志），音响电子出版物内容（联机数据库、音像制品服务、电子游戏）、音像传播内容（电视节目、录像、广播和电影）、用作消费的各种数字化软件等，都属于内容产业的开发范围而以互联网为龙头的视听传媒业为主。

在这种产业格局之下，除文学和音乐外，其他艺术品种都离开了自己的固有物质载体，经由数字化处理，他们都“扁平化”了。原则上说，离开自己的固有物质载体之后，特定艺术形式已不复存在。“电影”是与影院和其他放映场所以及观影礼仪联系在一起的文化形态，戏剧是和剧场（如小剧场戏剧）及剧场礼仪联系在一起的文化形态，雕塑是雕件相互关系、雕件与周边环境及所用材料联系在一起的艺术，书画是与所用材料、工具联系在一起的艺术。离开了它们各个固有的物质载体，实际上就消解了艺术。

一种特定艺术形式，实际上有四层规定性：第一，特定的感受方式，例如，文学是以语词直接直接进入心理过程的。第二，特定的物质手段，例如，中国画使用宣纸和毛笔。第三，特定的欣赏格局或观演格局，如特定空间、特定礼仪等。第四，特定的文化形态。文学有文学的文化归属，电影有电影的文化归属，音乐有音乐的文化归属，特定艺术形式的特定文化归属便是它的文化形态。

以上四条，构成艺术的“内容”，缺一不可。这是因为：第一，从艺术构成上看，物质手段以及文化归属是构成特定艺术美学规范的要素。例如，中国戏曲的“自报家门”“背躬”等表现手法，与其长期生长在“勾栏”不无关系，与观众“当庭叫好”等特定欣赏礼仪不无关系。至于不同工具不同材料构成不同的雕塑和书画之理，更是不言自明的了。第二，从欣赏上讲，艺术是人们生活方式的重要组成，特定的艺术构成受众特定的艺术的生活方式。1993年以后，亚艺术风潮不断，行为艺术不时出现，说明艺术欣赏与生活方式之间的互动并未随生活的现代化而衰减。这说明，艺术是一个“动力系统”，既包括文本，也包括生活与创作主体的关系、文本与欣赏主体的关系（参见接受美学相关观点），艺术的“内容”不容割裂、不能升腾。

综上所述，可见与艺术的数字化背道而驰，让艺术回归原生态，是内容产业形成之后产业开拓的一个重要的创意方向。

与积累和购置老影片培植内容产业一样，让艺术回归原生态的产业开拓需要战略忍耐，它是实际操作学，与文化创意方案的制定、战略预期同等重要。

艺术回归原生态作为现实的产业需要以下客观条件：第一，内容产业充分发展，依托互联网的各内容产业业态充分展开。在这种情况下，依托互联网的各产业之间、同一产业之间、各个企业之间的竞争加剧，必然导致资金的流向发生变化。同时，互联网文化生活方式使受众有了饱和感和疲劳感，人们文化生活方式求新求变的社会心理逐渐变强。第二，文学艺术创意成果社会化实现率大幅度提升，文艺各业态创新成果不断出现并能够较为顺利地与资本相结合形成不同业态的项目。在这种情况下，“戏保人”“戏保业态”的局面就会实现。一般地说，投资具备的创新文艺项目是不会直接进入互联网的，用于拍电影的钱自然去拍电影，用于排戏的钱自然去排戏，用于搞动漫的钱自然去搞动漫。第三，艺术品种的创新到电影已经停止，也就是说，不可能再产生新的艺术品种了。但是，这一事实要等待人们的认同，特别是要等待那些顺着融媒体创新的人们回过头来。这同时也是艺术回归的可能性。

沿着艺术回归原生态的路径进行产业开拓指的是作为某一特定产业总体上的形成和展开。所谓“战略忍耐”，也是在这个意义上说的，这绝不意味着无事可做，绝不是提倡有事不做。冯小刚等人电影的不断成功，德云社相声的成功，白先勇“青春版”《牡丹亭》的成功，都说明在特定业态从整体上说仍属萧条的前提下，个别项目、个别从业者是可以做成产业的（个别项目的暴赚恰恰说明整个业态未实现良性发展，因为它是以大多数项目的惨赔为前提的）。在依顺融媒体方向进行产业开拓方兴未艾、沿着艺术回归原生态的路径进行产业开拓条件不具备的情况下，要力所能及地做好产业开发的各种准备。这些准备包括：资金积累、创意成果市场监测、创意成果超前寻租寻购、创意成果的孵化和中试、受众的引导、某些硬件的贮存、人才的培养和垄断，等等。

“艺术回归原生态”中的“回归”二字是哲学意义上的，亦即“仿佛是向过去回归”，带有某些原生态的特征。其实，这种产业业态的开拓恰是一种创意创新的新路。创意的方向：第一，从改变融媒体后受众文化生活方式的高度来看艺术形态的回归。高技术条件下，现代人的生活需要“相聚在一起”加以平衡，“宅人”的生活方式，相距咫尺，却用手机对话的方式，一部手机解决一切文化需求的方式，最终会得到调整。艺术形态的回归也是受众文化生活方式的回归或补充，这种回归或补充的潮流是一定会出现的。特定艺术形态就是特定的文化生活方式，它们分别用以满足受众不同的需求。因此，要把艺术欣赏之外但与艺术欣赏紧密相关的文化生活方式调整这篇大文章做足。要依托当代物质生活条件改造原艺术生态中的文化元素，使之“神存形变”。第二，学习《沙家浜》等现代京剧创作经验，在紧紧抓住特定艺术品种根本特征之基础上进行文本创新。在这里，抓“根本特征”是关键。艺术品种的形成与发展是克服和保留的统一，不保留甚至弱化艺术品种的根本特征，这个品种便不存在了；不扔掉一些非根本特征的元素和妨碍突出个性的因素以及“伪特征”的元素，这个“回归”便召不回受众，形不成产业。例如，京剧中的“上口字”便是京剧形成中遗留下来的，它与京剧的根本特征不沾边，应该在创新中割除。第三，回归特定艺术品种鼎盛时期的观演格局。此点包括两方面，即观演格局的软硬件（包括礼仪）及与此相应的文本。第四，大力发展亚艺术。此点作为内容产业大发展的“反叛”而提出，着眼于受众社会闲暇时间的抢占和产品市场的争夺。有以下几个思路：1. 综合艺术单元化、剧目折子化。2. 精英艺术讲堂化、演示化。3. 不同艺术品种混搭。4. 按照“游于艺”的接受方式创建“庙会”即游艺园，将多个艺术品种汇于一园，特别是钩沉出遗产艺术品种。5. 推行街头卖艺的艺术品销售方式。

“内容产业”不应该定义为“出售内容的产业”，它是互联网业发展到一定阶段的产物，是一种依托互联网整个机制的文化形态。不能把对“内容产业”的反叛看成对“内容”的反叛，它是对一种文化形态的反叛，是通过这种“反叛”开拓新的产业业态的创意方向。

有的艺术品种其内容与物质载体是联系在一起的，例如书画。雕塑则更有特点，它的“内容”不但与其物质载体不可分，也与其所占物理空间不可分。一些研究者认为内容产业的主体是视听传媒业（实际上排除了雕塑、书画成为内容产业的可能），这不无道理。在内容产业大发展之际，利用受众文化生活方式反拨心理“反弹琵琶”发展书画业和雕塑业，应该成为拓展产业的一大创意方向。另外，从欣赏特点看，受众对书画、雕塑等艺术品的“欣赏”与对文学等艺术的欣赏大有不同，即常常伴随行为的互动（例如抚摸），其占有欲非常突出。从这个角度看，这些艺术品种的“文本”也是与其物质载体或所占物理空间不可分的，它的“内容”随意地由人变成光影进入光缆传来传去，既丢掉了艺术，也丢掉了这些艺术品种的特定功能。

“内容产业”的“内容”当然不只是文学艺术。实用信息、科技知识、教程、游戏等都属于内容。文学艺术之外其他内容的产业化，从根本上说是一个依据互联网机制转变营销模式的问题。互联网机制所提供的接受模式和互动空间，便是这些内容产业化开拓的方向。需要指出的是，这些内容的营销模式变了，传统营销模式存在的必要性会大大降低，甚至被新模式全覆盖。这一点是和文学艺术这一内容在“内容产业”兴起后的走向有着本质的区别的。如前文所强调，内容产业的兴起将伴随着人们文化生活方式的改变，但这个变化是突变与渐变相结合的，各个年龄群体的改变力度是有差别的。实用信息、科技知识、教程等内容完全依赖互联网机制进行销售所形成的仅仅是一个不完善的信息市场；换句话说，某些特定人群例如中老年人群仍需要传统营销模式满足需求，针对这一特定人群的内容销售需要依据新形式进行以传统销售方式为本的销售创意。

内容产业形成以后，以弘扬社会主义核心价值观为创意方向的文化创意比以往任何时候都更加重要。内容产业，实际是社会信息化、文化产业化和经济全球化在融媒体条件下的具体体现。它将价值观的互渗与信息的接受及产业的运营融为一体，受众对特定价值观的接受同时意味着对其特定信息载体的接受和该项目的经济指标的景气；反过来说，付钱购买某种特定信息则意味着对某种特定价值观的接受。因此，这种竞争是综合性的，中国的价值观自信、社会制度自信、发展道路自信和文化自信，只有最大程度地转化为他人所信才能成为真正的自信，这种自信才有意义。由自信到他信当然依靠“灌输”，但更需要受众的“心甘情愿”，而购买行为才是“心甘情愿”的最好说明。综上所述，宣传和弘扬社会主义核心价值观在内容产业时代较之任何时候都更需要以接受为目的的文化创意，而不能盲目地追求“大播放量”。需要特别指出的是，社会主义核心价值观本身就是创意的方向、创意的启发点。社会主义核心价值观以中华优秀传统文化的精神价值为基础，反映中国特色社会主义的实践需求和社会成员的日用之常，是实现伟大民族复兴的心理依托和精神动力。有了这样的价值内核，任何艺术形式和亚艺术形式，都能够演绎出有利于受众身心健康、易于接受的文化产品。社会主义核心价值观是理性形式，它虽然不能代替复杂的艺术创作和形象丰满的艺术品，但却可以成为展开想象、整合生活的催化剂，可以成为艺术品的思想内核。

内容产业形成以后，不同文明的互相借鉴将以新的形态、前所未有的力度、新的竞争方式和新的接受方式展开，面向世界、面向现代化，以中国的实践需求为本对中华传统文化进行创造性转化已成时代课题。

内容产业形成后，内容与其媒介（媒体）功能的相互反馈、互为营销手段将成为一大景观。举例一：强势网络网站播放老电影片子，可以采取少收费、不收费而只收广告费的营销方式。这种情况下，卖内容就转化成了广告服务，“内容”的作用，就会转变成堆垒媒介知名度和影响力的元素，因为它增加了相关媒介的文化大观园的内容。举例二：很多国外网站数据库的内容免费进入，但看那些有用的信息之前，它往往让你填一张表格，这张表格实际是有作用的。那些专门搞调查的公司就会从表中得到很多信息。等于网民免费提供了个人信息，至少这个网站做了不花钱的市场调查。这种运营模式中，内容有时收费，有时不收费，有时象征性地收费。在这里，“内容”实际成了钓鱼的诱饵。据未加证实的猜测，国内有些呼唤观众打电话的电视节目，其“内容”大多是价格十分诱人的商品，观众的电话打进后通常会得到缺货的回答。人们怀疑，有可能是吸引人们打电话，节目组与有关方面分享电话费。举例三：有些国家特别是在美国，因特网上的内容经营商（ICP）暴赚的捷径就是到高科技板块股票市场去上市。一些著名的ICP创办者由此一举成了富翁，创造了“硅谷神话”。这一模式属于虚拟经济，很容易成为泡沫。举例四：利用内容被接受后所形成的文化形态，延伸产业至物质或精神产品的网上销售。例如，可以开发与电影《魂断蓝桥》男女主人公服装样式相同的服装，等等。以上列举，有的有不良文化产业创意之嫌，因为它要么离开了内容销售的主旨，要么违背消费者（接受者）的意愿。

第三节 重铸现实主义理念，发展现实主义的理论、创作和有效接受

内容产业形成后，在相当长的时期内，顺向创新也就是依托“互联网＋”或“＋互联网”而进行的产业开拓会占据上风。

在这种形势下，“内容”的主要形态文学艺术其内容与形式的关系、内容与生活的关系会发生重大变化。

原本属于内容产业兴起之文化背景的文学艺术的形式化倾向会进一步强化。1993年以来，各种艺术品种的形式化一直呈现走强的趋势。影视艺术“看戏看角儿，看角儿的活儿”成为潮流。“看戏看角儿，看角儿的活儿”本是中国戏曲的美学规范和审美原则，影视艺术是讲究人物与环境的同一性及演员与人物的同一性的。但是，不少作

品的市场成功颠覆了影视的规范和原则，例如，《建国大业》大量用熟面孔，甚至不顾与人物的形似原则而突出演员。这个颠覆表现为多方面：创作心理、欣赏心理、投资心理、制作机制、文本。一句话，是多种艺术内外的合因促成了这场颠覆。在极端形态之下，强势媒体央视不得不进行舆论“干涉”。一次是对“手撕鬼子”等抗日神剧的批评。这类神剧将牺牲几千万人、艰苦卓绝、坚持十四年的抗日战争描写得如同儿戏，将受众对这类作品的欣赏方式向着“看戏看活儿”去引导。另一次是对演出市场极不合理的“出场费”比例进行干涉。大牌明星的出场费比例过高，自然影响了在艺术其他方面的投入，特别是在剧本这个一剧之本（内容）上的投入，它是影视剧形式化走向极端的一个重要原因和指标。

艺术形式化走向极端的当然不只是影视，脑瘫诗人因残疾而不是因诗歌艺术而走红全国，图书的装帧越来越精美而内容却越来越差，介绍作者的手段已经登峰造极，文化的硬件建设与实际利用差距越来越大……都是形式“压倒”内容的表现。造成文学艺术极端形式化的原因虽然复杂，但与内容产业的形成不无关系。也就是说，互联网+文学艺术而带来的对艺术品种边界的抹杀（内容产业的形成）与文学艺术的形式化趋势是相辅相成的。

内容产业形成后，以内容产品生产的相关物质生产为抓手抓内容产业已成业界习惯方式。例如，一部电影在创作之初，便考虑它能够为多少台Aipna服务器和电脑工程师的工作提供机会，这必将大大影响这部电影的创作（内容），致使文本极端形式化，这实际是一种非文化的创意引领。从抓经济全局的着眼点抓内容产业的方式，一定会促进这种极端形式化。如已多次强调，从发展经济全局看待文化产业、内容产业是必要的，也是必然的。但是，它不能代替从文化产业、内容产业本质特征的角度看待它们。没有后者这一视角和抓法，文化产业、内容产业就会失却生产精神产品这一唯一目的。内容产业形成后，如果有关内容产业的理论体系不能迅速创立，内容产业的文化创意不能如雨后春笋般发展和高效地社会实现，文学艺术的极端形式化就会在“大抓内容产业”中升级。有些产业名号和这些名号提出的目的本身就不是为了发展文化产业和内容产业，“文化”只是个广告语或生产要素之一，如“IP产业”。这类名号多了，这样的操作多了，势必造成文学艺术的极端形式化。

内容产业形成后，文化产品的娱乐性功能有可能进一步强化。严格地说，娱乐性不是文学艺术的核心功能。鲁迅在评价“俗文”时曾经说过：“以意度之，则俗文之兴当属二端，一为劝善，二为娱心，而以劝善为大宗。”（鲁迅：《中国小说史略》，广西师范大学出版社2010年版，第66页）审美功能是文学艺术的本质特征，依审美功能的强弱分雅俗二端。鲁迅所说的“劝善”和“娱心”在俗文艺中原本是结合在一起的，有的作品劝善因素多一些，有的作品娱心因素多一些。“劝善”因素，实际就是审美功能，一部作品将劝善淡化到了极端，而将娱乐强化到了极端，它实际就到了文艺与文化的临界点，就要离开文学艺术了。

抽掉劝善功能的娱乐性作品，实际上就抽掉了审美功能。它虽然还属文化产品即精神产品，但已经属亚艺术品了，这类作品可分为七类：一、向竞技性、博弈性的游戏靠拢，成为抽掉社会内容的文化娱乐品。二、向庸俗化靠拢，满足受众生理刺激的需要。三、对社会生活进行自然主义的描写。四、将主旋律娱乐化。抽掉善恶的价值判断，甚至伐善扬恶。五、在形式艺术中极端淡化内容。六、利用喜剧讽刺道德上所有善的东西。七、违反社会主义核心价值观，讽刺不该讽刺而应该同情的东西，如讽刺贫穷、人的残疾等。

需要指出的是，娱乐性不是只喜剧这一特定美学形态。将娱乐性追求推向极端也同极端形式化一样，不是内容产业形成后的产物而是它的背景环境。1993年已降，文学艺术追求娱乐化的倾向逐渐加大。以1998年痞子蔡发表《第一次的亲密接触》开其端，“网络文学”（即“网络小说”）将俗文学的娱乐性功能发挥到了极端。

在讨论内容产业形成后内容与形式的关系这一前提下，我们对网络文学这一文化现象应有以下认识：一、它是最早兴起的内容产业业态；它是"内容"离开固有物质载体（纸介）而在新媒体"登陆"的最早业态，而"内容产业"的提出和产业构成的基础便是内容与其物质载体传统关系的变化；它最早形成了产业，创造了新的市场回报方式，拥有大量受众（衣食父母），构成了依托互联网的由网络文学到游戏、动漫、影视剧乃至由网络文学再回纸介文学的产业链。二、它是以娱乐性内容（功能）获得市场回报的典型。"穿越""玄幻"等等表现手法，便于淡化社会生活的本质、规律，便于淡化人物行动的动力和背景，便于唤起娱乐欲望。

内容产业全面形成后，"网络文学"作为其中的重要且最先形成的业态，对其他业态功能娱乐化的推动作用不可小觑。这种推动作用主要有两方面：一、与非娱乐性文学作品争夺受众，进而通过"网文至游戏"和"网文至影视剧"两条产业链延伸这种争夺力。二、网络文学产生和发展的近20年来，非娱乐性的文学和艺术作品产量众多，但若论有效接受，它无法和娱乐性作品相提并论。内容产业形成之后，这种争夺定会有增无减，或言之，带有这种争夺力的网络文学本就是新兴内容产业的重要组成部分。同时，在各种复杂社会因素的决定下，内容产业其他艺术品种的"供给侧"亦将以娱乐性作品为主。

内容产业形成后，"内容"作为最终文化消费品的定位将会有相当程度的改变，就是说，"内容"将成为产销（消费）链条中的一个环节，它将改变被接受的对象这一定位，经营者会在某一特定的业态中，不以出售内容（内容被接受）为盈利模式。在这个新的盈利模式中，内容虽然仍会部分地被接受，但已经是退居次席，甚至被运营者忽略不计了。在这一业态中，不可能有以出售内容为目的的产品充当这一环节，这一环节也不会选取大价钱的内容来充当。因此，在这一产业链中充当特殊内容的艺术品，出自原创的必然很少。这一文化事实，意味着内容与生活关系的改变。

极端形式化、极端娱乐化的倾向和将内容充当内容产业特定业态一个特定环节淡化其接受品定向性的倾向，将给予艺术品的原创以极大的消极影响。从接受的角度说，人类社会不能出现内容供给的阶段性空白，也就是说，以现实主义反映新生活的作品要保障供给。只有这样，受众的审美需求才能够满足。换个角度说，人类的审美功能，才能在艺术接受中得到滋养。

虽然人人有生活，但整合生活的能力是不同的。互联网使“人人都是艺术家”乃至人人都是文化创意家的时代超前来临。所谓“超前”，是因为这一时代到来的客观条件并不完全具备，因此，它必然会以牺牲艺术创新的质量为代价，也就是说，这种艺术创新的成果为他人“接受”的可能性太小、比例过低。每个人都想改变世界，就物化劳动而言，有成功的，有不成功的；就物态化活动而言，有能够被他人接受的，有不能被他人接受的。之所以不能被他人接受，是因为注入的理想不能引起共鸣，而1993年以降，愿意他人接受自己作品的人越来越多，愿意接受他人作品的人越来越少。由于大多数人整合生活的能力很差，达不到凝聚成美的程度，不免使他们的成果流于自然主义，其创新性难以被社会所接受，不能产业化。内容产业兴起之后，一方面，文化市场对内容的需求越来越大；另一方面，新创内容的质量良莠不齐。这种文化氛围加上“极端数字化”，进入市场的内容也必然会良莠不齐。良莠不齐的文化供给害处很大：一是造成人财物巨大浪费，因为内容产业兴起后有了“推介”；二是加大了选择的难度，与此相联系，浪费了受众的时间。综上所述，可见“如何整合生活”这个老课题已经成为内容产业兴起后的新课题。

极端形式化、极端娱乐化（此二者在内容上有交叉）、使内容失却本性的内容产业营销方式以及内容层面所显示的整合生活能力的弱化，迫切需要深入研究新形势下的内容与生活的关系，鼓励文化人加大文化原创的力度。这不仅是发展某种产业的需要，而且是提升民族精神文明水平的需要。然而，这里存在着两大悖论：一是极端形式化和极端娱乐化的作品有着稳定而庞大的接受群，这一现状与倡导加大作品审美力度是一大悖论。内容充当诱饵的营销方式，其“可行性”也是建立在广大受众只对内容的“形式”感兴趣的客观现实基础之上。这里的“形式”，有时是作品的名作者，有时是已经符号化了的名作，有时是其他内容外元素。二是“人人都是艺术家”“人人都是文化创意家”与提倡有质量的原创是一大悖论。面对这种文化事实，我们必须清醒地认识到，文化的产业化毕竟是人类的一时之需，而“文化”则与人类同在。因此，在内容产业形成的历史关头，必须大力倡导现实主义创作方法，发展现实主义理论。

大力倡导现实主义的创作方法，发展现实主义理论，目的不仅是为了解决由顺向思维开拓内容产业所带来的问题，更着眼于解决融媒体条件下全面发展内容产业的根本问题。举例说，电影业、演出业的萧条与线上内容产业的畸形发展是一个问题的两个侧面，都是现实主义文艺作为整体形态偏弱造成的。

为全面助推内容产业的健康发展，有必要对繁荣现实主义创作和发展现实主义理论作一系统论述。

一、现实主义创作方法的由来

现实主义有广义和狭义之说，广义的现实主义讲的是认识生活、反映生活的原则，讲的是艺术与现实的关系。在这个意义上，可以追溯到亚里士多德的模仿说。

狭义的现实主义，也就是“现实主义”作为一个流派产生和被提出，则是一个历史的概念。一般认为，现实主义由欧洲于18世纪末提出，19世纪初取代浪漫主义而成为全欧洲的重要流派和作家们的自觉意识。欧洲现实主义流派不专指文学，例如法国的绘画就有一个现实主义流派。

一般认为，现实主义作为欧洲的一个创作流派从贝朗瑞兴起，司汤达奠基，后面跟随着一大批现实主义的大师和作品：巴尔扎克、莫泊桑、19世纪俄国文学，等等。

现实主义的创作无论中西均古已有之，我国的《离骚》、杜甫和白居易的诗歌、伟大的现实主义作品《红楼梦》……

现实主义的理论成果丰硕，恩格斯关于欧洲现实主义文学的理论非常深刻地阐明了现实主义的内涵和社会功能，至今仍然是我们认识和发展现实主义的基石。恩格斯之后，高尔基将现实主义文学概括为"批判现实主义"。苏联时期和我国20世纪50年代提出过"社会主义现实主义"的概念。1958年，我国又提出了"革命的现实主义和革命的浪漫主义相结合"的概念。

二、新时期现实主义文学洪流

那么，什么是现实主义呢？我们先梳理一下新时期文学的现实主义浪潮。

改革开放以来，我国先后兴起过三次现实主义文学浪潮。第一次可称之为"悲情伤痕潮"。这是指卢新华的《伤痕》、刘心武的《班主任》《爱情的位置》等一批现实主义作品，这批作品批判意旨明晰。第二次浪潮可称之为"改革英雄篇"。这是指一批塑造英雄形象的作品，例如《乔厂长上任记》《血，总是热的》。第三次浪潮可称之为"理性反思曲"，以韩少功的《西望茅草地》为代表。三大思潮以后，方法热、寻根热、文化热接踵而至，这些创作流派与现实主义创作方法拉开了距离。需要指出的是，这三大思潮有一个共同特点，那就是从文学到文艺再到文化再到政治，形成一股社会思潮。是文学引起了后者，还是后者引起了文学？不知道也不重要。重要的是，那时节，文学常常是人们预测国家政策走向的晴雨表。王安忆有一篇小说叫《本次列车终点》，获了全国奖。随着一声"本次列车终点上海站到了"，回城知青来到了"幸福"的彼岸。然而，婚姻、住房、就业，真是一地鸡毛，几近无解。这篇小说于是成了解决知青回城新问题的一个窗口、一剂推进剂。

三、现实主义文学作品的优长

从这三大文学思潮来看，我们所说的现实主义作品的第一大优长就是社会功能超强，能够引起轰动效应，能够形成文化思潮，它的接受面广大、接受效果强烈。接受美学认为，“文学是一个动力系统”，从生活到创作的互动重要，从创作到接受的反馈更重要，如果加上今天已进入信息化社会这一要素，那么文学的“接受”就十分重要了。现实主义作品的第二大优长，就是它长于再现民族的心史。比如，要了解新时期，看完那时的《新华文摘》《中国社会科学》《哲学研究》《经济研究》《人民日报》……对那一历史时期也未必了解透彻，还必须加上对那个时期的有代表性文学作品的阅读。这是因为，任何抽象都舍弃偶然，任何抽象都没有情感，而人的心理结构是知情意并重。光有理性的把握不行（马克思认为把握世界的方式有三种，即宗教的方式、哲学的方式和艺术的方式）。

现实主义文学为什么具有以上优长？是由于现实主义创作方法就是再现真与善在实践前提下的合一。作家通过深入生活发现生活中的真善美，继而用艺术的方法把它们再现出来。一方面反映了社会生活的本质规律，反映了社会的发展趋势；另一方面，也注入了作家的理想。文学艺术从总体上说是和人的利害相关的：要么和人的精神上的利害相关，如宗教的、伦理的、政治的；要么和人的物质上的利害相关，如吃、穿、住、行、用。现实主义文学紧扣人的利害关切。

四、现实主义创作方法之要义

恩格斯关于现实主义的论述，以历史唯物主义和辩证唯物主义为指导，深刻揭示了现实主义创作方法的本质特征和社会功能，不但是19世纪欧洲现实主义理论的集大成者，也是今天践行现实主义创作的指导思想和发展现实主义理论的思想基础。

（一）现实主义的创作方法基于细节上的真实描写之上。

这是现实主义创作方法的第一个规定性。马克思曾称赞莎士比亚对金钱的描写“绝妙的描绘了货币的本质”。恩格斯曾称赞巴尔扎克对经济生活的描写超过了他从历史学家、经济学家和统计学家那里所学到的东西。因此，如前已述，现实主义文学是民族的心史。

细节的真实性不是自然主义的想写什么就写什么，要和主题、人物性格、人物的行动结合起来。因此，对于作家来说是技巧性很强的东西。细节的真实涉及人物的一举手、一投足、一张嘴。

（二）艺术地注入理想。

现实主义文学作品是有理想、有倾向性的作品。恩格斯曾经批评19世纪80年代欧洲所谓“社会主义倾向文学”，认为他们概念化、口号化。他在《致敏娜·考茨基》的信中说：“倾向应当从场面和情节中自然而然地流露出来，而无须特别把他指点出来；同时我认为，作者不必把他所描写的社会冲突的历史的未来的解决办法硬塞给读者。”（《马克思恩格斯文集》第十卷，人民出版社2009年版，第545页）这是一个很大的技巧问题。

（三）现实主义创作方法的核心意涵，是在细节真实的基础上再现典型环境中的典型人物，借以反映社会生活的本质、规律。

典型人物表现为共性与个性的统一和人物与环境的统一。典型人物就是有代表性的人物，第一个统一讲的是人物多重性格的统一。当然，任何事物都是个性与共性的统一，强调二者的统一，在艺术创作上的目的是要求作者写出丰满的人物而非个性与代表性分裂的人物。与科学抽象的工作不同，这个统一其关键是统一于形象。这样的人物既有代表性，又是“单个的人”，是典型中的“这一个”，是“万川印月”中之一月。第二个统一讲的是人物的典型性问题。典型人物是典型环境中的人物，人物的行动是环绕着他的各种作用力的结果。没有这第二个统一，人物的典型性是不充分的。

黑格尔在论及典型人物的典型性格时认为，典型性格不是嫉妒、仇恨、忠贞等抽象的寓言式的性格类型，而是第一，丰富性，即一个典型人物应该是“许多性格特征的充满生气的总和”；第二，明确性，即在诸多性格特征中必须有“一个主要的方面作为统治方面”；第三，坚定性，即始终一贯地“忠实于他自己的情致”，“根据自己的意志发出动作”，而不是“让外人插进来替他做决定”。（参见黑

格尔：《美学》第一卷，人民出版社1985年版，第290～300页）

一句话，真实地再现典型环境中的典型人物就是：对有代表性的性格做出卓越的个性刻画。何士光的《乡场上》冯幺爸的一句“今年这返销粮你给也罢不给也罢”，将冯幺爸犹疑、踌躇、软弱集于一身的性格和盘托出。责任制了，有地种了，返销粮给不给不在乎，不怕得罪你这个村支书了。你家的狗咬了人，我看见了，我敢作证了。实行农业生产责任制，就是“冯幺爸们”新的行动的“典型环境”。在这一典型环境下，既有冯幺爸这样的典型人物，也有周克芹的短篇小说《山月不知心里事》中的人物。铁凝《哦，香雪》中的香雪一句“你看着给吧”就把整个人物形象给托出来了。这句话，在商家那里是一种营销策略，在香雪这里，则是一个农村淳朴少女初涉交易的难为情。这样的刻画，就是一种对有代表性的性格的个性刻画。使香雪形成这样一种性格的，恰是那列开进深山在香雪村前停车一分钟的火车。铁凝写出了中国工业化开始后的“香雪”这一个，已经开始的工业化和这个小山村就是小说的典型环境，香雪就是在这个典型环境中成长着的一个人物。她开始学做买卖，但又很不好意思，传统的乡风碰上了商品经济。

现实主义的描写不在于写出人物做什么，而在于写出人物怎样做。

（四）现实主义有充分、比较充分和不充分之分。

当年被视为改革文学的作品都是写英雄的。其实，改革文学不应该是英雄篇。改革是社会主义制度的自我完善，其含义是调整生产力和生产关系、上层建筑和经济基础之间的关系。几十年过后，有学者提出像《山月不知心里事》《乡场上》等才是改革文学。人们把当时写英雄的作品、写整顿的作品、写兴利除弊的作品称为改革文学，反映的是当时人们对改革的认识，当时被称为改革文学的作品并未写出改革的动力以及社会成员在改革中的变化，因此可以说它的现实主义是不充分的。

恩格斯在《致玛·哈克奈斯》的信中说：您把伦敦东区的工人写得落后和不积极，就人物而言（指耐丽）是够典型的，但是“环绕在他们周围并促使他们行动的环境”即典型环境就不那么典型、不那么有代表性了。因为当时无产阶级已经登上历史舞台，伦敦东区只是个别现象、小气候。恩格斯很委婉地说：“我怎么能知道：您是否有非常充分的理由这一次先描写工人阶级生活的消极面，而在另一本书中再描写积极面呢？”（《马克思恩格斯文集》第十卷，人民出版社2009年版，第571页）这个例子说明，不充分、比较充分和充分的现实主义构成现实主义创作的百花园。现实主义是比较而言的，不应该苛求于作家。

就理性认识的成果而言，正确的成果都是具体的真理，都是真理的绝对性和相对性的统一，人类思维的“至上性”决定人类认识客观事物的历程永远不会终结，“无数相对真理之总和构成绝对真理”，“绝对真理”是不存在的。就“艺术地把握世界”的成果而言，“绝对现实主义”也就是将社会生活的本质规律网入一书之内的作品是不存在的。

现实主义充分性的相对性表现在：1. 典型环境在区域上和人群上代表性较差，例如，《城市姑娘》中环绕着人物并促使他们行动的伦敦东区工人群体的消极面，放在整个英国就不够典型了。2. “艺术地把握世界”也是一个逐步深化的过程。电视剧《长沙保卫战》中有敌我双方两个小兵，敌方的叫一郎，我方的叫马卫东。残酷的战争使敌方的一郎由一个胆小的少年迅速沦为一个法西斯狂，我方的马卫东由一个胆小的少年迅速成长为一个卫国战士。这一点，在抗战刚刚胜利后是很难写出的。美国电影《拯救大兵瑞恩》和中国电影《集结号》的思想意涵，也是旧作中所没有的。因此可以说，包围着作者并促使他们行动的，也有一个“典型环境”，它就是作者所处的意识形态氛围。3. 现实主义创作方法一般用于叙事文学。因此，作家的生活视野必然会造成作品思想性上的局限性。4. 现实主义创作方法虽然是再现的方法而不是表现的方法，但也受着主观意识的影响。

五、弘扬现实主义，发展现实主义

新时期伤痕文学、反思文学和改革文学三大思潮过后，方法热、寻根热、文化热相继掠过，现实主义创作和接受日趋式微。从文学是一个动力系统看，“后新时期”现实主义的日趋式微表现在：1．随着物质条件的向好，“世界三”的堆积越来越大，既有“名作”占据了受众大量的闲暇时间，致使新作品难以获得有效接受。2．接受主体对娱乐性作品的接受欲望日趋强烈。3．娱乐方式日趋增多。4．对文本的解读出现“穿越化”“环境与人物解构化”。“白毛女可以嫁给有钱有势的黄世仁”“杨白劳欠债不还是没有诚信”等奇谈怪论就是以上接受心理的产物。5．“纪实”作品的大量供给。自1993年以降，所谓“纪实”作品可分为三类：第一类是以“纪实”招牌而抛售的通俗文学，例如“红墙纪事”之类；第二类是所谓“报告文学”“传记”之类，此类作品多以写商家创业史和商品品牌为主；第三类是传统意义上的“报告文学”。前两类纪实作品对现实主义作品的冲淡作用不言而喻，传统意义上的“报告文学”由于政论性的缺失也失却了现实主义的品性。应当指出，纪实写作可以作为训练现实主义创作方法的手段，纪实作品的现实主义是必须强化政论才能达到的。6．从创作主体的角度看，重视“写什么”大大超过了重视“怎样写”，这一点，是严重违反现实主义创作原则的。由于大多数人从选题出发，忽略挖掘生活细节，致使他们的作品远离了现实主义。7．不少写当代生活题材的作品根本达不到“再现典型环境中的典型人物”“有代表性的人物性格进行卓越的个性刻画”的高度。8．在历史题材创作（不包括所谓“革命历史题材”创作）中，除“戏说”之外，歌颂帝王将相、描写宫廷斗争乃至后宫生活的作品充斥于市，作品的人民性相对较弱。

造成现实主义创作方法日趋式微的原因是复杂的，其复杂性既表现为原因多，又表现为相互作用、交叉。但从根本上说，依然是1993年以降社会信息化、文化产业化和艺术文化化的强势推进。内容产业作为一个文产业态的兴起，不但标志着以上“三化”达到高潮，而且标志着以上“三化”的相互作用、交叉和互相促进已登峰造极（参见本书有关章节）。

振兴现实主义，要从文学艺术是一个动力系统的高度综合施策，所施之策要能够促进创作主体和接受主体在弘扬现实主义这一时代课题上实现互动。具体措施有以下几点：

（一）重视生活，科学有效地深入生活。

“生活之树常青，而理论总是灰色的。”（歌德语）要提出的问题是，为什么生活丰富的人不能个个都成为作家、艺术家？原因当然是多方面的，但不能艺术地整合生活是不能成为作家、艺术家的一个重要原因。现实主义创作方法从根本上说强调的是从生活出发的原则，具体讲来则是用典型化方法整合生活。整合生活的能力需要培养，培养的方法不排除长期学习理论，尽管它与生活相比“总是灰色的”。“深入生活”已成“革命文艺史”上的老生常谈，“学习”（理论）也已成“革命文艺史”上的老生常谈，但之所以没有产生实效，在于没有将二者科学地结合起来。所谓“深入生活”，实质是以审美的态度看待生活和人生，亦即“艺术地把握世界”，把积极的人生观加之于对社会生活的本质规律的认识之上。否则，要么会养成自然主义的“创作”习惯，要么什么也发现不了，什么也写不出。在“三化”日益向纵深发展的后工业社会，重视深入生活，科学有效地深入生活，对于振兴现实主义乃至振兴文学艺术具有特别的意义。

（二）强化虚构这一“看家本领”。

虚构是文学艺术的本质特征，也是现实主义创作的“看家本领”，“无伪则性不能自美”（《荀子·礼论》），艺术之所以高于生活，就在于它是虚构的产物。创造艺术美的物态化活动与物化劳动一样，是人类的本性。现实主义的虚构虽然属意识形态的创造，但创造的却是可实现的现实。这种意识形态虽源于生活，但比原生态的生活更典型、更集中、更具有情感的冲击力。正是在这个意义上才可以说，“现实主义文艺作品是民族的心史”。它不是历史而是“心史”，即民族前进的灯火；它对现实进行典型化，实际是在虚构生活变化的逻辑、方向、力量。欣赏现实主义作品，就是跟随着作品从充当某个人物到接受其价值观来虚拟心中的理想世界。

1993年以降，“虚构成了问题”“文学的边界将要突破”的感喟日趋强烈，直到喊出了“信息的超现实力量压倒了虚构”“生活超过了文学”。内容产业兴起后，追求“大播放量”将是各家媒体追求的目标，非艺术类信息会海量般充斥人们的生活，信息将进一步进入艺术成为艺术的第一构成元素，将在更大程度上填充人们的想象，代替人们的虚构。

然而，深入分析便会发现，信息对文艺内容的冲击、覆盖更多是在“写什么”的层面，而在“怎样写”的层面，仍然介入较浅，这正是文艺特别是现实主义文艺的传统领地。在这里，创作者遇到的问题是，如何克服“追潮流”的从众心理而保持自己的定力，或者至少在“抢占信息高地”的同时也抢占艺术的高地、抢占现实主义的高地。

（三）让现实主义回归各类传统艺术品种。

（四）锤炼闪光语言。

在小说、诗歌、散文和戏剧（广义）的创作中，创造有所本的文学语言仍然是抵御信息化、保持艺术性的强有力的一个手段。

（五）心理描写仍是文学艺术的独有领地。

心理描写及与此相联系的抒情、独白等艺术要素，是自然信息难以覆盖的，这块文艺独有的领地一定要护卫。

（六）在纪实题材的创作中贯彻现实主义。

纪实题材创作其实也是部分地允许虚构的，例如，心理描写、动作描写、场面描写、悬念构成，等等。在以歌颂为主旋律的纪实作品中写出“五光十色的背景”和人物行动的动机来，主要通过科学“选材”（选择写作对象）的方法和强化作品政论性的方法。这不失为现实主义创作方法的一种科学的拓展。

综上所述，可见作为现实主义创作“看家本领”的虚构受到社会信息化严重冲击前提下，仍然存在这一本领施展的天地，能否开拓现实主义创作的新天地，就要看创作者的见识和勇气了。艺术接受也是虚构，它和文本（虚构体）通过特定感受方式构成文学艺术动力系统的互相联系、相互反馈的两个侧面。

1993年以降，接受主体也与创作主体一样，受到了社会信息化的洗礼。接受主体在艺术接受中的“虚构”实质是虚构自己的身心，表现为“钻进去充当一个角色”即与某一典型人物相认同与认同作品的价值观两方面。换句话说，艺术接受就是一个由受感染到受教育再到改造自己主观世界的过程，这正是个心理虚构的过程，其前半段，是一个循着创作心理依不同感受方式对生活进行艺术还原的心理过程；其后半段，是循着人物（艺术形象）的品性，矫正自己心理和行为的思想履历。

社会信息膨胀至超现实力量后，艺术接受的社会心理发生了重大变化。表现在四个方面。

（一）虚假信息、有害信息的不断涌入极大地淡化了艺术真实的感召力。现实主义创作以营造艺术真实为己任，但是，当这种艺术真实不被接受时，“现实主义创作”作为艺术形态就难以向其文化形态转化，文艺这一动力系统就会失却内驱力。信息化社会到来之前，受众经常会问：某某人物是真的吗？某某故事是真的吗？甚至有专家专门用考据学来考证文学作品《红楼梦》。这些都是一种对艺术真实独有的“信以为真”的表现。信息化社会到来之后，这种独有的审美心理荡然无存。试想，在政府背景的强势媒体不断提醒公众警惕虚假信息、防范电子诈骗和其他形形色色的诈骗的文化氛围里，有谁还会相信书中还有“真实”呢？为了让人们相信，中国文学先是在20世纪90年代祭出了“纪实热”的旗帜，后是在21世纪开年端出了“非虚构作品”的法宝，以期唤回受众对艺术真实的信任，但收效甚微。

（二）情感移入大大减弱。致使接受心理淡化情感移入的，有对艺术真实信任感进行破坏的社会信息化，也有社会分工日渐细密等原因。接受心理中情感移入被淡化，将使读任何现实主义作品都味同嚼蜡，塑造接受主体的“虚构”就难以进行。青少年是各种信息输入的重要对象，也是情感移入最淡化的群体。

（三）社会信息化后，“艺术接受”与生活截然二分，致使任何现实主义作品一概被“戏说化”“娱乐化”，塑造接受主体的“虚构”中断。有一段相声的对话耐人寻味。甲：你来听相声便把欠人钱的事忘了。乙：我是忘了，可是我听完你的相声一出门，讨债人在门口等着我呢！社会信息化使“在剧场里感动，出了剧场立即忘光”成为普遍的艺术接受的心理特征。

（四）社会信息化强化了“穿越”的接受心理，致使对现实主义文本的接受过程形成用现实生活（信息）结构文本中典型环境与典型人物的心理过程。诚然，重建审美心理是一个综合的社会工程，激活从生活到创作、从创作到接受这一艺术动力系统也不可能“一对一”地在真空中进行，但是，创作主体对接受群体的引导是这一工程的关键。对生活的虚构是有空间的，对审美主体的文化化入也是可能的。同时，越是信息化，越是要重建艺术的动力系统，这是对抗物化、平衡物化的需要。只要紧紧地把握住“虚构”是艺术的本质特征也是接受的心理特征这一关键，多角度进行文化创意，在信息化氛围中重建虚构是可能的。以此为依托，振兴现实主义也是可能的。

内容产业形成之后谈振兴现实主义，其侧重点在激活现实主义精品力作的有效接受这一时代课题之上。这是因为：现实主义精品力作不断涌现，而对于它们的有效接受已成一大难题。没有接受，这种包含着物质生产的文化产品生产就会造成人、财、物的巨大浪费，最终致使产业链断裂。接受是文化产品生产的目的，是由生活到创作、由创作到接受这一艺术动力系统的逻辑起点。没有对作品的接受，创作的进行会变得毫无意义和实际上终止。

新的现实主义的精品力作要等待。在此前提下，凸显培育现实主义精品力作接受的重要性。从文学艺术发展史看，现实主义精品力作的产生不但依赖创作者努力，更依赖客观社会条件。我们拿1885年恩格斯与女作家敏·考茨基就考茨基小说《旧与新》的通信内容来说明这个问题。1885年11月26日，恩格斯致信敏娜·考茨基，对她的《旧与新》给予了中肯的评论，对她的创作给予了鼓励和引导。《旧与新》对资本主义现实关系描写为“旧与新”即所谓无神论和宗教的斗争、纯洁的爱情和利己主义的斗争以及对科学和对社会主义的热烈向往和顺从命运的斗争，这就把资产阶级与无产阶级的现实斗争归结为“旧与新”两种抽象原则的斗争了。应该说，《旧与新》并未达到以现实主义状写现实生活的要求。但在当时，却正是只能产生敏娜·考茨基这类作家和《旧与新》这类作品的时代。1872年~1904年，是西欧革命的“第二个时期”。这一时期，一方面，工人运动蓬勃发展，无产阶级政党纷纷成立，马克思主义迅速传播；另一方面，这些政党学习利用资产阶级的议会制度，其纲领缺乏鲜明的马克思主义立场，政治上还不成熟。这是一个无产阶级初登历史舞台、积聚力量进行未来战斗的准备时期。与这一时期的工人运动和政党发展相一致，这一时期的无产阶级文学也处于成长阶段，无产阶级作家尚未大量出现，活跃在社会舞台上的更多的是敏娜·考茨基这类所谓对社会主义作唯心主义理解的“社会主义倾向作家”。恩格斯之所以对敏娜·考茨基给予热情鼓励和引导，就在于在当时现实主义精品力作产生的条件还不具备。

现实主义理论建设是发展现实主义文学的重大课题。按照传统说法，理论（评论）与创作是现实主义文学的“车之两轮，鸟之双翼”，没有理论建设，现实主义文学不可能走向真正的繁荣。建设现实主义理论，推出现实主义新说，不但具有必要性，也具有可能性，也就是说，条件已经具备，时机已经成熟。马克思主义产生之前，在黑格尔等美学和文艺学大家的思想体系中，已经包裹进现实主义的“合理内核”。马克思和恩格斯以历史唯物主义和辩证唯物主义为指导，对现实主义创作方法作了系统的科学的论述，铸就了欧洲19世纪现实主义理论的最高成果。马克思主义现实主义理论为我们发展这一理论指明了方向，是我们进一步建设这一理论的指导思想。现实主义作为基于文艺源于生活、认识生活、重视生活、反映生活的创作原则源远流长。从古希腊赫拉克利特、亚里士多德提出“文艺模仿现实”到文艺复兴文艺大师们高扬人的价值，从《离骚》到《红楼梦》，从启蒙思想家、文艺家将文艺作为阶级斗争的武器到毛泽东在延安提出“文艺为工农兵服务”，现实主义理论已上升为一种理念，一种精神，一种哲学，一种艺术对生活的审美关系。内容产业的形成，标志着社会信息化、文化产业化和经济全球化日益深化。这一新的形势不但提出了发展现实主义理论的必要性，也是现实主义理论重建和突破的重要契机。正是内容产业的形成，使我们能够也必须从创作方法之外看待现实主义，使我们能够也必须在内容创生之外开拓现实主义。

汲取现实主义历史成果特别是马克思主义现实主义理论的丰富营养，观照内容产业形成后文艺—文化的演变状况，能够推出现实主义的若干理论新说。

强调内容源于生活是现实主义理论的出发点。“内容离开特定物质载体自由转换”“网络文学网游化”“内容成为导购符号广告”等文化现象的出现是这一观点的必要性和现实意义。缺少了现实主义的“内容”的供应，“民族心史”是不完整的。

新现实主义肯定现实主义创作方法的核心意涵是通过真实的细节描写和再现典型环境中的典型人物以达到反映社会生活的本质规律。从逻辑上说，这一界定是“广义”的现实主义即哲学意义上的现实主义的延伸。之所以高扬现实主义而否定自然主义，根本原因在于艺术之本质既源于生活又高于生活，现实主义作品包含或体现着社会生活的本质、规律，渗透着理想、意志，又能够引起受众的特定情感反映。可以说，现实主义创作方法的核心意涵是历史唯物主义艺术观、美学观在创作上的体现，是现实主义理论创新的基础。

新现实主义将现实主义创作方法置于从创作到欣赏的完整动力系统之中，这个动力系统由“生活到作者再到作品”的过程和“作品到接受者的影响过程”所构成。新现实主义认为，对现实主义作品的接受过程是现实主义创作方法的完成和社会实现环节，在非信息化社会背景下，现实主义艺术的动力系统凸显创作环节的重要性，在信息化社会背景下特别是内容产业形成后，现实主义艺术的动力系统凸显接受环节的重要性。从文学艺术的操作层面来说，两者不可偏废，但在不同的历史时期和时间节点，应有所侧重。要把自生活到创作这一过程视为创作主体的美的接受过程，从而打开“深入生活”之门，建立“深入生活”的理论体系；要把自作品到接受的过程看作接受主体美的创作过程，从而开拓有效接受之途，建立信息化社会条件下现实主义作品的接受美学。

依据“现实主义作品的接受如何可能”来开拓现实主义创作的广阔道路，是新现实主义理论的实践坐标和文化定位。新现实主义认为，接受与创作一样（如果读的是现实主义作品的话），也是一个“现实主义”的心理过程。读《阿Q正传》，我们会从他“不配姓赵”悟到那个阶级压迫的社会，读《乡场上》，我们会从冯幺爸的由怯懦变胆壮看到农业生产责任制实行后农民命运的巨大变化。如果说，创作现实主义作品的心理过程是由生活产生理想、将理想注入艺术化的生活的话，那么，欣赏现实主义作品的心理过程则是由生活（艺术化的生活）到理想、将理想注入新的现实生活。在历史的节点上，现实主义从来没有仅仅以一种创作方法而孤立存在、一花独放，而是与接受一起构成现实主义的文化思潮。因此，振兴现实主义要抓不同时期特定的主要矛盾，“全面地看、重点地抓”，从整个文化形态、艺术形态把握现实主义文艺的动力系统。

新现实主义认为，现实主义文艺（创作与接受的合一体）的发展呈波浪形特征。这一特征凸显文艺发展与物质生产发展的不平衡规律。

新现实主义认为，批判和歌颂都不是现实主义的本质特征，它们都不过是具体的政治倾向或思想倾向的表达方式。具体作品的政治倾向或思想倾向既取决于作家艺术家的政治倾向、思想倾向，也取决于作品对典型环境的认识和对典型环境中典型人物的塑造，而最深刻的根源，还在于社会发展的特定阶段所展示的社会基本矛盾。巴尔扎克之所以在作品中批判贵族，在于“他看到了他心爱的贵族们灭亡的必然性，从而把他们描写成不配有更好命运的人”（恩格斯：《致玛·哈克奈斯》，《马克思恩格斯文集》第十卷，人民出版社2009年版，第571页），19世纪现实主义大作家们之所以在作品中也批判上升时期的资产阶级，是因为资本来到世间，每一个毛孔都渗浸着污秽和血，资产阶级是把前所未有的伟大的生产力和掠夺、剥削和压迫一同带入资本主义社会的。由于19世纪现实主义作品中普遍具有强烈的批判意旨，高尔基称现实主义为“批判现实主义”。然而，批判与歌颂也是对立的统一，或隐或显，19世纪现实主义作品也都有歌颂的因子。新时期以来，不少歌颂倾向的当代题材作品受到了广大受众的欢迎，如《血，总是热的》《乔厂长上任记》《乡场上》等。这说明，只要反映社会发展的本质规律，“歌颂”是可以进入现实主义文艺殿堂的。在19世纪的欧洲，“批判”一度成为现实主义文艺创作的主旋律；在另一特定历史阶段，也许歌颂会成为文艺创作的主旋律。与批判意旨较突出的现实主义作品一样，歌颂意旨较突出的现实主义作品也要秉持马克思、恩格斯所提出的现实主义原则。歌颂意旨较突出的作品，更要注意典型环境描写的充分性，以昭示可效法人物的可信性、必然性。

新现实主义认为，现实题材是现实主义创作的广阔天地。当代作家艺术家以现实主义创作方法创作作品，当然可以以历史故事（以“当事人”健在为限）为素材。但是，当代人写当代人有着熟悉情况的优势。至于写历史题材会比写当代题材认识更深刻，则未必具有普遍性。由当代人写当代人，是为民族留下心史的需要。

新现实主义认为，艺术家的创作勇气应该纳入现实主义理论体系之中。艺术家的创作勇气，是创作现实主义作品应有的意志品质，是一切现实主义作品产生的必要条件。现实主义理论大师恩格斯曾称赞过玛·哈克奈斯、巴尔扎克等现实主义作家的勇气。完成一部现实主义作品，不但需要对社会生活的本质规律深刻的洞察力，需要再现和表达的高超的写作技巧，还需要再现和表达的勇气。通过深入生活了解人民，或强化或改造自己原有的立场都需要勇气，由“心中有”到“笔下有”再到“敢于表达”都需要勇气，超越创作者自身的利害更需要勇气。勇气是现实主义理论体系必须强化的环节。

现实主义是“艺术地”创造世界的方式，它与“艺术地”把握世界、“哲学地”和“宗教地”认识世界紧密相联，和“实践地”改造世界紧密相联。因此，现实主义的创作方法将永世长存。当社会信息化、文化产业化和经济全球化日趋深化，个体与社会的矛盾更多地采用法律和秩序相平衡，而人类与自然的矛盾上升之时，更显出这一创作方法重现生机的必要性。

“内容产业”是一个产业业态，也是一个以互联网为物质载体的文化（集合）形态。它反映着文化的物质载体尚未分化的那个初始文化母体——巫术礼仪的否定之否定：它以打破文化之物质载体的边界为特征。因此，助推内容产业的良性发展，必须以守住文化和艺术各门类的“个性”为抓手并且首先从文艺这一文化的核心形态入手。重建现实主义，是助推内容产业良性发展的系统工程。

第八章　若干文化产业业态的创意方向

事物特殊的矛盾性，决定一事物有别于其他事物的性质。文化产业各业态特殊的矛盾性，决定各业态不同的性质，是业态划分的依据，决定各业态不同的发展方向。分析各业态的特殊矛盾，预测它们的发展方向，对于投资方向的选择、项目的选择和创业时机的选择，都具有重要的意义。因此，这种分析和预测是具体文化产业创意的启发点。

文学艺术是文化的核心形态，文学艺术的创作（制作、生产）、销售和消费（接受）构成文化产业的核心业态——文艺产业。原则上说，文学艺术各门类在现代市场经济体系中都是可以产业化的，只是其产业化的方式、形式有区别。

一、文学的产业化方向

文学产业化的根本途径是开拓市场即争取尽可能多的受众，具体措施有：1. 文本迎合大众阅读或宜于向影视剧制作商出售；2. 较大的传播力度；3. 有效的销售手段。网络文学的产业化就是依靠作品的通俗化和传播、销售的互联网方式而实现的。此外，还有两条补充途径：1. 以官方肯定、专家肯定和精英消费群肯定开路，由公益资金支持、社会赞助转向市场模式。此种途径必须坚持艺术创新，追求作品的经典化。2. 以出售服务的形式出售文学，向公益资金和社会资本寻租、寻购。这一模式的操作者不考虑作品的销路，只考虑劳动收入，相应文体多为报告文学、传记等。

二、戏曲的产业化

戏曲的产业化问题要在“繁荣演出市场”这一主题下考量。演出市场（演出产业）对内容的选择标准有两个，一为政府允许，二为能够获利。因此，体现特定艺术形式产业化的戏曲的产业化，其根本途径就是“自生自灭，市场选择”，“保护非物质文化遗产”的政策与目的不在此议。在文化产业化进程中，戏曲的前景肯定是一大批剧种作为非现实的艺术品种退出市场而进入博物馆，一小部分剧种在市场中存活下来，极个别剧种保持一定的繁荣。

三、动漫艺术的特征和创新课题

动漫是动画和漫画的合称，动画的本意就是动画片电影，归入美术片。动画片是把人物或形象的表情、动作、变化等分段画成许多画幅，然后用摄影机连续拍摄而成的。漫画的本意是用简明而夸张的手法来描绘生活或时事的图画。漫画一般运用夸张、比拟、象征、变形等手法构成幽默、诙谐的画面，以取得讽刺或歌颂的效果。“动漫”从语义上讲就是“活动的连续性的画面”。目前的动漫制作以电脑及数字技术为主流，已经进入互联网、电玩、电影、手机、电视等领域，形成了动漫艺术形式。（参见《中国文化产业年度发展报告（2006）》，湖南人民出版社2006年版）

动漫艺术的独特性在于：第一，动漫有与这一形式相对的比较固定的受众群，其接受对象一般是青少年和儿童。第二，动漫有多样的传播手段，但无论以何种方式传播，仍不失其美学特性。影院的观赏方式、家庭的观赏方式（电视）、手机观看方式乃至碎片化的观赏方式均是它的美学特性所能够包容的。也就是说，它不是很“严肃”的艺术。第三，与以上相联系，动漫艺术产业化趋向强烈。社会上称动漫一般不加“艺术”二字，而是称之为“动漫业”。动漫业是以动漫艺术为核心，通过艺术的接受而形成文化符号（卡通形象和品牌）进而开发衍生产品的产业。动漫产业其产业链的构成有漫画、动画、影视、图书、音像制品以及衍生物质产品和特许经营产品等。动漫业属内容产业，因此，动漫艺术是它的核心；或者说，动漫艺术的根本属性之一就是它的产业化趋向。第四，动漫的题材，以动物、神话、传奇和传说为主。艺术的内容、题材必须采取适合表现它的形式，艺术的形式必须选择它适合表现的内容、题材，二者是统一的。艺术的内容与形式的统一性在动漫中体现得最为明显。

动漫的艺术特性与一切艺术的特性一样，并不是一成不变的。任何艺术的存在，都是固本与发展的统一，动漫也是这样，其中恒定的艺术“基因”，是创新的出发点，而主客体变化的方面，便是创新的课题。

动漫艺术的创新课题主要有：

（一）固本也是创新，固本是纠正不正确的、离开了动漫艺术区别于其他艺术特质的“创新”。近几年来，由于政府加大了对动漫的扶持力度，出现了“一窝蜂”上动漫的现象。这似乎是社会的通病。20世纪80年代中期，电视事业大发展，致使全社会都来利用电视传媒，由此产生了“行业片”机制和大量的电视剧“行业片”这种文化垃圾。2000年后网络事业大发展，又出现了“一窝蜂”上网络的现象。“一窝蜂”式地上动漫的一个突出表现是不管题材是否适合用动漫形式表现都要用，出现了许多违反艺术规律的操作，现择其要者做一分析：例如，利用动漫拍摄风光片和文物片是十分不适当的。宣传风光和文物，恰恰需要利用视听艺术的逼真效果，而不宜夸张、变形。将风光和文物拍成动漫片，接受效果非常不好。另外，在形式创新方面“三维”动画片也值得商榷：五官感觉的开拓确实有个限度，物质载体的“逼真”性也确实有个限度。

（二）拓展题材。如前已述，动漫的固有题材多是动物、神话、传奇和传说，这恰是“人”的两端。对动物“生活”的欣赏让人心理“返童”，对神话、传奇和传说中“生活”的欣赏让人升腾幻想，两者确实都更适合于少年儿童。如今，拓展动漫题材的条件已经具备。第一，动漫利用电影方式、电视方式和互联网方式的传播已经多年，在培养主体观众的同时，原本不属于动漫欣赏群体的人也逐渐有了兴趣，动漫欣赏群体的年龄段正在扩大。第二，与以上相联系，动漫观看的便捷化也导致了它的“碎片化”。也就是说，动漫欣赏的即时性产生了，这也给扩展动漫的欣赏群体创造了条件。在欣赏群体的扩大已经为动漫题材拓展创造了条件的今天，应该乘势而上，以此作为动漫创新的一个方向。

（三）“长”是动漫艺术的本质特征之一，应该紧紧抓住“连续”和“系列”创作动漫片。早年电视艺术理论家高鑫曾提出过“长”是电视连续剧的本质特征，事实证明他的这一见解是有先见之明的，他的视角是从艺术的文化坐标来反观艺术的走向，这个视角也适合来审视动漫艺术。只有“长”，只有没完没了地传播才能在观众中建立牢固的审美经验，才能占据受众大量的社会学所说的“闲暇时间”，才能将动漫的文化符号卡通形象在人们心理中树起来，“动漫”的其他衍生行为才能实行。“动漫行为”是一个经由对作品接受的艺术的“文化化”的展开，其操作的逻辑顺序极其重要。动漫操作的路线图必须是先搞艺术创意，然后是搞“一剧之本”，接下来才是抓制作、传播和接受，最后是衍生产业。这才是动漫业的有现实性的产业链条。

四、杂技的两个方向

杂技原本是“技”，也就是国人常说的“活儿”。杂技成为“艺”，在一定程度上是它离开庙会、市井和经贸场合舞台化的结果。杂技若想在现实的艺术品种中保留一席之地，需沿着两个方向发展。第一就是目前方兴未艾的“混搭”即与舞蹈的结合。这个结合有很大的科学性，努力的空间还很大。“混搭”的原则是尽最大可能消除“技”与“艺”的隔阂，即消除形式混搭上带给观众的“隔情效果”。具体做法应该“一剧一策”，根据内容量取形式、创新形式。第二就是“以观演形态定市场之策”，即回到它的初始艺术母体，回到庙会、市井和经贸场合。其实，目前“混搭”的杂技节目其演出方式大多也是进入综艺晚会或电视播放，很少有专题杂技会演。这种各艺术形式的演出“混搭”，其实也是一定程度地回到了它的初始的观演形态。

以上两点，实际上仅仅是个方向，是创意的提示。随着英雄时代的远逝和科技的发展，杂技所赖以生存的社会心理正在迅速消退（起码对于成年人是这样）。然而，从艺术品种着眼，杂技（包括魔术、马戏和驯兽等）仍有一定的市场空间。以上两点，都体现了一个“游”字。第一点的“游”是在综艺中看杂技、满足受众审美心理“中和”之需；第二点的“游”是审美与互动的中和。要研究迪士尼乐园与国内杂技园之区别，将前者优点融于后者之中，例如知名度的拓展和卡通形象的塑造，等等。

五、书画已成为大众艺术

书画是形式艺术，形式艺术的创新虽然也是无止境的，但“接受”却是有限度的。也就是说，当艺术的“世界三”（波普尔）累积到一定程度时（换个角度说就是“当信息压倒艺术时”），受众会在审美上“欺生”，即向经典看，而难以接受新的形式的创造，这也就是经典难再。在这种情况下，书画文化的走向会呈现出两个特征：1. 经典更经典以至于形成“经典幻象”。经典作品在人们的审美心理上会“越看越像”以至于作品的物质载体和物质手段也成了欣赏的对象，以至于艺术品“文物化”，以至于艺术品升腾为一种文化符号（即所谓“名人的书画”效应）。这种经典作品的符号化也就是艺术品的空洞化。越来越不诉诸人的解读，甚至不诉诸人的“直感”的艺术经典实际已等同于文物，它对人的价值是它所透出的文化信息而不在审美（并非它没有审美价值）。《南方周末》于2015年12月17日报道的官办的中国书协的选举乱象，其成因就在于人们不再用心于艺术而用心于“成名”，因为通过“政治”和“官场”成名虽不能使其作品经典化但能使“书画家”们“经典化”，也就是能使他们的书画成为“名人的书画”。2. 书画的创新或曰创意方向转到横向，即与内容的回转。画作到精英群里就难以从技艺上分高下了，因此就需要从内容上分高下，也就是从主题构思上分高下。

“书画行为”在欣赏上、接受上既然以“追逐”既往为时尚，那么创新便无人理会——无论有无价值均无人计较，于是，书画便大众化了。

大众化背景下的书画艺术其创意的方向有二：一是解读和欣赏。在解读和欣赏中，要创意方式方法打破作品的“文物性”。二是沿内容回转到形式创意。书法的“从内容入手”就是从文字的含义入手，进入章法（布局谋篇）再进入与内容的逻辑形式或情感形式相和谐的字形的创作。美术的“从内容入手”就是从主题和情节（故事）入手。20世纪70年代，河北画家梁岩有一幅国画叫做《喜看群山多一峰》引起轰动。这幅画的内容呈现是：一辆多轮大卡车在山间公路上行驶，它装载的是当时若干套大化肥进口装置中的一套——合成塔。合成塔很高，画家又对合成塔与周围群峰的高低作了视角上的处理，因此显得犹如与群峰试比高。这幅画在技法上很难说有什么特别之处，之所以引起注意主要是因为内容创意也就是它的主题，标题也不错。自内容向形式的回转，是美术创意的重要方式，虽不是“破天荒”，但仍属有意义的重复。如果说，当初梁岩们还不是特别有意识地由内容向形式的回转的话，那么今天就应该有意识地这样做了。当然，在文本的创作上沿内容向形式的回转进行艺术创意，并不能扭转书画艺术已成为大众艺术的趋势，但可以使大众艺术逐渐提升。

六、从艺术的角度看游戏

游戏是文化产业的一个业态，通常不把它视为艺术。《中国文化产业年度发展报告（2006）》（湖南人民出版社2006年版）把游戏定义为：第一，游戏是自觉自愿地进行，没有外力的压迫；第二，是在一定的时间和空间进行的；第三，游戏伴随着紧张和愉快；第四，游戏有别于日常生活，只是对日常生活的模仿；第五，游戏的目的就在游戏本身，不在游戏之外。这个定义较为科学。但该书随后又说：“游戏作为产业是文化产业的一部分，属于我国新兴的高新技术产业之一。”这就完全错了，这句话本身就有矛盾：既是文化产业，就谈不上“高新”与否，因为“高新技术产业”是物质产业的一种，文化产业不以其物质手段的技术含量定高下。

文化产业很多业态的操作，就是因为对该业态的本质属性认识有偏差而在操作效果上“离题万里”，例如以盖大楼买电脑养人为抓手抓动漫。如果非要将高新技术写进游戏的定义不可的话，游戏便是以高新技术为手段或为支撑的虚拟性的文化活动。玩游戏者与演员不同：他不需要形体和表情，虽然在玩游戏过程中有时也带有形体动作和表情；他与艺术审美者（读者和欣赏者）有别：艺术审美虽然有时会“读《三国》掉泪，替古人担忧”，会在心理上感情上“钻进去硬充一个角色”，但这只是心理过程中的一种趋向而已。同时，哪怕欣赏者心理上进入了角色，也无法与其他角色互动，因为内容是创作者设计好的。但玩游戏者却不同，他从一开始就需要进入角色，并且能够与其他角色互动，因此两者有本质差别。他与艺术文化化意义上的文化活动的参与者、互动者相左：文化活动者是“物质活动”（身心参与）者，他是心理活动；文化活动一般不用装扮，面对的是同样不用装扮的“真人”，而玩游戏者则需扮演，面对的是装扮后的角色。

从以上分析可以看出，游戏是有艺术成分的。游戏的艺术成分在于它以艺术审美活动中的主客体心理对接和交会为基础。同时，游戏作为审美对象，既非自然美又非王朝闻《美学概论》上所说的“社会美”“现实美”，它是人的想像的产物。《中国文化产业发展年度报告（2006）》也说，“游戏伴随着紧张和愉快”，对游戏的艺术感染力也十分肯定。

既然游戏有艺术的成分，那么，就应该从艺术的角度看游戏，也应该从艺术的角度寻找游戏的创意方向。

游戏艺术角度的创意方向应该是：第一，要用社会主义的核心价值观统摄游戏的创作和开发。第二，内容艺术特别是冲突性较强的戏剧手段及戏剧化电影的某些手段，都可以“借鉴”。第三，高度注意游戏中扮演恶的一方玩家的心理副作用，尝试通过善对恶的胜利等方式为游戏进行价值导向。

七、唤醒说唱艺术

说唱艺术是民族艺术的一枝奇葩。评书、京韵大鼓、二人转、山东评书、评弹、西河大鼓、天津快板等都有过红极一时的剧目，涌现过不少有广泛影响的演员。电影时代来临之后，它们同戏曲一样，逐渐退出了现实艺术品种的行列。但是，经由艺术创意，是可以在一定程度上将它们唤醒的。京韵大鼓《重整河山待后生》的传世，上海、苏州评弹活力犹存，单田芳评书在交通电台的成功播放，都说明说唱艺术的表现力是毋庸置疑的。那么，查找它们各自“失传”的原因，便是激活的着力点。第一，像《重整河山待后生》那样进入综合艺术是可行的，遗憾的是这样的艺术实践太少了，其根本原因仍是艺术创意着力不够，从艺人员创新的意识不强，创新的胆量不够，对文化市场接受力的估计严重不足。第二，像评弹那样寻找特定受众群体。某些艺术形式虽然不像高峰期那样受众面广大，但经过努力是可以越过市场回报的最低线的。第三，寻找合适的传媒。近些年由于私家车的大量增加，利用交通广播电台这样的传媒复活某些说唱艺术品种是可能的。第四，大胆地与功利性宣传相结合。第五，总体上说，说唱艺术的唤醒需要有名作即优秀的“一剧之本”和优秀的演员。戏保人，人保戏，戏与人双双来保艺术品种，这是天经地义。

八、电视艺术

以电视剧为主要品种的电视艺术出现过自20世纪80年代初至90年代中后期的创新高潮。这个高潮是匆匆越过的，因此，电视艺术今天的创意方向看似向以往回归。

中国电视剧艺术曾经的创新是全方位的。在题材上，电视剧有过古装片，如被今日视为经典的“四大名著”；有过当代生活题材特别是新时期社会的新生活和新角色的题材，如《汉正街》《外来妹》等；有过少儿题材，如《光明世界》《十六岁的花季》等；有过都市题材、农村题材、妇女题材等。在风格上，有过《我爱我家》那样的“侃”剧，有过《凯旋在子夜》那样的电影式，有过历史剧的“扳面孔”式和“戏说”式。此外，电视剧还嫁接过戏曲，嫁接过话剧。在篇幅上，有过单本剧、短剧、中篇剧和长篇剧；在结构上，有过连续剧和系列剧。题材的开拓和体裁的试验是特定历史阶段中国电视剧的主旋律。从艺术发展的需要和观众需要而言，电视剧必须进行“回归式”创新。

（一）重建长中短格局。文化产业化开始以来，中短剧已经很难见到，这是艺术的缺失，也是观众的遗憾。缺少了精美的中短剧，电视剧格局是不完整的。同时，中短电视剧也是展现社会生活的需要。与短篇小说不同，电视剧的电视传输特性和表现特性决定中短电视剧不会像短篇小说那样被大众冷落，中短电视剧的短失之原因并不在观众危机方面。

（二）历史题材电视剧开发应拓展题材。历史题材电视剧大多集中在帝王将相、才子佳人以及后宫生活上，这是很不应该的。中国封建制度的历史很长，劳动人民的形象，科学家、发明家的形象，文学艺术家的形象极易发现和表现，遗憾的是这些题材的电视剧很少。一个客观的原因是这些人物见经见传的较少，需要虚构才能展现。然而，与其用很大力气去虚构后宫生活，为什么不乐于创造劳动人民、科学家、发明家和文学艺术家的形象呢？唯一的原因是这些人知名度小，不成其为文化符号，故业内人担心收视率低。首先，这种担心没有必要。同样知名度很小的《芈月传》不是收获了很高的收视率吗？其次，艺术家应该担负起正能量的灌输的责任。即便是收视率较小，也不能在这些题材面前退避三舍，因为艺术地读解历史，需要全面和准确，需要在这种全面而准确的读解中树立起唯物史观。

（三）重走电影之路。电视剧来到中国后，“电影观念”曾一度成为电视剧的某种风格的称谓，当年持此论者立论的依据是二者图像显示面的大小，其实二者的区别第一在观演格局上，电影的观演格局由影院构成而电视剧的观演格局由家庭氛围构成；第二在文化形态上：电影依电影的观演格局和技术向文化行为延伸，电视剧依电视剧的观演格局和电视手段向文化行为延伸。电视剧与电影的表现力没有差别，前者对后者艺术风格的复制尚有很大空间。蒙太奇风格、纪实风格、戏剧化电影等，在电视剧艺术中还未充分展现。

（四）开拓美的形态。正剧、喜剧、悲剧、悲喜剧……所有美的形态都应该出现在电视剧的创新中。

电视剧的创意方向不难找寻，难找寻的是创新的动力。导致中国电视剧对电影表现手段的复制匆匆而过的原因是文化的产业化，也就是利益驱动。举例说，中短电视剧不方便插播广告，试验新风格新样式会加大成本，谁愿意干呢？在艺术品的生产者没有积极性，艺术的接受者只有潜在积极性（接受者在信息接受饱和状态下其艺术的接受方式会转向快餐式）的情况下，电视剧艺术创新的动力只有仰仗于政府的艺术生产的供给侧调整了。

电视剧之外的其他电视艺术属于亚艺术，其创意方向应指向艺术的文化化。与电视剧相同，其他电视艺术也曾有过创新不断的年代。电视散文、电视诗歌、MTV、风光电视片等都曾出现过。随着互联网移动客户端的兴起，这些电视艺术形式会迅速转移到新媒体上去，如上电视艺术形式的创新能否再现，本书不持乐观估计。因为，那些电视艺术形式从文化形态而言已转变为“互联网＋”的形态。

九、电影产业的发展课题

中国电影业自1998年《甲方乙方》进入市场以来形成了两个鲜明特点，一个是其内容成为意识形态凝聚点。冯小刚的《甲方乙方》《集结号》《芳华》等，无不代表着作品上市时的社会思潮，尽管影片对当时社会思潮的反映是十分曲折的。此外，《战狼2》等影片也扣准了2017年中国人的心扉。二是市场表现可说是形成冰火两重天。少数电影的大卖以大部分影片的惨赔和投资不足为衬托，备显中国电影市场的不成熟。两个特点有着内在联系：抢占了信息高地的电影自然市场表现好，市场表现好的只能是那些抢占了市场高地的电影。这充分说明，电影作为一种意识形态的本质特点在电视文化、互联网文化蓬勃发展的信息化社会更加突出了。在这一情势下，推进电影业健康发展的方略只有一个，那就是努力实现电影艺术创意与资本的结合。

文学艺术以外的其他业态，在中国经济社会发展进入“新常态”后面临新的发展趋势，下面从产业业态的角度就几个典型业态提出助推思路。

十、旅游产业的文化创意

旅游产业是文化产业的特殊业态，其特殊性在于这一产业的生产、销售和消费在很大程度上都是物质性的，但它的产业属性却是文化产业。无论是从学理上还是从国家统计学意义上，旅游产业均属于文化产业。2018年十三届全国人大调整国务院各部门组成，将“文化部”更名为“文化和旅游部”，也是这一共识的体现。

这是为什么呢?

旅游是社会成员基本物质生活满足基础上的行为。到外地去购衣不是本地买不到衣，到外地去饮食不是在本地不得温饱，到外地去居住不是在本地没有屋住，到外地去不是为了出差工作。也就是说，即便是物质需要也是更高一级的物质需要亦即特色需要或个性化需要，而更多的，是为了“观光”而产生的附加需要。因此，旅游需要本质上是人的精神需要，旅游产业属于文化产业。

文化产业是旅游产业的本质属性，因而也是这一产业的开发经营原则和创意方向。

旅游产业的开发原则由经典案例总结而来，如“泰山”如何形成就是新的自然景观基地的开发方式。

“以动引静、以软带硬”是旅游产业开发和经营的方针。以动带静，就是要开展文化互动，以此把旅游基地的知名度搞上去；以软带硬，就是要以文化互动带动硬件建设。许多旅游项目的开发和经营违反这一原则，用开发和经营物质产业的办法开发经营作为文化产业的旅游产业，失败在所难免，全国此类事甚多，教训深刻。

十一、文化创意与科技研发凝结为产业和产品

物质需求的基本满足极大地提升了社会成员物质消费的文化品位，这为某个文化产业业态的产生和文化创意直接作用于物质产品的研发创造了条件，这个产业就是《中国文化产业年度发展报告（2016）》中所称之为“文化创意与设计服务业”的文化业态。该报告说：“依托于传统文化资源，博物馆文化创意产品成为今年创意设计市场一大亮点，通过现代设计手段将传统文化符号和现代时尚元素融入生活消费品中，如北京故宫凭借深厚的宫廷文化和较高的设计能力，至2015年底已开发出包括‘朕亦甚想你’折扇、朝珠耳机、御前侍卫手机座等八千多种文创产品。”（《中国文化产业年度发展报告（2016）》，北京大学出版社2016年版，第179页）该报告虽然没有对“文化创意与设计服务业”这一业态的内涵作出概括，但通过以上举例，显然是指以文化创意为引领生产生活消费品的产业。消费者消费这类所谓“文创产品”，消费的是物，品味的却是文化，物中积淀着人文和情感。旅游产业、工艺品实用化生产等，都具有与这种产业相近的特点。因此，同是这一个产业，也可以列入物质产业业态之中。

人是按照美的尺度来生产的。“这就是把美和审美引进科技和生产、生活和工作，不再只是静观的心灵境界，而成为推进历史的物质的现实动力，成为现代社会的自觉韵律和形式。”（李泽厚：《中国古代思想史论》，人民出版社1986年版，第322页）所谓“文化创意与设计服务业”是未来型的生产的第一缕曙光。推进这一产业的健康发展，必须牢记两条：第一，在理论上，必须清楚“文化创意产业”这一称谓并不妥当，容易给人造成“文化创意”构成某种产业的印象或文化产业天然具有创新性的印象；必须清楚所谓“文创产业”不过是文化产业的业态之一；必须清楚“文创”不能代替科研。第二，在生产上，“文创”不过是迎合消费者文化需求的一种手段，不能因这一手段的采用而放松对物质产品质量的管理。

十二、教育培训产业的创意方向

虽然“教育产业化”不断遭诟病，但中国教育产业和教育的产业性质一直存在。

为了有效地助推教育产业的发展，必须认准教育的本质。人在改造客观世界的同时，也改造自己的主观世界。通过劳动、物质生产和社会实践，在外在自然逐步“人化”的同时，不但人的思维认知会有持续发展，人的五官感觉及各种需求也逐渐增长超生物性的功能和素质。人的“内在自然”在实践中不断改造，就是历史唯物主义意义上的教育学，它反映着历史的必然性。但是，在“人化自然”的漫长历史进程中，生命个体与“人性”存在着不同性质和不同程度的异化。解决这种异化，既历史地必然地表现为历史前进的每一步，也历史地必然地表现为后工业社会的主题。因此，沿着“自然的人化”的历史主题和沿着“人的自然化”人的全面发展的主题，已成为现代教育学的一体两面。

具体来说，现代教育培训业应沿着以下方向开拓：1. 坚持和完善应试教育体系。“考试面前人人平等”掩盖着事实上的不平等，但也是具体历史阶段最公平的择优方式，存在的问题是如何搞好考试，如何通过考试量出素质。“学校工厂”“择名校而学”虽常遭诟病，但多年无解，说明这些做法有合理性。2. 教育的初级目标是培养合格的劳动者，最高目标是培养大写的人，两个目标要因材而定。3. 文科要以社会为工厂，以人生为工厂。4. 情感教育要回归到亲情伦理中来，回归到家庭中来。5. 特殊人才的“野生”成才原因值得高度注意和研究。

第九章　文化产业创意的实现

作为构思、点子、设计和方案，文化产业的文化创意（简称文化产业创意）需要形成文化产品，这就叫文化产业创意的实现。文化产业创意与项目、产业的关系是前者对后者引领、统摄的关系，类似于物质产业的科技、研发与项目、产业的关系。不能形成项目和产业的文化产业创意犹如不结果实的花，其引领和统摄作用就不能发挥，充其量只能形成一堆堆意识形态泡沫。因此，“实现”是文化产业创意学的一个重要理论环节和专有概念。

第一节　文化产业创意的社会实现

文化产业创意的社会实现，是在现代市场经济体系中，把文化产业创意成果作为知识产权与资本等文化产品生产要素等价交换，进而实现与相关生产要素的有效结合，生产文化产品并实现利润。

现代市场经济体系的建立和完善是文化产业创意社会实现的必要条件。从经济学的角度着眼，文化产业是知识经济的重要组成部分，是市场经济发展到一定阶段的产物。中国的文化产业化进程始于1993年，此时以建立社会主义市场经济为目标的改革开放已掀起过农村改革和城市改革两大高潮及第一轮开放高潮，十几年的市场经济建设为文化产业的建立创造了初步的条件。文化产业创意的社会实现，既有赖于文化产业化的深化、文化产业的健康发展，又是文化产业化深化和文化产业健康发展提出的必然要求。

文化产业创意的社会实现有赖于创意成果的大量涌现。“文化产业创意”可以纳入“知识经济”的范畴中考量和把握，但它与知识经济中的其他“知识”不同，它不直接作用于物质生产资料，不以生产物质产品为目的，虽然它对物质生产有促进作用。文化产业创意成果的助产士不是直接来自现代市场经济体系的建立和完善，而是直接来自文化产业化的深化和文化产业的健康发展。融媒体（文化产业化深化的阶段性标志和文化产业健康发展的程度性标志）实现后，文化产业创意活动空前活跃，创意成果如雨后春笋蓬勃生长，这就为文化产业创意的社会实现准备了客观条件。

文化产业创意自身存在着社会实现的内驱力。文化产业创意是文化创意的特殊形态，是一般文化创意向产业化的延伸。《毛诗序》说：“诗者，志之所之也，在心为志，发言为诗。情动于中而行于言，言之不足故嗟叹之，嗟叹之不足故咏歌之，咏歌之不足，不知手之舞之，足之蹈之也。”这段话说明古人很早就意识到艺术表达的不同使用物质手段也不同，意识到物质手段的层次与艺术表达的层次的对应关系（“言之不足，故嗟叹之……”）艺术史证明，艺术的发展、种类的开拓的确是表现为物质手段的拓展和延伸：由生命体自身充当物质手段到特殊物质充当物质手段，由物质手段（直接构成艺术的形式）到物质载体（间接构成艺术的形式），由物质载体到媒体或二者兼备（如电视艺术），由媒体到融媒体。这个过程，也可视为在实践的基础上物质的形态化不断开拓的过程（“诗者，志之所之也”）。

从心理过程来说，不论多么复杂的文化产业创意，都起源于头脑中的念头、点子和构思，这就是一般意义上的文化创意。文化创意有的以形象思维为主，感性中有理性；有的以理性思维为主，理性中有感性。两者都是真与善在实践的基础上在头脑中的统一，前者统一为形象（知与情），后者统一为思想（知与意）。可以说，文化创意的过程，本身就是要求实现的心理过程，内含着成为作品的心理动力。在艺术创作成为艺术生产、文化产业兴起的社会背景下，它的社会表现，是文化产业创意家对创意成果社会实现的内在动力。信息化社会到来后，信息的超现实的力量激发着文化产业创意家“让人接受”和“实现（经济）价值”的欲望。

经过二十多年的发展，我国文化产业各业态的创意工作，各环节的创意工作诸如投资导向、营销策划等，各项目的整体策划工作已经从具体项目中分化出来成为一项独立的工作，具体表现为：工作上先行一步、内容的“写什么”“搞什么”重于“怎样写”和“怎样搞”、以社会主义核心价值观为指导、以相关法规为规范以市场为重要参照的文化产业创意理念已成共识、专职创意人员逐渐增多、创作主体“一分为二”（创意者和创作者）已经形成、文化产业创意学已经建立且有大面积接受、文化产业创意培训体系已经建立、相关新社会组织例如河北省文化产业创意家协会已成功运作了近十年、一批相关新经济组织纷纷建立、以文化产业创意为谋生手段的文化创意家阶层已经实际存在、“文化创意家”的称谓已经大范围使用。

文化创意向资本和政府寻租、寻购的力度与日俱增，文化产业创意成果与资本和公益资金的结合的成功率大幅度提高。出租、出售文化产业创意的，既有“体制内”人员，也有体制外人员，也有“一马双跨”者；既有集体，也有个人；既有“灵机一动”“偶然为之”的创意人，也有以文化产业创意为职业的专职创意人员。

资本和公益资金向文化创意者寻租、寻购的力度与日俱增，合作的成功率大幅提高。在这里，不提资本购买文化产业创意和政府购买文化产业社会服务，意在标明资本和公益资金持有者心态的变化，意在标明他们对文化产业创意成果价值的肯定。

文化产业化的长期运行，使社会成员对文化产品的商品属性的认识不断深化，对文化产业创意成果商品属性的认同是这一深化的必然结果。这一认同大大有利于文化产业创意的社会实现。

融媒体的实现标志着社会信息化的深化，也标志着社会信息化与文化产业化、经济全球化交互作用的空前增大。由这一文化产业发展的经济社会条件所决定，文化产业创意社会实现的必要性大大增强了。

文化产业创意成果是一种特殊的观念形态，未公开之前它的价值无法判定，一旦公开则商品价值荡然无存。因此，许多有价值的文化产业创意成果大多数只存储在头脑里和抽屉里。大量影视剧作品改编于纸介小说或网络小说这一事实，说明沿着文产创意到作品创作再到影视剧生产这条产业链操作是多么困难。不过，从海量的小说作品中选择改编目标，这本身也是求购文化产业创意成果，也要付出。业内之所以大多采用从小说中选取改编目标，在于任何小说作品都含有不同的创意，而创意者已经以作者的身份获取了报酬，而单纯以“创意”功能存在的创意成果则必须有一定的交换规则才能公开。交易的难度导致文化产业创意实现的难度。长此以往，势必对文化产业创意的发展带来两方面不良影响：一是创意萎缩，创意社会动力衰减；二是无价值的创意成果充斥舆论。“创意”作为热词流行以来，不少人把什么主意都说成“创意”，这是不对的。创意能力也不是天生就有的，需要长时期的学习和培养。水平低下的“创意”，不但不能像文化产品那样成为精神之需，也会混淆视听，给投资者以误导。有鉴于此，必须强力推动文化产业创意成果的社会实现。

文化产业是现代市场经济体系下的经济业态，只有实现整个业态各个要素、各个环节的市场化，整个产业才能健康发展。文化创意是知识经济的一部分，是文化产业的重要环节。文化创意从文化建设的项目中凸出，始于文化的产业化，同时，文化产业的发展又是文化创意成果商品化的客观要求。文化产业创意社会实现的滞后，必然制约文化产业的健康发展，从而对整个现代市场经济体系的发育造成阻碍。从这个意义上说，推进文化产业创意的社会实现，是“全民创新、大众创业”的一个重要组成部分，是国民经济发展的一个重要抓手。文化产业创造文化产品，但同时，文化生产也是物质的形态化活动，对相关物质生产部门有着巨大的影响。因此，只有实现文化产业创意以商品身份进行等价交换，才能实现文化产业整个业态生产资料、生产要素的市场化配置。

推进文化产业创意的社会实现，有助于实现文化创意对资本的有效引领，从而为文化事业的健康发展创造条件。资本在文化产业发展中占有重要地位，有着十分积极的作用。但是，由资本主导文化产业其负能量也是显而易见的。文化产业化进程开始以来，由资本持有者的“任性”而造成的经济上的损失实例不胜枚举，由资本持有者的所谓“创意”而生产的文化垃圾比比皆是。这说明，文化创意与资本同时由一个主体拥有的情况是很少见的，这就需要二者依市场法则有效结合。当然，资本持有者“任性”（依自己的爱好、主意）而搞成文化项目生产出文化产品，也是一种资本与所谓“文化创意”的有效结合。但是，这里的所谓“文化创意”，不是文化创意学意义上的，而是个性化的“主意”，是方向未必正确、内容经不起论证的主意。这里的二者结合，其实质是资本引领“文化创意”，更准确地说，是资本的负能量“任性”代替文化创意在文化产业中发挥引领作用。

之所以强调文化产业创意的实现必须是“社会实现”，其目的不在于出产品而在于出好产品，而在于实现科学的文化创意在文化产业中对资本的有效引领。要实现这一目的，展开来讲，文化产业创意虽出于某个具体的创意主体（有时是个人）但须具有社会承认的潜质；文化产业创意成果与资本的结合必须是市场化的结合，二者必须构成等价交换的关系；专业化、职业化的文化产业创意家必须成为文化产业创意成果的主要的市场“供货商”。

文化产业创意对资本的有效引领其要义有三：一、创意为本、资本为用。其市场表现为资本持有者能够自觉地只管资本运作，不管文化产业项目具体经营，自觉地采用社会所提供的文化产业的创意成果。二、在确保良好社会效益之基础上争取良好的经济效益。三、实现文化创新，并以此引导受众的文化接受。

文化产业创意的社会实现也是检验具体的文化产业创意成果是否科学、是否可行的重要标准。资本虽然不宜在与文化产业创意的结合中发挥引领作用，但正适合发挥检验文化产业创意是否科学是否可行的作用，能够被社会资本接受与否，一定程度上说明创意的价值。当然，检验文化产业创意成果是否科学是否可行，不能只看市场表现，检验的手段越综合越好。

文化产业创意的社会实现与任何社会事实的实现一样需要社会动力。有了社会动力，可能性就会转化成现实。改革开放以来，农业生产责任制的实行依靠的是农民的积极性，“包字进厂”依靠的是工人的积极性，民营企业的发展依靠的是离土农民和回乡知青的积极性……文化产业创意社会实现的原动力来自文化产业的发展。文化产业的发展使文化创意在整个艺术创作（生产）和文化产品创造（生产）中的地位突出出来，由人无我有的短缺文化产品阶段的资本竞争转到了人有我优的创意竞争；使文化产业创意在整个文化创意中的地位突出出来，推动着其他创意成果向着有偿使用转变。从宏观经济来看文化产业，文化产业因属于人类物态化活动故可算作知识经济的一部分。随着知识经济的发展，随着知识经济中其他知识成果（科技）有偿转化机制的建立和人们“知识有价”观念的确立，文化产业创意成果转让的有偿化也将大踏步推进。

文化产业创意家是文化产业创意社会实现之原动力的物质力量。可以预期，文化创意家必定在未来的发展中加大文化产业创意成果寻租、寻购的努力，加大“尊重知识、尊重人才”社会舆论的营造，加大相关社会组织和文化实体的创立。

文化产业创意家作为一个新的社会身份登上历史舞台，标志着文化产业创意成果成为文化产业的重要的生产要素。自此，文化产业将在新的要素市场环境下发展，文化产业创意的社会实现表现为文化产业创意成果与其他要素的相互作用和融合，文化产业创意对文化产业发展的引领和推动作用通过这一相互作用和融合而发挥出来。

“现实的就是合理的。”在文化产业进程中出现了许多成功的项目，这些项目的成功无疑是文化产业创意与资本的有效结合。找出其中的必然性，剔除其中的偶然性，总结这些优秀文化产业项目成功的经验并加以推广，是推动文化产业创意社会实现的重要手段。利用成功文化产业项目进行产业延伸，是业内人士常用的产业开拓方式，由初始的、物态化进程较低的项目延伸为综合的、物态化程度较高的项目更是司空见惯。这种模式之所以盛行，在于部分地解决了文化产业创意社会实现的一大难题，即具体创意成果向下游产业延伸是否科学、是否可行的问题。投资人对某部初始作品的改编和制作，意味着对这部作品所含文化产业创意元素的肯定。而改编费、版权费的支付则意味着对创意成果商品属性的肯定。在创意人一方，由于出售作品的同时也出售了创意，并在改编权转让中又一次获得了报酬，使得这一交易极易成为社会行为。

然而，这种模式只是文化产业进程特定阶段的现象，其文化产业创意的社会实现是不充分的，是一个不完整的社会机制。表现在：一、被延伸为产业项目的文化成果向下游产业的科学性和市场可行性被肯定的程度是比较低的。例如，一部小说获得了某个重大官方奖项，不能客观地说明它的艺术价值确实高，更不能说明向下游产业项目延伸后受众多、市场反应好。一部小说受众多、市场反应好，不能说明改编后的新的艺术形式的作品受众多、市场反应好。因此，这一模式存在着“先天不足”、基础不牢之弱点，如果判断失误，其结果将满盘皆输。二、这一模式存在着一个二次创意的环节，在这一环节上，资本的“任性”即负面作用仍有可能发挥作用。这一模式的实质是从已经取得良好社会效益或良好经济效益或“两个效益皆佳”的文化产品中获取文化产业创意，因此，“二次创意”十分关键，如果选择了不该选取的文化产品，也就等于接受了不科学和不可行的创意，其结果可想而知。三、文化产业创意是一个全方位的文化创意体系，涵盖文化产业这一业态产、销、消（费）各个环节、十几个业态及相互转换、从内容到文化品类等多个面域。因此，虽然从初始文化产品汲取文化创意延伸产业链这一模式体现着文化产业创意一定程度上的社会实现，但仍留下了许多重大课题和广阔的工作空间。综上所述，可见依托这一模式的社会认同度和发展趋势顺势而为，因势利导，在第二次文化创意阶段发力，增补、改造这一文化产业创意机制之不足，是文化产业创意社会实现的一个主攻目标。

民间中介组织的发展对于推进文化产业创意与资本的结合至关重要。这类中介组织分为两种：一种是体制内事业单位内部的，另一种是体制外的。随着文化产业的发展，不少体制内事业单位成立了各种名目的文化产业创意机构。它们与生产部门的关系是双重的，一重是行政性力量整合二者，一重是或相互间或通过二者共属单位协调而建立经济核算关系。随着改革的深化，创意机构与生产机构的关系势必会过渡到内部核算关系，这个进程也就是文化产业创意成果与资本结合市场化和紧密化的过程。体制外民间中介组织大多以公司的管理形式存在，这类组织产生较早，但发展缓慢。发展缓慢的原因，一是文化创意成果出售需要保护知识产权这一特殊性，二是缺乏有效的宣传平台和适当的宣传方式。中介组织发展的动力也源于文化产业的整体发展。文化产业市场自融媒体实现后，文化创意家一方、资本持有者一方和政府一方，都显示出了对中介组织的巨大需求，可以预期，中介组织的大发展即将来临，民间人士应乘势而上。

改造遍布全国的“文化创意园”“文化园”“文博会”，是推进文化产业创意社会实现的重要抓手。这类机构大部分为民间所创、民间所有，小部分有官方背景。这类机构的功能五花八门，有的经营餐饮业，有的经营文化产品，有的搞教育培训，有的只是一个论坛；其组织形式，有的是文化公司，有的是社会组织，有的是非物质企业，不一而足。它们形成的原因很复杂，主要有：多年以来，国家政策和社会舆论大力推进文化产业，又有“文化创意产业”等口号不断行世；在经济基础方面，我国越来越多的人进入小康，文化需求愈渐趋旺。同时，社会闲置资本越来越多。这类机构向哪里去？自2012年经济进入新常态之后，它们出现了三种动向：一类向真正的文化创意园迈进，逐渐创生了文化创意园名副其实的功能并出现了整合这些功能的迹象；一类向物质商业或服务业回归，“文化”二字仅仅用作招牌；一类是由于主持者陷入茫然，导致自生自灭。以一个行政区为例，每年以这一行政区为字头的文化公司和社会团体开张的不少，注销的也不少，这一情况就是“自生自灭”的生动写照。

文化创意园之类的乱象和发展上进退维谷的状况，恰恰是推动文化产业创意社会实现的一个着力点和时间节点。就是因为，这些机构的投资人和经营者在经过一段时间的建设和经营之后，发现既没有得到“文化”（社会美誉度），也没有得到利益，故而人心思变，但又难以从感情上和经济上割舍已有的基础，因此，推动此类机构现有功能向着以文化产业创意社会实现为功能转变，其实际动力就在这一群体。文化创意家作为文化产业创意社会实现最能动的力量，应该牢牢抓住这一机会，发挥他们的引导作用。

改造文化创意园之类要遵循以下原则：

一、要以建设具有推进文化产业创意社会实现这一功能的真正的文化创意园为顶层设计。“文化创意园”的名字不错，顾名思义，真正的文化创意园应具备以下功能：第一，它应该成为文化创意的社会智库。这个机构要通过适当的组织方式形成一个文化创意特别是文化产业创意的群体，创生文化产业创意成果。第二，这个机构应该成为一个文化创意学特别是文化产业创意学的学科研究基地和创意能力的培训基地，这本身就是一项教育培训业，是文化产业的一项重要业态。第三，这个机构应该成为一个文化产业创意成果与公益资金和社会资本有效结合的平台。要建立相应的机制、体制使这一结合成为这一机构的一项经营、一个产业，机构在每项实现的结合中获利，文创成果拥有方的知识产权得到有效保护。第四，这个机构应该成为文化产品的展示和销售基地。这一功能，社会上已经运营多年的“文博会”已经具备。第五，这个机构要成为优秀文化产品的推介基地和劣质产品的批判基地。第六，这个机构要成为文化产业创意与资本有效结合并引领资本的项目示范基地。俗话说：“光说不练，等于扯淡。”搞示范项目，对于机构向社会推介创意成果，承揽中介业务大有裨益。第七，这个机构要有“硬件”设施，真正建成一个“园”。硬件设施不仅是办公、展览、教育培训、会议和艺展之需，也要成为艺展的一部分。要把某些艺术品种的作品的展示与机构的设施结合起来建设，如雕塑、建筑（艺术）等。第八，这个机构要公司化或社团化，最好二者兼备。没有相应的机制，不要说文化产业创意成果与公益资金及社会资本的结合无法实现，其他辅助功能也无法实现。文化创意园要成为以上所列所有功能的综合体。“综合”是一篇大文章，是文化创意园的真正价值所在，也是该机构谋利的一个重要抓手。

二、瞄准顶层设计，紧依现有条件，有序推进文化创意园建设。中国现存所谓“文化创意园”“文化园”“文博园”的“半拉子”工程不少。之所以出现这种状况，自然是因为存在一个热衷于搞这类机构的群体。这个群体目前虽然陷入迷茫，但让他们接受真正科学的“文化创意园”的顶层设计也是不可能的，这一方面是理解不够的原因，另一方面则是资金不够的原因。因此，要紧依现有条件有序推进。这些“半拉子”工程情况各有不同，投资人的特长各有不同。要依据各个不同的条件分类指导、分类施策。例如，名字上带有“文化”但实际上却是一般餐饮业的机构，不妨先以文化为导向对其进行改造，这便是“文化＋物质产业”的模式。这样做，原有的一些硬件不会浪费，也给经营者进入真正的文化产业留下了时间。把这些“半拉子”工程都改造成功能齐全的科学意义上的文化创意园当然最理想，但“着手于全”的操作其结果可能会一事无成。紧依现有条件所进行的改造，一定要“着眼于全”，但又要循序渐进与时俱进，逐步接近最佳设计。

为效益不良企业“出诊”，实现文化创意。自1993年文化产业进程开始以来，文产项目有成功的，有失败的，还有一种效益不良企业上不去下不来。不少文化公司和旅游项目就属于此类企业。之所以效益不良还要苦撑下去，出于两种原因：一类是所使用的资本原本闲置，不在乎赔钱，同时他们误认为这样做就是在搞文化，能够提高自身的社会知名度和美誉度。另一类属于“骑虎难下”，已经投入了不少，总希望靠既有经营模式赚回来。文化产业创意与此类项目对接可能性很大。这是因为，文化创意家作为局外人，更易于从他们的失败经验的总结中产生新创意、新方案。另外，资本持有者身处“上不去下不来”境地，比任何时候更易于听进不同意见。文化产业创意在这类项目上的社会实现，一定会给文化产业创意的社会实现工作带来巨大的示范效应。

文化产业创意成果的中试或孵化对于创意的社会实现至关重要。中试或孵化既是对创意成果是否科学、是否可行的检验，也是对公益资金和民间资本投入可行性的示范。中试或孵化就是做样本，它既投资小，又能看出产品基本面貌和市场前景。中试或孵化有多种形式，依产业阶段可分为生产阶段、销售阶段、消费（接受）阶段，例如出版图书可先印样书接受调查；按产业链可分为由物态化程度低到物态化程度高、由物态化程度高到物态化程度低等形式，例如在由发表的小说改编成电视剧这一模式中，小说发表对于电视剧生产而言就是中试或孵化。文化产业创意中试或孵化的动力，既有可能来自文化产业创意家，也有可能来自资本持有者。

减少意识形态泡沫有利于文化产业创意的社会实现。中国的市场经济是改革开放的产物，文化产业的发展也比发达国家滞后。应该说，欧美发达国家在某个时间节点提出的问题，有可能若干年后中国才能遇到。另外，文化产业不同于物质产业，文化产品生产和文化接受的特殊性决定欧美与中国对同一问题的认识及解决的方式未必相同。因此，译自欧美的有关文化产业的论点，本质上是一种文化产业的创意成果，它与其他创意成果一样，面临能不能与产业发展实际相结合及如何结合的问题。要推进这种结合，借以判断能否结合也就是译介成果与国情适合与否。

在推进此类特殊文化产业创意的社会实现中必须注重以下几点：第一，注重研究某观点所依托的社会实际特别是文化产业发展的实际，研究具体理论形成的社会机理。第二，对比研究某具体理论所对应的社会实际与中国社会实际，在此基础上决定对该理论的弃取。第三，以我们的价值观为导向对其理论进行“洋为中用”的改造。如此看来，这类特殊的文化产业创意其社会实现的方式也有特殊性，既不表现为与公益资金的结合也不表现为与社会资本的结合，而表现为与文化产业发展实践的结合。一种理论、一种观点超越了中国文化产业发展阶段，只能是作为意识形态泡沫飘浮在空中，大力倡导则会给实践带来害处。推进译介成果的社会实现由于同时也是一个对这些成果弃取的过程，故而能够有效地减少意识形态泡沫吸取其中有启发性的元素，这项工作不能完全交给译介人员，它应该成为文化创意家和文化产业研究者的共同担当。

第二节　政府的担当

文化产业创意的社会实现最根本的动力存在于艺术生产力之中，没有文化产业创意的繁荣，就谈不上什么社会实现。因此，政府应首先发力促进文化产业创意的繁荣。

自1993年文化产业化进程开始以来，文化产业创意在文化产业发展中的巨大作用，已显露充分。进入21世纪，文化产业创意成果不断涌现，创意家已形成新的社会阶层。但是，在主流意识形态中，“创意”虽然早已成为热词，但一直作为一个“虚词”在流布，文化创意、文学艺术创意和文化产业创意还没有以一个“实业”的称谓深入人心。多年来，政府颁布了一系列促进文化产业发展的文件，但至今仍然没有一份是关于如何发挥文化产业创意在文产中作用的。在“全民创新、大众创业”的意识形态氛围中，在文化产业发展已充分显露对创意的需要形势下，不能再忽略“创意”的实质含义了。文化创意家已经成为一个独立的社会阶层特别是其中的自谋职业知识分子，更早已以自己身份的特殊性显示出了这个阶层的存在。社会发展必然会伴随社会分工的细密，从对这一原理的理解中，从对网络作家等自谋职业知识分子作为独立社会阶层的肯定中，政府组成人员对文化创意家这一社会阶层的肯定势所必然。

2008年以后，“文化创意学”的系列研究成果相继问世，不少媒体进行了大量报道，有政府资助的“文化创意人才研修工程”不断开办。2009年，全国第一家以推动文化创意和文化产业创意为职能的文化创意家协会在河北成立，至今已工作了9年，开展了大量社会活动，政府主管部门不会对这些社会事实长时间视而不见。多年来，不少政府公益项目未能产出文化成果（从接受效果着眼），民间资本进入文化产业屡屡失败，这些社会事实也不会长期引不起政府主管部门的注意和反思。综上所述，可见政府自觉推进文化产业创意事业发展的可能性已经具备，时机业已来临。

在现代市场经济条件下，政府行为有可为与不可为之分，在促进文化产业创意问题上也是如此。

在促进文化产业创意的繁荣上，政府最应该做的，就是人才培养。古语说：“名不正，言不顺”，“正名”工作至关重要。政府连同主流媒体要为文化创意家正名，通过正名承认这一群体的存在，从而带动整个社会尊重文化创意工作，尊重文化创意人才。要大力资助文化创意人才的培养工作，主动购买文化创意服务。要特别注重对政府管理人员文化创意学知识和文化产业知识的培训，只有这样，才能提高他们推动文化创意繁荣的积极性和主动性。

繁荣文化产业创意是推进文化产业创意社会实现的前提，后者则是前者的延伸。在推进文化产业创意的社会实现方面，政府能够发挥市场和民间发挥不了的作用，或者说，政府应该做市场和民间做不了的事。

全面深化改革，确定文化产业的市场主体是政府的迫切任务。确立市场主体，就是由政府赋予不具有市场主体地位的文化经济实体（组织）以市场的主体地位：独立核算、独立经营、独担市场风险、自负盈亏。要继续推进体制内文化机构的改企工作。体制内文化机构的改革只是形式上完成了公司化集团化，改完了好改的（例如不少人实行了高薪制），多数机构还一直在吃政策饭、垄断饭、照顾饭（每年另有专项财政资金）。某些单位只是收下了市场带来的好处，而不承担市场带来的压力。依照法治、公平的原则将这些单位推向市场，就会给它们带来强大的市场压力，大大增加它们对文化产业创意成果的需要，从而有效助推文化产业创意的社会实现。同时，完全市场化经营了，这些单位自己进行文化创意的积极性也会大大提高。

各级涉及文化产业的官方机构组成人员必须深刻认识和准确把握文化产业的本质特征。任何事物，只有认识它“是什么”，才能知道应该“做什么”和“怎样做”。文化产业不是物质产业而是生产文化产品的产业，文化产业不是公益事业而是产业，文化产业的经营目的是求得社会成员对优秀文化产品的有效接受。明乎此，政府行为才能做到科学、有效。多年来，政府行为中有一明显不当，就是用抓物质生产的思路抓文化产业。抓动漫产业只买电脑、盖房子，抓“微电影”也是只知买设备，这种抓法严重阻滞文化产业创意的社会实现。这种工作方式，是以物质生产（销售、消费）为导向带动文化（精神）生产，以经济代替文化的工作方式。更有甚者，由于不了解什么是文化产业，竟将乐器生产和印刷的产值统计在文化产业的产值中上报。这种统计上的混乱映衬出指导思想上的混乱，说明当事人对什么是文化产业不甚了了。抓文化产业的行动逻辑出现根本错误，必然导致文化产业创意没有立足之地，更谈不上促进它的社会实现了。

科学地使用“两大专项资金”。为了促进文化事业和文化产业的发展，中央和地方以各种名目设立了促进文化事业和文化产业发展的专项资金，用以资助宣传文化事业项目和产业项目。这两项资金的设立是必要的，实施以来取得了一定的成绩。然而，也还存在许多使用不当的问题。第一，没能落实公平、公正申领的政策。不少两大资金管理者规定，只有官方单位（行政机关、人民团体、国家事业单位、事业改企单位等）具有申领资格，而新社会组织、新经济组织、民办公司及自然人都被排除在外。这样做，导致许多民间的好项目得不到资助。第二，与以上相联系，许多官办单位申办的项目根本不符合两大资金的资助条件但能够轻而易举地获得资助，致使两大资金“变了味儿”。第三，中央加大反腐败力度以来，挪用滥用越来越困难，致使许多单位专项资金用不了又退回去，极大地影响了两大资金的有效运作，破坏了宣传文化事业发展的全局。第四，两大资金之一的文化产业专项资金。虽然名义上属“启动资金”，但既无人问效，也无资金返还机制。第五，许多两大资金管理单位没有建立评审机制，给谁不给谁全凭领导说了算。

上述问题的存在，直接阻滞了文化产业创意的社会实现，其道理显而易见：第一，两大资金有导向作用，一为政治导向，二为质量导向，质量导向中含有创新的成分。不该资助的项目反而给予了资助，该资助的得不到资助，会给社会以错误的信号和误导。第二，体制外拥有大批文化产业创意人才和文化产业经营团队，这样的人才和团队长期得不到资助，必然会阻滞文化产业创意的社会实现和文化产业的健康发展。

政府部门应强力推动知识产权保护。知识产权在纸媒时代就已成严峻课题，一直未能根本好转。互联网自2012年以来的运作使网络内容产业得以立业，知识产权保护随之成了关乎全民创新生与死、衰与荣的严峻课题。有的视频公司没有任何知识产权法律观念，“不生产内容而只当内容的搬运工”。在“大数据”和“算法推荐”等名词包装下明目张胆地把别人的内容变成自己赚钱的工具。朱迅垚在《保护知识产权，重振内容产业》（《南方周末》2017年10月26日）一文中说：“传统媒体和严肃内容生产者的集体反击已经在发酵、酝酿，目前亟须形成行业性的共识和攻守同盟，并获得主管政策部门和法律界的支持。”面对互联网的新工具和新技术，面对内容产业背景下媒体对内容的狂热需求而导致的贪婪，民间力量例如“形成攻守同盟”等对于保护知识产权，无疑是重要的，但更重要的是政府的力量。政府能够、必须且适宜在以下几方面发挥作用：1. 制定行业道德规范，对从业人员进行尊重知识产权的教育。2. 发挥政府惩戒职能，对侵权者给予惩罚。3. 政府应与民间力量一起，成为运用法律武器保护知识产权的主体。利用互联网新工具、新技术进行内容侵权，将对文化产业创意的社会实现形成灭顶之灾，同时也会从根本上断送刚刚兴起的内容产业。可以说内容产业背景下知识产权维权的难度，较之纸介传媒时代大大增加了。针对这一新形势、新课题，政府必须果断出手，立即采取行动。

政府应调整行为，为确立科学的文艺作品的评判标准采取措施。文学艺术是文化的核心形态，文艺作品的评判标准是否科学，直接影响着文艺的发展和文艺创意的社会实现。1993年以降，文艺开始“雅俗分野”。表面上看，这种雅俗分野似乎是文艺文本上的色彩分立和作家群的阵营分化，但实质上却是发生了读者危机和观众危机，因为，与这种表现在文本上的雅俗分野携手而至的还有不同艺术品种的消长。及至1998年痞子蔡在互联网上发表《第一次的亲密接触》网络文学兴起（这同时也是内容产业萌芽），人们才逐渐把雅俗分野与接受问题联系起来。网络文学发展至2010年代亦即“三网融合”开始之时，便与文艺的形式化、娱乐化思潮以及稍后到来的从物质生产角度把握文化产业的思潮结合在了一起。此时，文艺的接受问题史无前例地突出出来了。在这种情况下，与以评奖、授家为主要手段的评价体系相对立的市场评价体系正式确立了。

当然，这一评价体系的某些元素、保证这一评价体系的某些机制早就出现了，但直到由网络文学发其端的内容产业完全确立之时，这一评价体系的要素，才构成了“全要素”，表现在：1. 文艺各种类均具备了各自的市场评价标准。2. 由于业者的业绩反映着他们的生存状况，致使这一评价体系正迅速转化为他们人生价值观的一部分。3. 这一体系设立了自己的荣誉殿堂。4. 这一体系为官方所容忍，优秀业者的荣誉感甚至部分地来自官方不少人员的艳羡。在这一评价体系完全确立之前，评奖授家体系中不专业、不民主、不干净等内幕便不断被揭露，在这一评价体系的映衬下更加暴露无遗，从而其感召力大大衰减。

对比市场体系，以评奖、授家为主要手段的评价体系的痼疾是：1. 因垄断性而违反艺术发展规律。文学艺术的促进方针是百花齐放，因为文学艺术作品红花不能代替紫花，各美其美，奖项过于垄断定会更加挂一漏万。多年来，官方致力于评奖科学化的手段大多是“整顿”即消除文艺评奖“过多过滥”现象，这样做进一步强化了垄断。一些奖项的垄断地位被强化后，人们寄希望把它搞好，但大前提已经错了：没有竞争压力的垄断单位和垄断事业怎么能搞好呢？要知道，这些奖项本身也需要社会的评价，对这些奖项的评价来自别的奖项与之在公正性、科学性上的竞争。要允许乃至推动不同奖项之间的竞争，让它们在竞争中自生自灭，这样才能增强各奖项自我革新的动力。2. 因在相当程度上获奖与官位相联系而致使导向偏离。必须承认，官方的评奖授家是与官位相联系在一起的。这样做的恶果，是使一部分人很快丧失创作能力。3. 一切监督都流于形式，科学性、公正性难以保证。4. 为争官方奖，公开拉票弄虚作假甚至买奖已不鲜见，更有甚者，有官方行为参与其中。

对比官方评奖授家方式，市场评价体系的痼疾是：1. 只问接受面和经济效益不问接受效果。这样做，既违背了社会主义核心价值观，也违反了文艺发展的本质规律。长期运行，势必造成受众向善心理和审美心理的弱化，从根本上扼杀文学艺术的生命。2. 事实上不问作品质量。不问作品的艺术质量对创作者的成长极为不利，当创作者成为一个巨大的社会群体之后，必将造成严重的社会问题。

文学艺术的市场评价体系确立并与官方的评奖授家体系形成双峰

耸立之后，一种新的趋势出现了。这种新趋势从表面看，是生活在官方评价体系中的创作者开始重视市场反应，而生活在市场体系中的创作者则开始重视官方评价。但是，具体分析后便可发现，双方都不想用创作来适应对方的原则。在官方评价体系中生存着的创作者，除了用公款购买作品求得“市场效果”之外，“三网融合”之后纷纷“上网”，步网络作家的后尘。在市场评价体系中生存的创作者，一旦市场地位确立便腾出手来追求官方承认，其追求的方式与官方评价体系中生存的创作者追求的方式如出一辙。在两大评价体系各行其是、从业人员以不当方式反向追求的形势下，政府调整行为、确立科学的文学艺术作品和艺术产业评判标准、建立完整评价体系的最佳时机来到了。科学的评价体系应该是统一的，不应是分裂的。艺术品的评价标准是良好的社会效果与良好的经济效益的统一，两个评价体系中生存的创作者都必须以此标准校正自己的行为。政府应该以此标准对两类创作者分别提出不同的努力重点，堵塞不良目的实现的通路，以问题为导向，调整整个评价体系。科学的评价体系建立之后，文化产业创意成果必将成为两类创作者的巨大需求，从而大大促进文化产业创意的社会实现。

在适合以文化产业创意为引领的物质生产项目中实施文化产业创意对物质生产的引领。政府开展的“美丽乡村建设”“文化小镇建设”“特色小镇建设”“特色（物质）产品开发”等项目，有不少是适合以文化产业创意为引领的。所谓“引领”，就是在开发的顶层设计中，加上文化创意的元素，将文化需求作为项目的目标需求的组成部分。既然目标是产业开发，这种文化需求的目标人群就不是本村人或本镇人，不是自产自销，而是市场即“来客”。因此，这种产业模式在很大程度上与旅游业的开发模式是重合的，可以用旅游产业的文化创意加之于上。

以上所列项目一旦成为文化产业创意与物质建设的结合体，其中的“结合”二字就显得十分重要。需要注意的有以下几点：1. “一村一策”“一镇一策”分类施策。从原则上说，任何物质生产和物质建设都伴随着“文化＋”，但如何与物质生产和物质建设相结合却是大文章，不能把“文化”硬贴上去，“硬贴法”实施的结果是两张皮。第一层面，要将满足社区居民的生产生活之物质需求放在第一位，先将民俗结合进去。民俗属于非典籍文化，分为观念、情感和活动（仪式）三部分。第二层面，在第一层面的基础上，考虑“外人”对特色民俗三方面的要求，将民俗特色的三要素放大。2. 将特色文化产品开发与特色物质产品开发结合起来，使其自然地生长在“特色小镇”“美丽乡村”之上。3. 将特色物质产品开发与特色文化产品开发凝结在一种具体的物质产品或文化（精神）产品的开发之中。4. 在适合以文化产业引领的项目实施文化产业创意对工程设计的引导。总之，政府组成人员应高度重视文化产业创意社会实现的重要契机。

决定对传统文化具体元素的弃取，要以社会主义核心价值观为指导，以实现中华民族伟大复兴的实践需求和中国人的日用之常为参照。文化产业化进程开始以来，在对待传统文化的问题上，不少人产生了十分错误的理念，不少机构做了许多不当之事，归纳起来可分为四类。

1. 历史名人、故事层层挖，省级有省级重视的名人逸事，市级有市级重视的名人逸事，乡级、村级一直延续地挖下去。这些乱象的动因，有的是为了招商引资之需，有的是为了打造“地方文化名片”，有的是为了彰显文化建设之功，有的幻想开发文化产业。这种挖法，全然不顾“文化名片”所载价值观是否合于社会主义核心价值观，全然不顾对当前社会实践的利害，全然不顾百姓生活是否有需。这种挖法，幻想“所挖之物”成为地方名片，甚至有人幻想让“所挖之物”显灵为文化产业发展助力。但是，由于层层挖，以至于有些历史人物和历史故事知名度很低，地方不得不花大把金钱“打造”，造成劳民伤财。有的不顾“文化名片”全身龌龊也倾力“弘扬”，以致形成笑柄。有的将虚构人物也当成历史人物弘扬，将虚构人物的地区归属争得不亦乐乎，自以为这就是文化建设。

2. 在挖掘传统文化上陷入无目的，缺乏出产品求接受的理念。文化建设第一位的操作应该是出产品，接下来的操作就是求有效接受。之所以要挖掘传统文化，其目的是“古为今用”，用于生产文化产品。这个指导思想不树立，就会造成一味向古、奉古为上，其结果将造成人力、物力的巨大浪费。

3. 给当代地域文化乱贴古代名片。高喊此类口号已经害处很大，更有甚者搞复古建筑，这就更加劳民伤财、贻害无穷了。

4. 自觉或不自觉地将考古、遗产保护工作代替全部文化建设。

凡此种种，都是不良文化产业创意的社会实现，是不良文化产业创意与权力的结合。由于这种错误的结合十分强势（实际是错误的“长官意志”使然），致使优秀文化产业创意的社会实现遇到了强劲的竞争对手。有鉴于此，政府组成人员必须努力学习文化创意，调整政府行为。

政府应在打击不良文化产业创意之恶果中发挥主导作用。文化产业化进程开始以来，不良文化创意甚嚣尘上，由于它的社会实现率极高，给文化产业的发展已经造成了极大的伤害。由不良文化创意所结成的文化恶果，更是毒害了千万人。所谓不良创意，指的是违背社会主义核心价值观、带来不良社会效果且以违反职业道德甚至违法犯罪为操作手段的文化产业的创意。择其要者，列举如下。

1. 代人抄袭论文，收取钱财。文化产业化进程开始以来，以此为业者与日俱增。他们或者组织人手抄袭已发表和出版的论文论著，或者以某公开出版的刊物为依托以征稿为名揽取论文论著，然后巧妙编辑组合为有求者发表或出版论文论著，收取有求者的报酬，供这些人评职称使用。多年来，一批从事这一黑产业的人富了起来，同时极大地毒化了国家专业技术人员队伍，破坏了国家的职称评定工作。由于花钱造假买论文论著者中包括医疗、军工等十分重要的专业工作者，故这一黑产业给国家带来的间接损失难以估量。

2. PC时代的“流量为王”经“大数据和算法推荐”包装下改头换面剽窃内容。2017年10月16日，《财新》周刊宣布拓展收费，实行连新闻也收费的全平台全面正式收费。朱迅垚评论道："财新不只是要挑战目前知识产权意识薄弱，网络侵权横行的大环境，更是要创造一种内容的新消费模式，而最终目的，仍然是回归传统媒体的初心，就是要以高质量的严肃内容维护新闻伦理。"（《保护知识产权，重振内容产业》，《南方周末》2017年10月26日）《财新》周刊的果断出手，针对的是内容产业兴盛以来一种很有创意的恶行——大数据和算法推荐这一互联网新技术支撑和掩盖下的内容剽窃。操作者先是利用这一内容工具获取流量，然后再将获取的海量般的流量高价卖出，由于获取流量没有任何花费，所以操作者能够从中获取暴利。这种冠以新科技名词实属剽窃的手段隐蔽性强，致使内容生产者和拥有者的反击十分无力和无助。长此以往，势必造成内容创意和生产发生严重萎缩，给文化产业特别是内容产业带来不可估量的破坏。这种剽窃模式，实际是已经存在多年的"标题党""文摘版"们不付稿酬模式的升级版。

之所以将以上恶行置于"不良文化产业创意"中而不放在"不良文化项目"中讨论，是因为：第一，这些项目既要赢利，又要逃避法规的惩罚，有的还要给自己道德上遮丑甚至贴金，其创意"含金量"极高。第二，这种不良创意的社会实现有特殊性。它是资本负效应的产物，反过来又助推资本进一步发挥负效应，一直延伸到职业道德、社会公德并进一步挑战法律的底线。这种不良创意与资本的结合是一对一的、天然的、自产自用型的，从来也不可能见阳光见社会。由于不良文化产业创意与资本的结合（社会实现）具有以上特点，政府行为在遏止这些恶行时就必须将打击点从项目向上延伸。政府要代表公民督促立法，代表公民要求执法；要制定政府法规从看得见、摸得着的不良项目入手进行直接打击；要广泛开展保护知识产权的专项教育。只有"多管齐下综合治理"，才能从根本上消除这类恶行的存量、遏制增量。不良文化产业创意的滋生、蔓延和实现的强大力度，给予优秀文化产业创意的社会实现造成了极大的阻碍，随着内容产业的兴起和融媒体的实现，改头换面的不良创意、戴着科技桂冠的不良创意会接踵而至。因此，政府在打击不良文化创意方面任重道远。

政府行为来自组成人员的统一意志。因此，助推文化产业创意的社会实现，其动力来自于政府组成人员。面对迅速发展的文化产业，政府组成人员要努力学习新知识，掌握新理论，研究新情况，解决新问题。

第三节　文化产业创意的特殊实现形式

文化产业创意实现的一般形式是它的社会实现形式，即与资本相结合形成产业并在现代市场经济体系中运行。特殊实现形式的特殊性表现在：1. 此类文化产业创意其产生有必然性，创意者形成庞大群体，创意活动本身和产品均有一定好的社会效果。2. 此类文化产业创意的实现当然也意味着与“资本”的结合，但此类“资本”较为特殊，不具备用来赚取利润的含义和规定性。3. 由此类文化产业创意生产的产品不能或基本不能取得市场回报。4. 此类文化产业创意成果的实现每日每时都在发生着，“实现”的社会动力十分强大，求其势头衰减已非文化发展之课题而有待于社会的长期发展。因此，研究此类创意的实现，其用意既非助推，亦非遏止，而是因势利导。

对“人人都是文化创意家”状况的分析和引导。“人人都是文化创意家”是未来社会的图景，这一图景以创意成果的高质量为前提。社会信息化、文化产业化、经济全球化以及经济持续发展、社会相对平静导致这一图景的某些要素提前实现。当然，这必然使这一背景下文化创意成果“先天不足”、良莠不齐。“人人都是文化创意家”的实质，是文化产品的生产不属于商品生产，也不指望获取利润的文化创造活动十分活跃。此类活动参与者众多，因其投资创意者本人能够承受，故产出量很大，创意实现率极高，表现为“人人都是文化创意家”。书法、绘画、写作、影视等业，此种模式较普遍。

作为一种文化现象，“人人都是文化创意家”彰显出社会的进步，体现了社会公平，活跃了文化生活，为社会提供了大量的文化产品和文化创意的成果，代表着文化的前进方向。但是，由于这种群众性的创意活动的主体大多数创作能力较低，致使作品的接受面非常小，基本上属于“自娱自乐”“自产自销（消费）”类型。因此，这一艺术（文化）产出模型存在着负面的社会效果。

1. 在这种创作主体与接受客体基本合一的情况下，接受者的接受其文化质量是不高的。若属接受文艺作品，则审美的过程或淡而无味或走了偏差。从文学文本上看接受效果，通常存在着因语言非文学化导致无美感，因人物形象不立而导致无印象，因故事无故事性而导致无情感。书画尽管属形式艺术，但如长期“欣赏”自己的创作特别是长久地停留在低水平上创作，也会对创作者审美能力的提高有负面影响。至于频频出现的“农民拍电影”“家庭拍电视剧”等，作为一种文化活动无可厚非，但不要指望出现“杂花生树”即优秀影视艺术品从中产生（所谓普及基础上的提高并非这种意义），并且，这种活动也是有与写作同样的副作用的。

2. 由于这种模式中的创作建立在采用自己创意成果的基础之上，因此，不可避免地让创作者滋生对创意能力的自信，这是十分有害的，它会使当事人长时期地关闭自己头脑的门窗，难以接受任何新的知识。不少作者在几年中拿着自己的书持续地向他人“强行”介绍，自恋之深已无可救药。

3. 此类模式中投资虽然在投资人承受范围之内，但仍属一种人财物的浪费。不过，这里“人力的浪费”非一般含义，而是指创作者应该做更有利于自己身心成长的事情。多年来，社会对文艺上“普及与提高”的关系多有误解，认为只有创作上人数的普及才能出现精品力作，这是犯了逻辑上的错误。首先，“在普及的基础上提高”是针对接受者的教育方式，并且采用这一方式是建立在将文艺作为某种功利目的的工具之前提上的（无贬义）。其次，创作的普及与出精品力作之间绝对构不成因果关系。

之所以要对“人人都是文化创意家”的现象加以引导，主要原因是它已属既成事实且方兴未艾，这一文化现象背后有着坚实的经济社会基础。引导的主要目的和可能性，也不是培养写作者。从全民精神文明建设的高度看，培养欣赏者与培养创作者同等重要，但在战略布局上，要因社会阶段的不同而确定不同的工作重心。进入工业化社会以来，“世界三”的堆积越来越多，信息以超现实的力量大量涌现。在这一社会背景下讨论对“人人都是文化创意家”这一文化现象引导的主攻方向，毫无疑义应确定在引导创作者增强欣赏能力方面。

从提升人的整体文化素质看，培养这些人的欣赏能力比培养他们搞创作更重要。一个人欣赏能力的提高比固守低水平的创作状态对他的文化素质的提升更有意义，而且，停下创作来学习欣赏，本身也有利于创作水平的提高。因此，在具体实施上，很难将培训目的按欣赏与创作截然分开，但是在操作上一定要区别开来。对“人人都是文化创意家”文化形态中的作者进行欣赏的培训，其意义还在于社会缺乏对他们创作水平的评价机制。在市场上的失败已经使这一群体无动于衷，不影响他们对自己的盲目自信，发表和出版机制中的“三审制”早已名存实亡，发表和出版机构眼中的这批作者只是生意上的伙伴，对作品赞赏或挑剔只根据谈生意的需要而决定。因此，社会培训是给予其作品以学术性评价的重要机构。在这一机构里，他们以学生的身份存在，因此，较易接受不同意见。

综上所述，可见文学艺术的欣赏是一个重要的产业方向。教学的手段，可以采用电视或互联网模式，也可以采取“相聚在一起”的方式，也可以两种以上方式综合运用。教学方法，可以采取“以问题为导向”“带着问题学”的方式，将学习欣赏名作与解剖习作结合在一起。开展这一文化产业的社会动力很大。由于高校文科教育在培养创新型人才上不到位，高校一些真正有才华的教师对此也有积极性；高校外有一大批有创作经验和丰富知识积累的作家和专家，他们在高校“利益固化”“人才固化”的体制下难以自由地进入高校，开展产业化的人才培训恰好成了这一群体的用武之地。

要通过建立激励机制使人人创作止步于人人创意，使艺术成果不能上市的状况改变为创意成果可以上市的状况，使人人都是创作者转化为人人都是文化创意家。“人人都是文化创意家”文化形态中的作品不能出售，不等于作品中所含的文化创意没有经济价值，因为“怎样‘写’”和“‘写’什么”不一样。文化创意成果相对于作品而言当然只是“花”而不是“果”，在接受市场筛选中损耗率会很高，但是，这是文化创意社会实现中的题中应有之义，文化创意的群众化是文化创意成果市场的健康发展所需要的，是新型文化产业要素市场所需要的。文艺欣赏的教育培训业，就是这些特殊创作者创意成果交易市场天然的孵化器。举例说，一部作品写得不好但创意不错，教师很可能对作者说“你可能完不成这一任务”，或者说“你处理这个题材可能不如某某处理得好”。在这种情况下，作者转让创意的事很可能发生，创意者从新作者那里拿报酬便理所当然也是极易操作的了。引导创作者们将文化创意止步于自我实现之前，既有利于人、财、物的节约，也能起到倒逼发表和出版单位改革的作用，从而从根本上助推文化产业的良性发展。

对某些不能取得市场价值的艺术产业业态的分析和引导。全部艺术史是一部新的艺术品种不断创生、旧的艺术品种不断衰亡的历史。这里的“衰亡”其含义是不再作为现实的艺术品种而存在于社会，而是作为文化遗产进入博物馆。作为完整的艺术形态，在创作上，它的创作高峰无人企及；在接受面上，它的受众已分属于课堂、研究机构和生活的偶然所为；在理性关照上，它已失去评论家的注意；在文化形态的活力上，它已让位于新兴艺术。在现代市场经济体系中，它表现为失去了市场价值。然而，它的美还在，它所创造的美的元素正在消散，滋养着新兴艺术；作为创意之源，它还可以改变形态或混搭在其他艺术中不时进入市场。

对于已经退出现实艺术品种之列的艺术业态而言，它的任何项目都可视为艺术创意成果，“项目进入市场”都可视为文化产业创意成果。因为，某一特定项目进入市场对于尚有特定审美经验的人而言只是偶然，对于没有此类审美经验的人而言是破天荒。创意的元素主要集中在艺术品种上而不是集中在项目的其他要素上，例如，一出京韵大鼓上演，人们的注意力会集中在“京韵大鼓”上而不会集中在主题和故事上。因弘扬传统文化之需，因歌颂某一现实人物和现实事件之需，因演员评奖之需，上马此类项目已属寻常之事。就文化产业创意的社会实现而言，这是一种特殊实现方式，因为它是舍弃市场价值的策划和方案，它只求良好的社会效果。但事实上，没有良好的经济效益，是不会有良好的社会效果的，因为只有掏钱消费文化的人才是真正的受众。因此，决不能放弃对经济效益的追求。这样做的积极意义，是某些失去现实艺术品种资格的艺术品种不至于失传。此类项目的制作经费，通常有政府资助和民间赞助两种方式，互联网经济兴盛以来，也有采用众筹方式的。

要加强对此类文化创意实现形式的正面引导。1. 力争良好的社会效果。在出资人不要求经济收益的情况下，制作方发行方也不要放弃向欣赏者收钱的尝试。要从追求真正的社会效果的角度考量有偿接受，力争这种文化创意特殊实现形式的最佳实现效果。要把特定艺术品种作为对外宣传的焦点，在艺术展示的同时进行有关知识的传授。要努力多方面艺术创新，在不失特定艺术品种基本美学原则基础上，进行新的成系统的艺术整合。2. 在艺术品种不变的前提下，选好适应它的题材。艺术的题材与体裁（艺术品种）之间是相互对应的。如果以艺术体裁（艺术品种）为创意点，题材就要选适合它的。例如，一个纪实题材，如果它的故事矛盾不集中或人物无故事，不管主人公如何高大上，也不宜用戏剧形式表现。在这方面，改革开放以来失败的例子不少，究其原因，是两种目的强行嫁接的结果：出资方之所以出资，是为了宣传自己心仪的人和事（又通常是真人真事）；制作方之所以求资，是想搞一个多年未搞的项目，以弘扬某个艺术品种，因为这一品种后面，跟着一列长长的需要评职称、评奖和吃饭的队伍。因此，这种体裁与题材硬配的情况有必然性，一时难以改变，只好尽力而为。怎么办呢？劝出资方改用其他艺术品种。3. 文化产业化发展到一定阶段，政府和社会资本对一些失去现实艺术品格的艺术品种的赞助欲望会大大增强。不以宣传什么主题或对象而专门为某种艺术得以传承和扩大影响为目的的赞助会多起来，另外一些偶然因素例如出资人的偏好、与制作人的特殊关系等，也会成为赞助的动力。因此，将这些艺术品种作为创意点，视这种艺术史的钩沉为创意，意味着应高举“品种”特色的旗帜，这是与人等价交换的资本。以赞助的名义获取的制作资金虽然不是卖作品（或门票、播映权、光盘）的资金，但有时收益并不小。4. 以地方文化名片的名义“潜伏”在适合的企业中，对创作者的管理试行“一身二任”，创作的量依实际需求而定。这种方式类似于赵本山电视剧故事中将二人转放在饭店里的做法，二人转的演职员平时在大饭店里有当服务员的、有当厨师的，各司其职，来了宾客上台就演。很多艺术品种影响区域很小，远不如二人转，有的也就是在一个县、几个县中有影响，采用这种方式是上策。在这种文化创意实现模式中，创意点更是特定艺术品种而不是内容。受众的欣赏不可能经常化，好奇、特定生活环境（例如旅游来到某地）、不付费以及观赏的碎片化构成这类艺术项目的接受心理。这种实现方式，实际是把文化遗产保护与适度开发结合了起来。事实上，对于文化遗产而言，没有适度开发，保护便毫无意义。因此，不少业者从遗产保护的角度向政府申请公益资金支持是理所当然的，但是，由于讲不清开发对保护的意义，讲不清“适度”的必要性和可能性，致使这一创意难以实现。讲清这些道理，加上做出样子，这种特殊实现方式便可大行其道。

总之，以失去现实艺术品格的艺术品种为创意点，要在艺术品种上大做文章，而与政治任务相结合、与资本持有者做软广告的目的相结合只是权宜之计。这种艺术创意所采取的特殊实现方式虽然不能直接从市场获取良好的经济效益，但仍可间接地获得。由于经济效益与社会效果二分，故此类模式中受众对艺术的接受是形式（艺术品种）而不是内容，弄清此点对于创意人而言极其重要。

对优秀文化产业创意成果由创意人自我实现模式的分析和引导。这一模式与“人人都是文化创意家”背景下由创意人自我实现的模式有一个共同点，就是自我投资，二者的不同点很多，核心在一个是优秀的文化产业创意成果，具有社会实现之可能性，一个是水平不高的“主意”，即个性化的、未必有创新意义的、难以社会实现的“创意成果”。

采用由创意人自我实现的模式，创意成果必须是在题材、体裁诸方面有创新性。文化产业创意成果是否可行，从根本上说只有看其能否社会实现才能判定。但是，创意成果只要具备了原创性，就具备了实现的可能性。有创新性，就有成为经典的可能，就有开拓市场赢得受众的可能。“人人都是文化创意家”模式下以产品（作品）显示出的个人“创意”，绝大多数不具有文化创意学意义上“创意”的含义，只能说是出自个人的一个主意而已。创新性越强，文化产业创意成果保护产权的必要性越大。因此，创意成果创新性强也是一个采取特殊实现方式的原因。

采用由创意人自我实现的模式，创意成果必须是一个从顶层设计到实施路线图、从艺术构想到生产管理再到营销策划的完整方案。文化产业的创意不是灵机一动的一个主意，它从产品（作品）的构思开始（即便是产业开拓也必须从作品产品构思开始），但要完成这一作品从生产到销售到接受整个流程的设计；或者说，后者的许多要素本就是作品创意的元素。文化产业是物质的形态化工程，有着物质生产的某些特征。因此，文化产业创意也应是一个工程设计，是一个经济流程的设计，从投入到产出再到销售，要进行全方位的经济核算。顶层设计无论怎样严谨周密，它与具体操作也还会有距离。因此，除了尽最大可能搞好顶层设计之外，还要规划路线图。路线图是操作的逻辑，不该干的干了，该干的没干，该先干的滞后了，不该先干的超前了，都会影响项目的质量和经济效益，有的还会影响社会效果。生产周期长的文化产业项目，必须预测出品时机。作品（产品）的完成时间不等于作品（产品）的“上市”时间。何时出品是一篇大文章，出品太超前了影响受众的接受（此种情况下应配之以灌输措施），太晚了也影响受众的接受。一句话，这是一个获取良好经济效益的问题，也是一个获取良好社会效果的问题，也是一个二者如何结合的问题。

采用由创意人自我实现的模式，创意成果必须出于资深创意人之手。强调这一点理由有二：1. 虽然“名人不一定总出名作”，资深创意人也不会每个创意成果都优秀，但是，实力和经验总是一条搞好事业的基础，也是选人做事可操作性的考量之一。2. 创新程度高的文化产品通常须伴随着高质量的施工和操作，创意人、投资人和工程负责人集于一身，有助于项目的成功。但需要特别指出的是，这是以创意人有全面能力为前提的。从创意到施工距离很大，好的创意人不一定是一个好的实干家。因此，要高度注意此点的应用范围。

采用由创意人自我实现的模式，创意成果必须在小范围的精英群中得到肯定。为了解决泄密和验证之间的矛盾，可以采用小范围精英讨论的方式对创意成果进行论证。创意人在定下自我操作的决心之前大多数也会主动这样做。在简单的（即物态化程度低）艺术生产例如在某部小说的创作中，就“主题”“写法”征求意见（即论证）的事例更为常见。

采用由创意人自我实现的模式，创意人要将创意成果适当进行中试。例如，可以先将题材、体裁和部分片断与受众见面。这些受众可以是精英层人士，也可以随机选取，也可以两者结合。中试的手段因业态的不同而不同，各业态都有各自成熟的中试手段，例如，教育培训业可以先试讲、试听、试卖票，电视节目可以先拍样片测收视效果和收视率，从创意到剧本写作可以先让作者写片断，等等。

尽管规定了由优秀文化创意的创意人直接操作的种种前提条件，还需特别指出，这只是文化产业创意实现的特殊方式，不可滥用。

对争取政府支持这一文化产业创意实现形式的分析和引导。争取政府支持主要是资金投入，分为两种方式：1. 创意出于己手，或要求政府给予启动资金，或要求政府全额投资，或对支持资金“量入为出”。产业化进程开始以来，“围绕中心、服务大局”搞创意的居多。这种创意实现率较高，容易批准，但自我创意的成分大打折扣，因为政府实际上已经给划定了范围。业内人士常将此种方式称为“吃主题饭”，话虽不好听，但只要作品能够获得良好的社会效果，动机与效果就是统一的。但是，端正申请政府支持的指导思想也是十分重要的，把动机定在“花了公家的钱就是胜利”的基础上，很难搞好项目。2. 离具体任务较远的创意争取政府支持较为困难。为了成功，不但需要向政府组成人员论证，必要时还要拿出中试产品来。但是，这种创意一旦成功获得政府支持，它的“含金量”较高，这意味着作为一个文化创意家或创意机构的成果在更高程度上获得了非创意人的承认。实际操作中，可以把“启动资金”的申请、“量入为出”思想指导下的申请，“全额投资”的申请等等结合起来，循序渐进。

要求政府支持的创意者必须充分认识到，这一实现形式是文化产业创意的特殊实现形式，它必须上接个人的责任担当（优秀文创成果直接由其创意人实现模式），下接市场开拓和受众开拓。政府支持的目的，是帮助业者实现良好的社会效益和良好的经济效益，业者有违这一目的行为绝不可行。利用创意向政府寻求支持这一文化产业创意的特殊实现形式与政府助推文化产业创意的社会实现是一个问题的两个方面，两方面必须相向而行。

第十章　文化产业创意能力的培养

文化创意学的根本任务，不是总结罗列一个个文化创意的实例，也不是具体分析文化创意的若干思维方向，而是培养人的“无中生有”的文化创新能力，造就千百万文化创意家。造就文化创意家的办法从哪里来？从创意人才的成长经验中总结而来。从大量优秀文化创意家成长的经验中，加以由表及里、由此及彼、去粗取精、去伪存真的分析，总结出带有规律性的东西来，并以此为教材培训人才，这就是造就文化创意家的有效方法。

第一节　文化产业创意人才成长的社会环境

社会环境对于文化创意人才的成长至关重要。这里的“社会环境”是指与文化创意人才直接有关的社会环境，它是制定个人自修方案和社会培养方式的出发点。

2008年文化艺术出版社出版《文化产业创意学》，标志着文化创意学的诞生和学科建设的起步。在此之前，“文化创意”还包裹在“文化创意产业”一类的流行语中。经过十多年来业界有识之士的共同的努力，经过“中国文化创意和文化产业创意高峰论坛”等一系列活动的开展，“文化创意学”作为一项专业和一个学科被越来越多的社会成员所认同。尽管文化创意工作“古已有之”，1993年后逐渐凸显，专门从事文化创意工作的人士已成阶层，但由于它作为专业和学科没有形成社会普遍共识，大大影响了文化创意人才的成长。

至2018年春，绝大多数教育机构中含有“创意”或“文化创意”字眼的专业，都没有将专业定位在“创意”或“文化创意”上。个别高等院校的某些专业之所以带上了这些字眼，是因为受了“文化创意产业”“创意产业”之类流行语的影响，没有进行过严肃的学理性的专业设计。教育机构中以上“专业”的纷纷设立，强化了对“文化创意”的舆论覆盖，阻碍了“文化创意”专业的设立，阻碍了人们对“创意”的注意，同时阻碍了“文化创意”的专业化和学科化，阻碍了文化创意人才的成长。

至2018年春，群众性文化创意活动已成燎原之势，中国文化创意的群众性充分显现。1993年央视以350万元高于成本的价格买下电视剧《爱你没商量》的首播权，文稿开始拍卖，演员“走穴”浮出水面……文化产业化大幕由此拉开。在文化产业化催动下，文化创意的群众性日渐凸显。

文化创意的群众性有两个显著特征：一是文化创意的社会化实现率有待提高，个性化实现率之高史无前例。个人自费出书已成风潮，个性化电影行为屡见不鲜，个人传记汗牛充栋，“个性＋权力”的文化工程如雨后春笋……这些文化项目有的质量很低，有的受众很小，但它们却是个性化文化创意的载体，是个人愿景的现实化。这些文化创意的实现，造成了大量的文化堆积（玻普尔：世界三），消耗了大量的人力物力，构成了不可忽视的文化现象。二是文化创意的实现采取了互联网的形式。互联网作为文化产品的载体和传播工具，不但为文化创意的个性化实现创造了条件，也为它的社会化实现创造了条件。个性化实现率和社会化实现率的提高大大激发了人们进行文化创意的积极性。这种积极性，这种超高的个性化实现率，这种“人人都是文化创意家”的现实感召，对于文化创意人才的成长是一把双刃剑。一方面，个性化的创意越多，传播越便利快捷，社会化实现的概率也就越大。另一方面，由于个性化文化创意中的大多数属于直接的文化产品（如网络“段子”等），由于个性化文化创意通过个人投资方式或“个性＋权力”的方式很容易实现，并不需要通过社会机制来实现，将会大大减弱这些文化创意者学习文化创意的积极性。文化创意的个性化实现方式虽然满足了他们个性化文化需求，但这种需求难以达到精神文明提升的目的，有的还有副作用。这种形式的文化创意的成果虽然主要是“自产自用”，但它毕竟进入了社会，特别是一大部分作为直接文化产品的文化创意，已经发挥了影响社会的功能。因此，这种文化现象对大力培养文化创意人才以提升创意水平提出了紧迫性。

至2018年春，学历教育体制未达到培养创意人才的要求。这种现状告诉我们，培养文化创意家不能仅依赖学历教育。

至2018年春，不良文化创意的势头依然强劲。不良文化创意在这里不是指不能实现或难以向现实文化生产力转化的文化创意，而是指那些社会效果负能量的文化创意。这样的文化创意，因为能够获取一定的经济利益甚至暴利而具有极大的危害性。

“将主旋律娱乐化”是长期以来一种极端有害的创作倾向。1993年以后，“娱乐性”逐渐成为不少艺术家尊崇的创作导向。我们不反对文艺作品有娱乐性，但不能无边地淡化文艺作品的劝善功能和审美功能。体现社会主义核心价值观的主旋律作品不能娱乐化，这将导致价值观的严重错位。许多“手撕鬼子”的抗日神剧正是在追求娱乐效果的指导下抹杀了抗日战争的正义性和严肃性。更有甚者，有的作者将暴力、窥秘和性作为娱乐性作品的“三大密码”，依靠这些“密码”任意编排所谓“作品”。这样的作品，抽掉了文艺的劝善和审美的根本特性，对广大受众特别是青少年受众有着极大的危害性。“将主旋律娱乐化”之说是社会舆论对那些无止境追求作品娱乐性行为的批评，当事人并不承认，他们只是认为不过是追求作品的娱乐化风格而已。实际上，无止境地追求娱乐性，势必会让受众产生游戏的错觉，将主旋律本身“娱乐化”。

利用“批评报道”进行敲诈是多年来的一个顽症。二十多年来，中国不少纸介媒体靠广告收入和发行收入难以生存，利用搞“批评报道”进行敲诈或变相敲诈就成了一些报刊的生存之道。利用“批评报道”搞敲诈，极大地损害了媒体的公信度，毒化了媒体队伍，败坏了社会风气。

封建迷信至今严重影响着我们的社会生活。随着科技和生产力的发展，随着社会信息化、文化产业化和经济全球化的发展，封建迷信并未消亡反而改头换面顽固地缠绕着人们。这个“改头换面”，就是“文化创意”，只不过是不良的文化创意。从婚丧到社交、生意，封建迷信几乎无孔不入。作为一种文化形态，封建迷信与人们的祈福观念混杂在一起，将会长期存在，新的表达形式也会层出不穷。因此，这类不良文化创意是体现先进文化前进方向的文化创意实现的巨大障碍。

至2018年春，以失重想象为支撑的网络创新依然强劲。本题的意涵，不是指性、暴力、窥秘等不良网络文化创意，而是指一般的网络文化创意中“不着调”的元素。网络发表和传播机制大大激发了网民的创造力，这是一个极好的现象。在这一机制下，泥沙俱下、良莠不齐也是正常现象。这类文化创意可分为以下几种：第一，语言垃圾。语言是文化的重要载体，垃圾语言必然会造成垃圾文化产品。这类语言无所本，是一种错搭心理要素的想象之物，它们对汉语体系起着瓦解和破坏的作用。用形容词给实物起名字，毫无根据地创造形容词、副词、打乱逻辑地组句，都属以失重想象为支撑的文化创意。第二，泯灭善恶分别、打乱生活逻辑的叙事“穿越”。不少网络小说靠这种不着边际的“穿越”演绎“故事”，构成垃圾语言的集合体。第三，用网络游戏套路复制生活，即网络小说的网游化。这是一种极其有害的文化创意。它的有害性，虽然不在政治层面，但对受众特别是对青少年受众有着比政治层面更为强大的负能量。

应该看到，当前文化创意实现的社会机制还不成熟，文化创意成果商品化还难以实现，文化创意向现实文化生产力的转化还缺少强有力的政府和市场的推手，文化建设的利益驱动其副作用已充分显现，政府一些文化建设的着力方向仍然以形式主义的“落实上级旨意”为驱动，政府的文化人才培养范围仍然囿于体制内人才，物质生活中的文化创意依然受物质生活水平的制约，社会生活中的文化创意依然受着着资本负能量的掣肘。文化创意实现的社会机制是文化创意人才成长的襁褓，没有这个机制，文化创意人才就难以形成规模，形成梯队，优秀人才的出现就只能是一种历史的偶然。

第二节 文化产业创意能力的自修

在文化创意实现的社会机制尚不成熟的社会条件下，文化创意能力的自修显得尤为重要，因为能否成才主要依赖于社会成员自己的努力即主观能动性。即便是将来文化创意实现的社会机制成熟完善了，外因也还是通过内因才能起作用，自修也是主导的方面。自修强调的是学习和创造的能动方面，而人的主观能动性又是与学习与创造互为因果的。因此，研究人的自修，实际也是寻找一个相互激发的机制。

一、导师制的两面性

不少学者提出“不要导师，不当研究生”的观点。这一观点基于以下考虑。

（一）人的创造力是和自我探索分不开的。“嗟来之食”节省消化力，但也会造成消化力日益退化。曲折、弯路也是造成人的创造力的重要元素。黑格尔有言：现实的就是合理的，合理的就是现实的。此话用在人生上，应解读为既成现实无论好坏都应该担起来，都应该从中汲取前进的动力。好的，对自己有利的东西，不要背成绩和荣誉的包袱，而应该轻装上阵，继续前进；坏的，对自己不利的东西，不要埋怨、气馁，不要后悔或怨天尤人，而应该吸取教训、勇于承认，撕掉面子。既成的事实中必定含有造成这一事实的主客观原因，直面这些原因，特别是直面自身的原因，才能吃一堑长一智。经过探索主观上认定为合理的东西，就应该加强自信力，坚持干下去，哪怕是有困难有曲折也要坚持下去。在坚持中，在理论的现实化中，不断验证理论向现实转化的阶段性效果，做到既有坚定性、原则性，又有妥协性、灵活性。以读书的选择为例。假如有十本文学概论，导师指定其中一本为必读书，其他九本当然可以不读，这样可以节省时间。从知识的继承角度看这种处理没有错误，但从人的创造力的培养看未必正确。其他九本不读了，就没有了比较，就会影响对导师指定书的理解。同时，也就不能从这种比较中领略各家不同的思维路径。

（二）有了导师，师生间自会有感情生长，这种感情会影响后人对前人的批判，而任何创新都意味着后人对前人的批判。

（三）如果导师水平不高就会误导学生。

（四）如果导师人格不高就会固执。

（五）如果过分强调规矩就会对后学形成束缚。

有导师自然也有好处，不然，全世界的教育体系为什么都实行导师制呢？导师制的好处，突出地表现在知识爆炸的现代社会能够引导后学走捷径。文化创意是一种无中生有的能力，对一万件创意实例的熟知也不等于创造出了一个案例。因此，在导师制下，导师是主导，导师如何导，后学如何学、如何对待导师，则是一个核心问题。为了让后学形成能力，导师不能越俎代庖，不能要求后学跟随爬行。当然，学生也非完全被动。西哲先贤倡导：吾爱吾师，吾更爱真理。中哲先贤倡导：三人行必有我师。学生可以从先贤教导中找出一条对待导师情理二分的办法来。

二、从现实中寻找合理性

现实就是事实，无须论证，包含了本质的或非本质的原因。在现实事物中寻找它的合理的一面，寻找它形成的原因，这就是创造，这就是创造性的思维。然而，并非现实的东西都会很自然地进入人的视野，“熟视无睹”说的就是这种对现实漠视的状况。养成文化创意能力，需要善于从最普通、最常见的事物中寻找一个“为什么”。今天已经进入常识的“太阳为什么每天升落”“苹果为什么会掉在地上而不会飞走”等，都曾是科学史上的重大问题。这就是人们常说的“对生活的陌生化”。这种陌生化导向理性，就会产生理论；导向形象，就会产生艺术。马克思就是从资本主义社会中最普遍、最常见的商品开始揭示资本主义生产方式的秘密的。养成创意能力，需要对新生事物保持高度的敏感性。相对于“将生活陌生化”这是较为容易养成的思维习惯和唤起情感的习惯。我们处于一个中西文化大交汇的历史时期，新的文化因子不断出现。1993年之所以重要，就是因为那一年伴随着邓小平1992年视察南方谈话的发表，新一轮中国改革开放热潮涌起，文化建设随之升温，新的文化因子不断出现。1993年，许多史无前例的文化现象被民间创造出来，怎样看待和对待，由中央电视台和中共河北省委宣传部合拍的大型文化专题片《文艺女神沉思录》回答了当时出现的一系列热点问题。这部片子所持有的思想方法，便是从现实性中寻找合理性，从合理性中寻找规律性，从规律性（本质和本质之间的关系）中寻找对待它的方法，预示它的发展趋势。

三、从合理性中寻找现实性

从实际操作讲，从合理性中寻找现实性就是一种选择信息和吸收信息的习惯。在信息化社会条件下，选择信息对人的创新能力的成长显得十分重要。我们常常见到这样的情况，一些青少年打游戏机的能力和对演艺明星的记忆十分强，但读书能力、课堂学习能力不强，这说明他们的记忆力、理解力并不差，只是兴趣点在前者而不在后者，说明他们已经形成了选择前一类信息而屏蔽或抵制后一类信息的习惯。形成对特定信息的选择习惯有文化基础的因素、年龄的因素、生理和心理的因素、环境（包括交友、家庭等）的因素，等等。

改变对特定信息的选择习惯（也就是兴趣）十分困难。困难之一，是思维有惯性，积习难改，这是心理学的一般规律，与内容无关。这种思维惯性表现在，越想吸收吸收得越好，吸收的越多越想吸收。困难之二，是“从善如登”，学习知识，培养能力，需要克服生理和心理上的困难，克服排斥作用。斯坦尼斯拉夫斯基的导演体系之所以强调“最高理念”，就在于他意识到演员对于角色的塑造需要克服生理上和心理上的困难。

改变对特定信息的吸收习惯，克服改变上的困难，培植新的习惯，一靠自己的意志力，二靠外在因素的助力。每个人的情况不同，依靠的方法也不同，一般是两因素同时发力。需要指出的是，外在因素的助力，包括强制的成分。中国梨园行有“打戏”的传统，这一教戏方法的长期存在说明它有一定的道理。选择信息，要以如何使自己成为一个有用的人也就是一个合格的劳动者为第一参照，以如何使自己成为一个“大写”的人也就是一个高尚的人为第二参照。要屏蔽不良信息的输入，要减少无用信息的输入，要把这种屏蔽和减少形成习惯。在文化创意能力的形成上，如何吸收信息十分重要。古人提倡“读书常存三分疑”，说的就是吸收书本信息应该采取的方法。信息是事物存在和运动所显露的状态。在信息化社会里，信息通常是由各类形式的媒体制造的，也就是说，它对于接受者而言是经过了改造的，是“二手”货。报道与不报道（相对于受众而言就是能否收到）本身就是观点，有的报道还附带着视角和评论，有的信息就是理论信息（如某些教科书、理论著作、媒体社评等），其所谓“事实”是经过了人为的筛选作为论据的。同时，当今社会信息传播的大众化、再造性（包括造谣）、传播速度和发布量都是史无前例的。这一现实给受众的选择造成了困难，大大提升了科学吸收的必要性。也就是说，哪怕你选择正确，哪怕信息在内容上是真实的，理论观点有合理性，在吸收上也要强化“怀疑”的心理，以防止选择上的失误。为使自己文化创意能力得到有效的提升，当然止步于对所选定信息的怀疑是不行的，这种怀疑只是导向验证的心理基础。要在别人所提供的合理性中寻找现实性，也就是要“小心求证”，在现实中找出它的实例。

这种从合理性中寻找现实性的思维历程，就是文化创意，就是文化创意能力的累积。第一，这种寻找能够发现理论的错误，进而修正既有理论的错误乃至推翻既有理论另创新说。第二，对正确的理论进行细化或补充，为现实中的可操作性和偶然性建立理论模型。在合理性中寻找现实性，不仅是吸收信息、学习理论的重要方法，也是创建新的理论模型的重要方法。胡适所说“大胆假设”，即要勇于推出新说；“小心求证”，即将理论模型与现实对比，验证理论模型的正确性。当然，从总体上说，实践是认识之源，也是验证真理的唯一标准和终极裁判。因此，任何一个具体的理论模型自然不是只有等验证完毕才能视作正确的理论，才能应用和传承，而是在应用和传承中不断验证。验证的过程就是在合理性中寻找现实性，通过对事实的累积和归纳证明具体理论的合理性、正确性。正是在这个意义上，不少政治家主张“知难行易”，不少理论家倡导知行合一且视行重于知。

四、交换、比较、反复

“交换”就是“见贤思齐”，相信“三人行必有我师”，善于从别人身上学习好东西。要善于在与他人见解的互换中，获取对自己学说的肯定、否定或部分肯定与否定的意见，用以改良自己的学说。交换是一种人与人思想的交流和沟通，说来容易做起来很难。第一，要有打破级别、阶层、性别、年龄障碍的勇气和能力。以上身份方面及其他影响交流的障碍，都需要勇于打破、善于打破。第二，要从尊重他人、善于发现他人学说的正确性中打开交流之门。第三，要强化交流的质量。要从选择交友开始提升交流的质量。

“比较”可以在交友中即在与人交流中进行，也可以在独立的思维中进行。更多的是拿既有理论进行比较，认为是正确的与认为是错误的进行比较，就认识的高下进行比较，不同学科的同理或近似之理进行比较，不同人的学说进行比较，同一专业的不同教科书进行比较。在这种比较中，不但能鉴定出正确的学说，也能提升自己的文化创意能力。

“反复”就是反刍与温故，以达到巩固记忆、强化理论思维能力和联想能力的目的。有一种学习方法被戏称为“熊瞎子掰棒子”，掰一个丢一个，这就是不反刍、不温故的学习方法。一些青少年创新能力差，其原因与应试任务太重有关。应试压力过大，知识塞得过满，闲暇时间丧失，就会造成心理空间被填死，没有精力和时间对既有知识进行反刍和温故，创新能力自然会日益萎缩。“反复”也是对理性知识和感觉的“陌生化”。对既有理性知识做“陌生化”的心理过滤，就会从“知其然”过渡到“知其所以然”，这是新知产生的基础；对既有生活进行“陌生化”的心理过滤，就会从无情感伴随过渡到有情感伴随，这是新艺术产生的基础。

交换、比较、反复是认识事物规律的方法，也是体验生活的方法。虽然它是科学的方法，但只有化而为人的主观欲求才会发挥作用。

五、能动性的由来

能动性即人的主观欲求，是人的创造力形成的原动力。从根本上说，人的能动性是社会实践的产物。然而，正如孔子所说，“吾未见好德如好色者也”，人的对于人格高尚的追求不是人的自然属性的随性发挥，人的知识的承继和创造力也不是不经过后天修养所能达到的。对真善美的自觉追求要经过刻苦的训练。因此，这一问题似不应在“文化创意能力的自修”这一题目下论及。然而，无数先哲、先贤的人生告诉我们，人对于真善美追求的能动性是能够通过自修而达到的，人对于假恶丑的抵制力的能动性也是通过自修所能够达到的。这种超生物性的属性，恰是人的本质属性，它与人的本性、人的能动性来源于社会实践并不矛盾。外在的教育，要把目标定在启发这种能动性上；内在的能力，要把社会责任感转化为主观能动性。从自修的角度讲，莫以善小而不为，莫以恶小而为之，莫以微知而漠视，莫以错小而不纠，莫以常美而麻木，都是自修所力所能及的。

求知的能动性即问询“什么是”和“为什么”的心理惯性。一旦这种心理惯性形成了，人的求知的能动性就会与日俱增。这其实是少年儿童的正常的心理特征，也是人类“童年”的社会心理（无论是中国古代还是古希腊，均是如此）。人们常说的“童心未泯”，其中就包括着对知识的好奇心。“什么是”和“为什么”的初始追问有两种方法，一种是玄思之法，一种是经验之法。前者是演绎之法，后者是归纳之法。及至人类经验的积累已成高山的今日，“什么是”和“为什么”的追问仍然离不开对既有概念的解析和建构，对既有概念内涵和外延的不断解析和建构，构成人类真理发展的历史长河，也是生命个体累积能动性即求知之心理惯性的有效方法。

“什么是”和“为什么”的追问也依靠经验的归纳来回答。理性总结是真正的经验累积，它因此而产生能动性。“什么是”和“为什么”的心理惯性一旦形成，它的追问对象就会越出人的已知而进入科学。

人的美感之所以也能产生能动性，是因为：第一，美感是随着人的成长而增长的。第二，随着年龄和阅历的增长，善恶观念也在不断强化，人的认知也在不断发展，“善”与“知”对美感的导向作用也会越来越强（包括美感向“善”与“知”功能的转化），审美的“能动性”也就凸显出来了。然而，对于生命个体而言，审美的能动性是有差距的。这种差距有先天的因素，也有后天的因素。强调后天的养成是文化创意学所必须坚持的。要把这种与生俱来的人脑的机能充分利用、尽情发挥，就要亲身参加社会实践和审美活动，养成习惯，从早年到暮岁，持久地保留下来。审美的能动性与认知的能动性一样，它表现为一种心理惯性，一种不需要刻意而为的下意识。有了这种下意识（心理惯性、无意识），就会大大提高捕捉美的因子的主动性，文化创意的灵感才会发生。“只有意识到的时候，意识才是存在的”，求知和审美的能动性也只有能动性存在的时候加以强化才是可能的。这如同一辆汽车，不能等到没有汽油了再加油的道理是一样的。意识的惯性（能动性）既表现为如物理学规律“静者恒静，动者恒动”，也表现为不可中断性。

第三节　文化产业创意能力的教育

文化创意能力靠自修，也靠教育。教育是能力成长的外因，外因只有通过内因（自修）才能起作用。因此，教育要坚持启发性原则和因材施教的原则，教育的方法不能想当然，而应该依据优秀文化创意人才成长的现实条件来确定。将一定量的优秀文化创意人才成长的现实条件统计起来，找出共性，舍弃偶然性，用以因材施教，便是文化创意能力的教育方法。

基本的学制教育是文化创意能力的培养基础。一般地说，学习文化创意应具备高中以上学历。这一阶段的学习内容，就是学制教育的内容，靠这一基础教育启发心智，为将来学习文化创意打下基础。很显然，这一设计是不支持偏科教育的。

与其他专业的教育一样，文化创意能力的培养也要从青少年抓起。当然，在这一原则之下，任何年龄段的人学习文化创意都应该欢迎，因为即便错过了最佳年龄段，学习也会有效果的，有成就的文化创意家不乏“半路出家”者。

一、向善教育是越出学校教育的第一项重要的教育内容

向善教育的重要意义在于：1. 如黑格尔所认为的，恶常常是推动社会前进的力量。历史是在历史主义与伦理主义二律背反中悲剧性地行进的，在道德上被视为恶的贪婪、自私、欲望等，却又是生产力发展所难以避免的，这也是向善教育显得重要和艰巨的原因。但向善教育的目标不应定在“善人”的层出不穷之上，而应定在人的行为不触犯法律的底线之上，定在培植人的善的情怀之上。2. 与以上相联系，善的情怀是文化建设所需要的。正因为社会中有恶行存在，在意识形态领域，必须展开对恶行的批判。文化创意是文化建设的前期工作，没有向善的文化创意，就没有向善的文化产品。文化创意者只有具备善的情怀，向善的文化创意才能够做出来。

二、情感教育是越出学校教育的第二项重要的教育内容

情商的高低与文化创意能力的高低成正比，前者是后者的心理活动的发动机。人的情商主要来源于刻骨铭心的体验。群体经验表明，只有备尝生活中的苦辣酸甜才能铸成爱恨情仇，只有真实的人生才是情感教育的最好方式。但是，文化创意需要向善的健康的情感，这样的情感需要他助、引导和教育。

在情感教育的方式上，家庭和社会都存在一些误区。在家庭教育上，不少人热衷于对后代爱的“填鸭式”教育，希望通过对子女无限度地施爱，激发他们对长辈的爱，这样的方式被经验证明是不妥的。这是因为，首先，善良的情感不只体现为对家庭成员的爱，还体现为友爱、情爱等，上对下的施爱方式所追求的目标太狭隘了。其次，单向的爱的给予并不能培植善良的情感，这是被无数事实所证明了的。在社会教育上，存在着将情感教育“功课化”“学科化”的错误倾向，例如，像布置作业一样安排某些项目，办“训练营”之类。

既然情感教育是家庭和社会所必欲为之的文化现象，向善的健康的情感又的确需要他助、引导和教育，那么，需要对情感教育的方式进行矫正。第一，取消所有“模拟化”、文艺节目式的“情感体验”，这种方式不但无益，而且有使受教育者淡化情感的副作用。第二，施行垂范式教育。“有样学样”是情感教育中的普遍规律。家长和社会教育者要注重率先垂范的方式，为受教育者做出榜样，以“身教”带“言教”。央视多次播放的“为长辈洗脚”“让路”等公益广告，就体现了这种方式。第三，要高度重视文艺作品的感化作用。欣赏文艺作品貌似虚假却给予人的心理以真实的效应。古语所说“文以载道”“兴于诗，立于礼，成于乐”“读三国掉泪，替古人担忧”，描述的就是文艺（原意比文艺更宽）对人的教化作用。教人欣赏文艺作品，不宜将文本分解为理性的“中心思想”“时代背景”“段落大意”等几大块，而应循循善诱，让受教育者对文本总体感受。欣赏文艺作品的教育要注意分年龄段进行施教，在受教育者成年之前完成。

三、美感教育是越出学校教育的第三项重要的教育内容

美感教育与向善教育、情感教育有关。美感教育的最高目的，是使受教育者铸成审美的人生态度、完善的人格和文质彬彬的气质。现行美感教育的方法，重技与艺的养成轻综合感受的训练，重创作轻欣赏特别是轻视由欣赏直通情感的训练，这是应该纠正的。

四、“带着问题学”是培养文化创意能力的较好方式

带着问题学有如下含义：第一，急用先学。带着问题学的方法是以一定的知识积累和能力积累为基础的，脑子空空去解决问题是不行的，“临时抱佛脚”的学习方式不是带着问题学的含义。前文已述，一定的学制教育是文化创意能力的培养所必需的。学制教育以学为主，以解决问题为辅，因为这一阶段的主要任务是积累知识。第二，学以致用。不能机械地把学制教育与带着问题学切割开来，许多人在中学和大学阶段就搞出了很了不起的发明。也就是说，在任何时候，承继知识都要保留怀疑意识、创造意识和修正意识。另外，在知识爆炸的现代社会里，要善于沿着主攻方向配置学科，将所学对象分开轻重缓急，分步实施。第三，没有问题要设置问题。此点强调的是在以承继知识为主要倾向的学习中要善于模拟解决问题。第四，在解决问题的实践中加强学习。任何一个实际问题的解决，都必须重新学习，补充知识。从逻辑上说，这似乎不是“带着问题学”，而是“由问题带着学”，实际上，在解决问题的压力下，心理兴奋点更为集中、兴奋度更强，学到的知识更巩固，因此，从学习的角度看，这是一种好方式。

五、以优秀文化创意家成功的“野生条件”培养文化创意人才

清人龚自珍诗云：“九州生气恃风雷，万马齐喑究可哀。我劝天公重抖擞，不拘一格降人才。”无论是哪个专业的人才，其成长道路都是千差万别的。群体经验告诉我们，越是越出必然的偶然，越值得研究，“奇才”“怪才”的能量大于一般人才。因此，在复制经验的同时，注重偶然性，注重“奇才”“怪才”的发现及其成长条件的总结复制。所谓“野生条件”，就是自然成长的条件、未经刻意设计的条件。将一定数量优秀文化创意家成功的“野生条件”归纳起来，找出它们的共性，加以系统化，就可以作为培养文化创意人才的方法。以这种“野生条件”为培养方法，避免了靠“想当然”制定训练方法的弊端，保证了培养的质量和有效性。优秀文化创意人才成长的“野生条件”有的可以复制，有的难以复制，且不可照搬，应灵活运用，“一切以时间、地点和条件为转移”。

六、用“解剖麻雀”的办法研究优秀文化项目的创意机理

优秀文化项目特别是优秀文化产业项目的成功有许多因素，其中必定有文化创意的因素。用“解剖麻雀”的办法即个案分析的办法找出它的创意机理，是十分有效的文化创意人才的培训办法。这种办法的实施要点有两个：一是要研究创意人是如何做出这个项目的创意方案的；二是要研究各环节的逻辑关系，特别是要研究从顶层设计到路线图的逻辑关系。研究人才成长的“野生条件”着眼于人，着眼于个性化的人，研究文化项目的个案成功的原因则着眼于事，着眼于个性化的事。这个方法甚至可以用在对社会领域任何理论形态产生机理的研究上。学界对理论形态的研究，往往只重文本的研究，这是造成复制失败也就是犯教条主义错误的主要原因。任何有价值的即在实践中获得成功的理论，必定有思想承继的因素和生活赐予的因素，找出这两种因素对于真正弄通这一理论具有重要意义。任何人类经验（理论形态、文化创意成果）的复制都是一种必然的文化现象，如果科学的复制方法不去占领阵地，非科学乃至伪科学的复制方法就会占领阵地。强调用“解剖麻雀”这一研究动物生理机制的办法研究文化创意的个案，就是要倡导这种科学的培养人才的方法。

七、以文化创意施之于大学文科教育

教育业需要文化创意，教育业的文化创意与教育的全面深化改革有关。

教育的最高目的是教育业文化创意的方向。教育业是一个非常复杂的业态，它的产业化性质是不可否认的，但又必须保留某些非产业化因素（如国家义务教育等）。因此，全面深化教育体制的改革，必须直追教育的最高目的，保有各个要素的活力，找出改革的动力，衔接社会宏观改革，统一进行顶层设计，分类操作。

毛泽东指出：教育“应该使受教育者在德育、智育、体育各方面都得到发展，成为有社会主义觉悟有文化的劳动者”。教育的根本目的或最高目的，就是要培养出全面的人。学校必须培养出合格的劳动者，培养出有创新能力的人。学生因个体差异，不可能全部成为全面发展的人，但整个教育业的目标应该“取乎其上”。学校教育培养不出合格的劳动者，就严重背离了教育业的最低目的，与最高目的更是相去甚远。

把教育业最高目的作为文化创意的方向，就是要设计和实施一系列文化行为，使受教育者在心理的“知情意”三个要素方面和体质方面都得到发展。可见，教育业的文化创意有些是与实现教育最高目的相重合的。

教育业文化创意的工作空间之一，是帮助受教育者消解“被教育”的被动状态转而建立起对真善美渴求的心理状态。

教育业文化创意的空间之二，是消解受教育者与社会相隔离所带来的负面影响，避免学校“工厂化”，学生“产品化”（无创造力）。

教育业文化创意的空间之三，是文化创意成为教改的先声或先导。文化创意及其工程以现行教育体制的补充方式或示范的姿态实施，从而成为以全面塑造人为最高目标的先声和先导。

教育业文化创意的空间之四，是使学生结合课程或在课程之外自己动手搞文化创意，使这一活动成为培养创新型人才特别是文科创新型人才的强有力的手段。

八、教育业文化创意的着力点

（一）文科考试必须改革，其核心是必须强化考题中“论”的成分。现行考卷中不少填空题和选择题很多，能够发挥考生创造力的“论”的成分很小。

（二）文科大学教育不成功的原因当然很多，大学学生参加社会实践少，读死书是原因之一。应当指出，社会是文科的工厂和实验室，受教育者即试验者最好同时是受试者，格言“读万卷书，行万里路”就是这个道理。学制越长（如硕士研究生和博士研究生），学生与社会隔绝得越久，受教育者的创造性思维就越难以造就，因为任何创造性成果都需要感性的刺激和启发。试想，一个人由进幼儿园到取得博士学位，二十多年的时间里脱离社会，怎么可能有文化方面的创新能力呢？针对这些情况，不少大学采取了一些措施，学生在校期间的打工生活对此稍有弥补，但效果仍不理想。这是因为，第一，人对社会事物的体验是分年龄段的，即某一年龄段对应复杂社会中的某类事物。第二，人对社会的体验也就是人生经历，它必须是充当社会的一个角色才更加有效。目前大学文科教育中“军训”“社会调查”“实习”之类社会实践活动，解决不了根本问题，应该将“学”改为真正的“干”。

（三）大师效应。“大学者，非大楼也，乃大师也。”但什么样的人才能成为大师，大师的效应是什么，还是应该从文化创意学的角度进行分析。

以文科为例，大师应该是在某个专业或多个专业上有创造性的成果且得到业内公认的人物；大师应该是践行社会主义核心价值观的楷模，有人格魅力；大师应该是对社会有影响力的人物。

大师是学校的文化名片，是学生行为的模范，是创新型的领导人物和创新精神的示范者以及倡导者。

大师应该是自然形成的，任何造星运动都会后患无穷。

附编　推进文化创意工作记事

2009年河北省文化产业创意家协会的成立，是笔者“三大文化创意学”（2008年的《文化产业创意学》、2016年的《文学艺术创意学》、2017年的《文化创意学》）向现实的展开；而“三大创意学”又依托于2005年出版的《艺术—文化学导论》，后者是前者的逻辑前提。“艺术—文化学”是笔者自1988年至2005年长期思考的结果。因此可以说，成立协会及成立后的一切举措，是由1988年发表构成“艺术—文化学”的第一篇论文《电视剧：文体的扩张及其电视本性的回归》所引发的，经过了细致深入的理论论证。考虑到这一点，本记事自1988年记起，将构建“艺术—文化学”和“三大创意学”的主要逻辑环节所涉及的主要事项列入。

1988年

12月5日，《电视剧：文体的扩张及其电视本性的回归》在《文论报》发表，首次提出“情节性广告”现象（即后来的“软广告”），并由此引发对艺术与文化二者反馈关系的进一步探讨。

1992年

8月18日，《河北日报》发表《开拓电视剧制作的新天地》一文。本文首次提出“抢占题材制高点”这一对当时河北电视剧艺术界有所触动的观点。本文进而指出，河北省当时迫切需要创作能够传达出鲜活信息的长剧，注意对当代的、都市的、青年的题材的开发，努力创作像《外来妹》《汉正街》《公关小姐》那样承载着新时期改革开放以后才有的新职业等新信息的作品。经过本文和发表于后的《抢占信息高地》等文，笔者将“重视电视剧中信息含量和质量”的观点发展为“信息也是艺术的因子”的命题，这一思想成为笔者“艺术—文化学”的一个有机组成。

1993年

大型文化专题电视片《文艺女神沉思录》制作完成。《文艺女神沉思录》是1993年由冯思德先生和笔者任总撰稿的一部大型文化专题片，由中央电视台拍摄完成。1993年在新时期文艺史上占有特殊的地位，许多文艺界的“第一个”现象都是在那一年出现的。这些现象的总特征是文化产业化和社会信息化。从此，文学和艺术便在文化产业化和社会信息化的氛围中成长，其风貌受着它们的影响。在撰写此片文稿过程中，笔者接触到了许多新鲜材料，由此进行了系统的理论性思考。这部专题片虽然是“夹叙夹议”的形式，但它的总走向是逻辑的或曰理性的，十年后笔者所基本完成的“艺术—文化学”即发端于此，许多命题在此片中已经萌芽。

1994年

4月19日，《河北日报》发表《文学俗化之我见》一文。此文是笔者论述艺术—文化学观点的核心论文之一。雅俗问题实际也是文本及其文化形态的关系问题。

4月，《大时代》发表《当代文学的裂变与新生》一文。本文再度从艺术与文化的关系立论，是构成“艺术创意学”的核心论文之一。

5月31日，《河北日报》发表《提出文学—文化批评》。本文将“文学”这一特殊的艺术形式与文化联系起来，从而完成了从艺术到文化关系的建构。

8月7日，《河北日报》发表《抢占信息高地》一文。

1996年

1～2月，《改变电视剧制作的新方向》一文发表于《河北音像》1996年第2期，获第五届全国广播电视学刊奖；修改后重新发表于1999年《社会科学论坛》第2期之“万举观察”栏目，易题为《中国电视剧欲何往》，获“中国高校影视学会第二届学会奖”。这两篇论文是笔者“艺术—文化学”体系之核心论文，首次提出了“内文化”概念，从而预测了电视剧和其他电视艺术向亚艺术亚文化发展的趋势。论文中关于文学TV和其他艺术形式的关系的论述，首次涉及了多媒体时代综合艺术开拓发展空间的问题，指出了电视剧与其文化形态之间是一种动态的、可逆的反馈关系，由此基本完成了艺术—文化学理论模型的创立。

2005年

7月，中国文联出版社出版《艺术—文化学导论》一书。“艺术—文化学”完成初创工作。

2006年

5月，开始写作《文化产业创意学》一书。

8月，提出创办全国第一家“文化产业大学”之设想。

2007年

2月，完成文化创意示范项目大型电视专题片《职场有情天》策划案和部分文本。

11月28日，在笔者主持下，正式启动“河北文化产业大学”项目，并完成完整的办学构想和项目报告。

2008年

3月，完成文化创意示范项目全国第一部行为艺术话剧《大学》策划方案，并于同年9月收入《文化产业创意学》一书。

4月12日，在河北大学作题为《文化产业的创意方向》的演讲，提出了创立“文化产业创意学”这一学科和《文化产业创意学》一书的全部观点和逻辑体系。

9月，出版国内第一部文化创意学专著《文化产业创意学》，据此建立起文化创意和文化产业创意的教育体系。

2009年

2月，完成文化创意示范项目千集系列动漫电视片《人生的一千个为什么》策划案和部分脚本。

7月19日，成立了全国第一家以建设文化创意家队伍，推动文化创意工作为宗旨的新社会团体“河北省文化产业创意家协会”。

8月，开设了全国第一家文化创意专业网站“文化创意家”。

2010年

河北省文化产业创意家协会提出并进一步完善了文化创意和文化产业创意的学科建设体系方案。

11月15日，在河北经贸大学作题为《文化产业的创意方向》的演讲。

11月20日，在河北大学工商学院作题为《创新能力哪里来》的演讲。

12月15日，在河北大学图书馆演讲，继续阐发“文化创意学”理论相关论点。

2011年

对河北省文化事业和文化产业人员进行专项培训，使河北省文化创意家队伍从无到有，健康发展。

8月13日，在河北省图书馆作题为《文化产业的创意方向》的演讲。

9月15日，应国大集团邀请，参加“河北师大老院开发会议”，提出“文化创意园”建设的基本原则。

9月16日，应国大集团董事长之邀，详细阐述“文化创意园”开发方案。

9月21日，正式启动申办“中国文化创意家协会”的调研工作。

2012年

5月，草拟电视栏目《职场有情天》策划方案。

6月10日，举办首届“中国文化创意和文化产业创意高峰论坛”。

12月，举办第二届“中国文化创意和文化产业创意高峰论坛”，举办首届“中国文化创意和文化产业创意大赛”，举办首届“中国文化创意和文化产业创意高级研修班”。

2013年

3月，策划并举办“旅游产业文化创意和投资”专题讲座。

6月，主持策划完成中国首部农村广场互动剧《紧急集合》演出活动方案，将文创理论与实践紧密结合（收入2016年5月出版的《文学艺术创意学》一书）。

2014年

2月28日，由河北省文化产业创意家协会与肃宁盛兴影视广告公司共同创建的民间文化机构“文化创意冀中基地”在河北省肃宁县挂牌。

7月15日，在河北省党外文化名人研修班作题为《科学地领导文化产业》的首席演讲。

10月，提出了“文学内容＋文化创意＋工程设计＋线上线下互动”这一操作文学文化的路线图，实施这一路线图将有效地避免文化垃圾的产生和文化产品生产的过剩。

10月25日，在“2014年中国语言文学博士后论坛”上作首席演讲《传统文化是文化创意的不竭之源》。

2015年

3～10月，河北省文化产业创意家协会申报的“2014年度河北省宣传文化发展专项资金”项目“河北省文化创意人才高级研修培训工程”圆满完成。同期河北省文化产业创意家协会申报“2015年度河北省宣传文化发展专项资金”并实施“河北省艺术创意人才高级研修培训工程”获极大的成功。两工程对河北省文化创意人才、艺术创意人才、文化产业创意人才的培养和队伍的发展发挥了积极的作用。

4月19日，在河北省社科院举行“文化创意人才高研工程”启动仪式。

4月26日，在河北省博物馆发表题为《将儒学引入我们的生活》的演讲。

4月28日，在河北省艺研所举行“艺术创意人才高研工程”启动仪式。

8月26日，在石家庄市财经学校作题为《将儒学引入我们的生活》的演讲。

2016年

5月，出版国内第一部文学艺术创意学专著《文学艺术创意学》。

9月，申报“2017年度河北省宣传文化发展专项资金”项目“河北省第二期文化创意人才高级研修培训工程”和“河北省第二期艺术创意人才高级研修培训工程”。

2017年

3月13日，与花山文艺出版社社长、总编辑张采鑫进行了深入探讨和交流，就打造文化创意学科研基地、培训基地和传播基地达成多项合作共识。

6月25日，由花山文艺出版社和河北省文化产业创意家协会联合主办的“第二届河北省文化创意和文学艺术创意人才高级研修培训工程”正式启动。

7月10日，参加“京津冀文化产业协同发展座谈会”，提出“河北省从文化产业创意角度推动文化产业的发展”已成业界共识。

9月，开始本书的创作。

2018年

4月，由花山文艺出版社和河北省文化产业创意家协会联合主办的“第二届河北省文化创意和文学艺术创意人才高级研修培训工程”圆满结束。

后　记

2008年4月，应宇文宏、姜剑云二位教授之邀，我在河北大学作了题为《文化产业的创意方向》的演讲，提出了“文化创意学”“文学艺术创意学”和“文化产业创意学”的学科体系和主要论点。同年，由文化艺术出版社出版了《文化产业创意学》一书，由此迈开了推进“文化创意”工作的第一步，至今已近十年。

自出版《文化产业创意学》开始，推进文化创意工作逐步延展到全面学科建设、创建专业社团、培养创意人才、打造专家队伍、创意成果孵化、创新示范项目等方面；与花山文艺出版社共同打造文化创意学教研基地和文化创意基地，是推进河北省文化创意整体工作的重要内容。在花山文艺出版社社长、总编辑张采鑫先生的大力支持下，以本书出版为标志，出版“文化创意学”这一学科“三部曲”的计划即将实现（《文学艺术创意学》于2016年出版，《文化创意学》于2017年出版）；同时，由花山文艺出版社和河北省文化产业创意家协会联合主办的“第二届河北省文化创意和文学艺术创意人才高级研修培训工程”圆满结束，前两部书的热销超出预想，研修工程取得了良好的效果。可以预期，在强烈的社会需求牵动之下，在社会有识之士的助力之下，“文化创意学”推进工作必将更上层楼。

自2008年《文化产业创意学》出版之后，我国文化产业的发展一日千里，蓬勃兴旺，成就巨大，“文化创意”逐渐成为热门学科。“文化产业创意”研究是一门实践性很强的学术理论，十年后重写，融入了许多新的思考，但2008年形成的基本观点和学术体系并未改变。

岁月如梭，人生短促；立初心易，守始终难。我愿继续努力，与读者诸君共同推进这一领域理论和实践的发展。

2018年4月10日于素问斋